逻辑与工具

——生活中的数学

主　编　梁治明

西南交通大学出版社
·成　都·

图书在版编目（CIP）数据

逻辑与工具：生活中的数学 / 梁治明主编. —成都：西南交通大学出版社，2022.10

ISBN 978-7-5643-8915-4

Ⅰ. ①逻… Ⅱ. ①梁… Ⅲ. ①中学数学课－高中－教学参考资料 Ⅳ. ①G634.603

中国版本图书馆 CIP 数据核字（2022）第 169681 号

Luoji yu Gongju—Shenghuo zhong de Shuxue

逻辑与工具——生活中的数学　　主编　梁治明

责任编辑	赵永铭		
封面设计	原谋书装		
出版发行	西南交通大学出版社 （四川省成都市金牛区二环路北一段 111 号 西南交通大学创新大厦 21 楼）		
发行部电话	028-87600564　028-87600533		
邮政编码	610031		
网　址	http://www.xnjdcbs.com		
印　刷	四川森林印务有限责任公司		
成品尺寸	185 mm × 260 mm		
印　张	17.75	字　数	262 千
版　次	2022 年 10 月第 1 版	印　次	2022 年 10 月第 1 次
书　号	ISBN 978-7-5643-8915-4		
定　价	52.00 元		

本书编委会

主　编：梁治明

编　委：杨　柳　左　春　吴宗流　向　平　熊　倩
罗　霞　杨蕊溢　张　权　王燕丽

PREFACE

序　言

在 2002 年国际数学大会上，著名的美籍华裔数学家陈省身先生为少年儿童题词——“数学好玩”．这是一位世界级数学大师对数学这门学科的感悟和总结，也承载着先生对晚生后辈的无限期许．数学究竟是什么？数学真的好玩吗？本书又是怎样的一本数学书呢？

数学是一切科学的基础，是研究各门科学和技术的工具．与此同时，数学又渗透在我们生活的点点滴滴中．所以，人们历来都很重视数学，尤其是在中国，数学是每一个学生的必修课．甚至读到硕士、博士，依然有很多人需要学习数学，用到数学．在中国，各类数学竞赛也比比皆是——华赛、奥赛，很多人从小就开始学习数学，参加各类比赛，所以，数学在中国是很有群众基础的！但是，可能正因为我们有这样的传统，对数学的学习过于看重，才导致许多人对数学望而生畏，敬而远之，有的学生甚至对数学产生了抵触的心理．这样，不但不利于个人数学素质的培养，同时还可能给人们造成心理障碍，对数学产生厌烦和恐惧．

数学其实一点都不可怕，正如陈省身先生为少年儿童的题词“数学好玩”，数学的魅力在于它能帮助我们解决许多实际生活中的问题，数学蕴藏在我们生活的每一个角落．数学从来不是冷冰冰的公式和定理，也绝非是拒人于千里之外的证明和推导，数学本身蕴藏着智慧的巧思和灵感的光芒．我们日常生活中的许多方面都有数学的身影，小到个人的投资理财、交易买卖，大到一个项目的进度管理、一个工厂的生产计划，甚至一项宏观的经济政策，哪一个也离不开数学，因此，数学是活生生的学问．然而传统的数学书从头至尾都是公式、定理、公理和一堆莫名其妙的与实际毫无关系的习题，这样读者阅读起来一定会感到枯燥乏味，提不起兴趣．所以，本书创作的初衷就是写一本生动有趣，大家都能读得懂、都能从中学到知识的数学书．书中将生活中遇到的问题和一些趣味性较强且蕴含着深刻数学道理的问题进行归纳总结，然后分类讲解. 这样，本书就更“接地气”，既有实用性又有趣味性.

总结起来，本书具有以下特点：

1. 思路新颖，生动有趣：本书既包括投资理财、偿还房贷等与我们生活息息相关的现实问题，又还包括概率统计、排列组合、拓扑学等内容，形式多种多样，内容丰富多彩，生动有趣，覆盖的知识点也极为丰富.

2. 讲解清晰，简单明了：本书在写作上力求做到深入浅出，清晰明了，没有复杂的逻辑推理和证明，开门见山，直击问题核心. 这样使读者阅读起来更加得心应手，易于理解和深入学习.

3. 古今相映，兼容并蓄：本书中既编有蕴藏着中国古代劳动人民智慧结晶的中国古算趣题，同时还包含了与人类现代生活紧密相连的计算机数学. 一古一新相映成趣，体现了数学的博大精深，也带领读者从多个维度感知数学之美，同时涉猎不同领域的数学知识.

希望本书可以为读者打开一扇重新认识数学的大门，让读者在这些妙趣横生的问题中体会数学的乐趣，感悟数学之美，学到运用数学理论解决实际问题的方法. 本书由梁治明组织编写，同时参与编写的还有杨柳、左春、吴宗流、向平、熊倩、罗霞、杨蕊溢、张权、王燕丽，在此一并表示感谢！

由于本书作者水平有限，不足之处在所难免，真诚希望读者朋友批评指正.

编 者

2022 年 8 月

CONTENTS
目　录

上　篇

下　篇

PART ONE

上　篇

第 1 章　生活中的趣味数学

数学是一门严谨的、逻辑性非常强的学科，常常给我们一种抽象难懂的印象. 事实上，数学恰恰是一门充满魅力的学科. 国际著名数学大师陈省身先生曾说过“数学好玩”，生活中，一些看似不可思议的问题背后其实蕴含着丰富的数学原理. 借助生活中实实在在的鲜活材料来构建有趣的数学课堂可以大大提高学生学习的兴趣，对引导学生数学学习，促进学生认知具有重要的意义.

首先，我们一起来看看下面这几个问题.

问题一　多少只袜子才能配成一对？

关于多少只袜子能配成对的问题，答案并非 2 只. 如果从装着黑色和蓝色袜子的抽屉里拿出 2 只，它们或许始终都无法配成一对，但是如果从抽屉里拿出 3 只袜子，肯定会有一双颜色是一样的. 不管成对的那双袜子是黑色还是蓝色，最终都会有一双颜色是一样的. 可以得出，“多少只袜子能肯定配成一对”的答案是 3 只.

当然只有当袜子是 2 种颜色时，答案才是 3 只. 如果抽屉里有 3 种颜色的袜子，例如蓝色、黑色和白色袜子，要想拿出一双颜色一样的，必须取出 4 只袜子才能确保配成一对. 如果抽屉里有 10 种不同颜色的袜子，就必须拿出 11 只才能确保配成一对. 根据上述情况总结出来的数学规则是：如果有 N 种类型的袜子，必须取出 $N+1$ 只，才能确保有一双完全一样的.

问题二　燃绳计时

一根绳子，从一端开始燃烧，烧完需要 1 小时. 现在需要在不看表的情况下，仅借助这根绳子和一盒火柴测量出半小时的时间. 有人认为只要在绳子中间做个标记，然后测量出这根绳子燃烧完一半所用的时间就行了. 然而这根绳子并不均匀，有些地方比较粗，有些地方却很细，因此这根绳子不同地方的燃烧率是不同的. 也许其中一半绳子燃烧完仅需 5 min，而另一半燃烧完却需要 55 min. 面对这种情况，似乎想利用上面的绳子准确测出 30 min 时间根本不可能，但是事实并非如此. 可以利用一种创新方法解决上述问题，这种方法是同时从绳子两头点火. 绳子燃烧完所用的时间一定是 30 min.

问题三 火车相向而行问题

两辆火车沿相同轨道相向而行，每辆火车的速度都是 50 mile/h（英里/时）. 两车相距 100 mile（1 mile ≈ 1.61 km）时，一只苍蝇以每小时 60 mile 的速度从火车 A 开始向火车 B 方向飞行. 它与火车 B 相遇后，马上掉头向火车 A 飞行，如此反复，直到两辆火车相撞在一起. 苍蝇在两辆火车相撞前一共飞行了多远？

我们知道两车相距 100 mile，每辆车的时速都是 50 mile. 这说明每辆车行驶 50 mile，即一小时后两车相撞. 在火车出发到相撞的这一小时间，苍蝇一直以每小时 60 mile 的速度飞行，因此在两车相撞时，苍蝇飞行了 60 mile. 不管苍蝇是沿直线飞行，还是沿“Z”形线路飞行，或者在空中翻滚着飞行，其结果都一样.

问题四 掷硬币并非最公平

抛硬币是做决定时普遍使用的一种方法. 人们认为这种方法对当事人双方都很公平. 因为他们认为钱币落下后正面朝上和反面朝上的概率都一样，都是 50%. 但是有趣的是，这种非常受欢迎的想法并不正确.

首先，虽然硬币落地时立在地上的可能性非常小，但是这种可能性是存在的. 其次，即使排除这种很小的可能性，测试结果也显示，如果按常规方法抛硬币，即用大拇指轻弹，开始抛时硬币朝上的一面在落地时仍朝上的可能性大约是 51%.

之所以会发生上述情况，是因为在用大拇指轻弹时，有些时候钱币不会发生翻转，它只会像一个颤抖的飞碟那样上升，然后下降. 如果要选出将要抛钱币的人手上的钱币在落地后哪面会朝上，应该先看一看哪面朝上，这样猜对的概率要高一些.

数学应该是有趣的、有魅力的，数学学习应该是快乐的、轻松的. 通过对趣味数学问题的探究，我们尝试了一种别样的学习方式，领略了数学的神奇之美. 接下来，让我们一起来感受数学的魅力吧!

1.1 数学与魔术

数学与魔术，是一个看似奇怪的组合. 事实上，当今很多强大的魔术表演背后都少不了数学的支撑，可以说，数学在魔术效果中起着非常核心的作用. 数学家诺瓦列斯曾说过“纯数学是魔术家真正的魔杖”. 而哲学家阿格里帕（Agrippa）也曾说过:“数学是幻术所绝对必需的，因为所有通过自然力量所做的事情都是由数字、重量和度量控制的. 一个幻术家如能遵照自然哲学和数学规律，并了解与掌握它们所产生的中间科学、音乐、光学、力学、电学、热学与天文学，他就能做出许许多多惊人的事情. ”的确，魔术是幻术，是一门常常让人们叹为观止的艺术，部分魔术里蕴含着丰富的数学原理和思想，现以下面这几个魔术为例，说明神奇魔术背后的数学奥秘.

问题一 会说话的王牌

一副牌，拿出大王、小王，随意洗好. 从上往下数这副牌，在数到第 9 张时插一张小王（正面朝上），插入小王后再隔 17 张牌放一张大王（正面朝上），大小王插入完毕. 这样，这两张王牌将这副牌分为三层：第一层 9 张，第二层 17 张，第三层 26 张. 然后任意叫来两名观看者，叫他们任意切牌，叫第一名观看者切下大约整副牌的$\frac{1}{3}$，记住他所切到的那张牌并叫他拿着那叠牌；随后叫第二名观看者再切大约剩下牌的$\frac{1}{2}$，同样记住他所切到的那张牌并叫他拿着那叠牌. 然后将第一名观看者的那叠牌放在第二层，第二名观看者所拿的那叠牌放在第一层. 这样整副牌又被插在其中的大小王分成了三层，魔术者将大小王抽出，同时将二、三层牌对调. 最后，从上往下数第 17 张牌一定是第一名观看者切到的那张牌，第 43 张牌一定是第二名观看者切到的那张牌！

数学解密： 第一次大小王插入后，牌分为了三层. 这三层的牌数分别记为 $X_1=9, X_2=17, X_3=26$. 叫第一名观看者切下大约整副牌的 $\frac{1}{3}$，则这第一次切牌的位置大约是在第二层的某个位置，从而 X_2 被分成了两部分，不妨记作 X_{21} 和 X_{22}；叫第二名观看者再切大约剩下牌的 $\frac{1}{2}$，则这次切牌的位置大约位于第三层牌的某个位置，同理，X_3 也被分成了两部分，不妨记作 X_{31} 和 X_{32}. 再将这两名观众手里的这两叠牌放在桌上剩余那叠牌的上方，要求第一名观看者的那叠牌放在第二层，第二名观看者所拿的那叠牌放在第一层，那么目前整叠牌的放置顺序依次为 X_{22}，大王，X_{31}，X_1，小王，X_{21}，X_{32}，魔术者将大小王抽出，同时将二、三层牌对调，则牌的放置顺序变成了 X_{22}，X_{21}，X_{32}，X_{31}，X_1，显然 X_{21} 这堆牌中的最后一张即第一名观看者切到的牌，从上往下数它的张数在 $X_{22}+X_{21}=X_2=17$ 张的位置；而 X_{31} 这堆牌中的最后一张即是第二名观看者所切到的牌，从上往下数它的张数在 $X_{22}+X_{21}+X_{32}+X_{31}=52-X_1=43$ 张的位置.

综上所述，大小王牌的位置是保证数学魔术表演成功地关键. 观众拿走几张牌并不影响最后的结果，之所以要让观众拿走“大约 $\frac{1}{3}$ 的牌”“剩下部分一半的牌”，只是为了保证观众拿到的牌里分别有大王、小王.

问题二　巧猜扑克

魔术者拿出一副去掉大、小王的扑克，随机选择一名观众，让他任意抽出 5 张牌然后将牌交给助手，助手将其中的 4 张牌排成前后两排，一排 1 张，一排 3 张，依次亮在桌面上，此时魔术者看看桌上的明牌，就可以说出第 5 张牌的花色和点数.

数学解密： 首先，魔术者在猜扑克牌的花色时，蕴含的数学原理就是大名鼎鼎的抽屉原理（如果每个抽屉代表一个集合，每一个苹果就可以代表一个元素，假如有$n+1$个元素放到n个集合中去，其中必定有一个集合里至少有两个元素）. 由于一副去除大、小王的扑克总共只有 4 种花色，那么抽出的 5 张牌种至少有 2 张牌花色是相同的，助手将花色相同的两张牌的其中一张作为暗牌，另一张作为明牌单独排成一排（称花色牌），所以表演者一看明牌就能猜出暗牌的花色.

其次，在猜扑克牌的点数时，我们不妨先做如下约定：将 J、Q、K 记为 11，12，13，并根据花色顺序约定“草花<方块<红桃<黑桃”，由此 52 张牌按从小到大排列的结果就是唯一的了.

除去花色牌的另 3 张明牌的排列顺序共有$3!=6$种，每种顺序对应的数字x如下：

1小中大 / 2小大中 / 3中小大 / 4中大小 / 5大小中 / 6大中小

我们设花色相同的 2 张牌的点数为M（暗牌）、m（明牌），（$m<M$）.

若$M-m\in\{1,2,3,4,5,6\}$，助手就将花色拍摆在前排，表演者由公式$M=m+x$就可说出暗牌M；若$M-m\in\{7,8,9,10,11,12\}$，则$M-m-6\in\{1,2,3,4,5,6\}$，则助手就将花色拍摆在后排，表演者由公式$M=m+x+6$就可说出暗牌M. 也就是说表演者会根据事先的约定，结合左面扑克牌的摆放情况，通过数学公式来完成在这个魔术，这样看来，这个惊人的事实由数学中的代数作为其理论基础.

问题三　明牌指路

魔术者首先将 54 张牌分成 30 张、24 张两摞牌，将 30 张这一摞牌分作扇形，牌点数面向观众，让一位观众记住第 9 张牌的点数，这时表演者从剩下的 24 张牌中任意取出 3 张字面朝上作为明牌. 然后按如下规则操作（花牌一律算作 1 点，数字牌是几点就算几点）：第 1 张的点数若为k（$1\leqslant k\leqslant 10,k\in\mathbf{N}$），则在上面顺次摆$10-k$张牌（例如，第一张为花牌，就在花牌上面摆 9 张牌，若为 10 点，则这 10 点牌单独为一行）；第 1 堆牌摆放完后，就摆放第 2 堆和第 3 堆. 摆完 3 堆后就将剩余的牌放到 30 张那一摞牌的最上面（如牌不够，则可以从 30 张这一摞中从上取得）. 于是就大功告成. 此时表演者立即可以从手中这一摞牌中找出观众中所记的那张牌.

数学解密：如第 1 张明牌为a点，则应放$10-a$张在其上，此时第 1 行共有$11-a$张牌. 同理，如第 2 张明牌为b点，则第 2 行共有$11-b$张牌；如第 3 张明牌为c点. 则第 3 行共有$11-c$张牌. 所以 3 行牌总张数为$33-(a+b+c)$张，24 张这一摞还剩下$24-[33-(a+b+c)]=(a+b+c)-9$张.

将剩余牌放在 30 张这一摞牌上，原来的第 9 张此时正好就是剩下这一摞牌的第$(a+b+c)$张. 表演者立即可以通过 3 张明牌的点数找出观众心中所记的牌.

- 阅读与反思 （阅读下列魔术，请同学们尝试找出魔术背后的数学奥秘.）

令人捉摸不透的骰子：

魔术师在桌子上摆放很多的骰子，在现场随机抽取一名观众（简称为观众 1）抓一把骰子（骰子的数量不限），然后再找一个观众（简称为观众 2）用手将魔术师的眼睛蒙上，观众 1 把骰子撒在桌上，并将骰子摞成一个小塔（单列），然后放开魔术师眼睛，魔术师看着小塔，即可说出看不到的那些面上的点数之和.

猜生日游戏：

（1）魔术师让一位观众将自己的年龄乘以 167，加上 3700，然后告诉他得数的最后两位数，他就能迅速说出观众的年龄. 例如：一位观众 38 岁，按要求计算为：$38\times167+3700=10046$，得数的最后两位数是 46，表演者立即说出他是 38 岁. 另一位观众是学生，17 岁，按要求计算为：$17\times167+3700=6539$，得数的最后两位数是 39，表演者又快速说出他是 17 岁，这是如何计算的呢？

（**提示：** 只要把观众报来的最后两位数乘以 3，再取结果的最后两位数，即是年龄. 如第一位观众报的是 46，表演者只要计算$46\times3=138$最后两位数 38 即是年龄. 第二位观众报的是 39，计算$39\times3=117$最后两位数 17，即是年龄. 只要记住这个法则，保证屡试屡验. 但要记住一条，只限百岁以内. 其实观众的计算只需用年龄乘以 67，报上最后两位数；魔术师的计算只需暗中乘 3，就可以了. 乘以 167，再加 3700，都是“迷魂阵”，对结果并无影响. ）

（2）表演者请一位观众将自己出生的月数乘以 4，加上 9，再乘以 25，加上出生的日期数，把最后的结果告诉魔术师，他立即就算出观众的出生日期是几月几日. 例如一位观众是 12 月 28 日出生的，他的计算是（$12\times4+9$）$\times25+28=57\times25+28=1453$，只需给魔术师报出 1453，便可立即说出观众是 12 月 28 日生人. 另一位观众出生日期是 6 月 3 日，他的计算是（$6\times4+9$）$\times25+3=33\times25+3=828$，一报 828 这个数，魔术师就能准确说出他是 6 月 3 日生人. 表演者是如何计算的呢？

（**提示：**只要把观众报出的数字减去 225，其得数的前面两位就是出生的月份，后面两位即是出生的日期. 例如第一位观众的结果是 1453，这时只要计算 $1453-225=1228$，前面 12 是月份，后面 28 是日期. 第二位观众的得数 828，计算 $828-225=603$ 即是 6 月 3 日出生. ）

美国著名数学科普作家马丁加德纳编写的《数学与魔术的诡异》一书中就收集了很多精彩的数学魔术，有兴趣的同学也可以阅读一下. 通过上述的魔术介绍，同学们可以自己尝试制作一个数学魔术吗？

1.2　生活中的拓扑学

在我们学过的三角形、正方形、圆形等图形中，不论怎样移动图形，它的大小和形状都是不变的，这种几何学叫“刚体几何学”. 但是，有时候我们只需要研究点、线之间的相关位置或相互联结的情况，而不考虑尺寸大小，这类几何学叫“拓扑学”，有人又叫它“橡皮几何学”，就是说它研究的是物体在连续变形下不变的性质. 一个橡皮圈，在它的弹性限度内，任凭我们把它拉长、扭转，只要不把它弄断，那么它永远是一个圈. 拉长使它的长度发生了改变，扭转使它的形状产生了改变，拓扑学不会理会这些，只专注于“它永远有一个圈圈”. 但在橡皮几何学里也有一些图形的性质不变：点变化后仍然是点；线变化后仍然是线；相交的线绝不因橡皮的伸缩和弯曲而变得不相交. 下面我们以几个游戏为例来了解拓扑知识.

问题一　双人脱困

在一次聚会中，甲、乙两位同学被两条绳子缠绕在一起（见图 1-1）. 绳子的一端绕在甲同学的右手腕 A 上，另一端绕着他的左手腕 B. 另一条绳子的一端绕在乙同学的左手腕 P 上，穿过甲同学的绳子后再将另一端系在她的右手腕 Q 上. 请试着把他们两个分开，要求：不可以解开绳结或把绳子剪断.

乍看似乎不太可能将他们分开，事实上有一个相当巧妙的方法可以使他们脱离困境，而且不需使用任何特殊的技巧. 乙同学先抓住绕在自己手上的绳子的中间部分，然后将绳子穿过甲同学右手腕 A 的绳圈，注意穿越的方向是从手腕的内部顺着手肘的方向到手掌端，随后将绳子回绕过手掌而伸出到手的外侧（见图 1-2），此时乙同学就可和甲同学分开了.

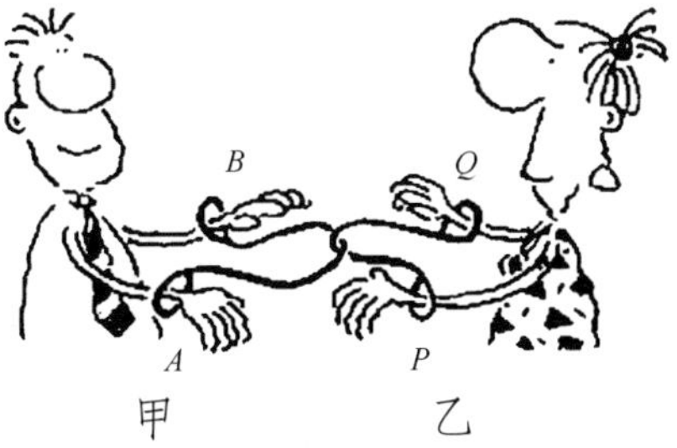

图 1-1

图 1-2

问题二　巧取衣服

将一根绳子的一头穿过一件衣服的扣眼，然后绑在窗户的钢条上，另一头穿过一把锁. 绳端系着钥匙，钥匙与锁不配套，也不可能从锁孔中退出，但却可以勉强穿过扣眼（见图 1-3），现在要求在不剪断绳子也不弄破衣服的前提下，把衣服取走.

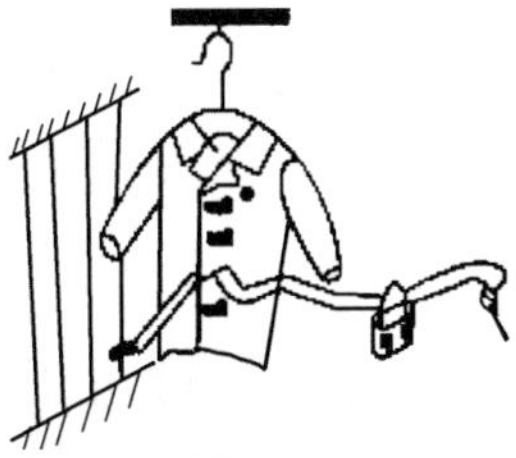

图 1-3

这个游戏的破解方法就是把衣服扣眼处的布挤成小圆锥形从锁眼中穿过，然后再把钥匙从扣眼中穿过去，就可以把衣服取下来（见图 1-4）.

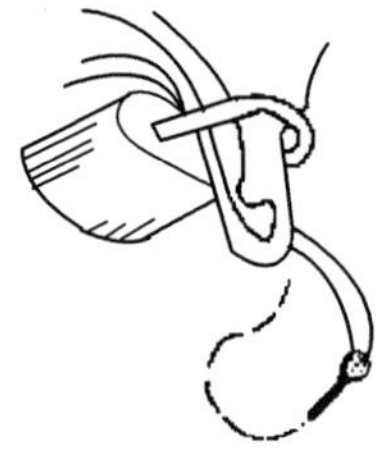

图 1-4

练习　敢把皇帝拉下马

很多同学小时候都玩过翻花绳的游戏，用一根绳子结成绳套，一人以手指编成一种花样，另一人用手指接过来，翻成另一种花样，相互交替编翻，直到一方不能再编翻下去为止. 其中有一个我们经常玩的单人小魔术，有的地方称之为“敢把皇帝拉下马”，如图 1-5 所示。你也可以照着图 1-5 玩一下这个游戏，看看拉下去是什么效果. 然后再想一想，将绳子多绕几圈，“结”还能飞走吗?

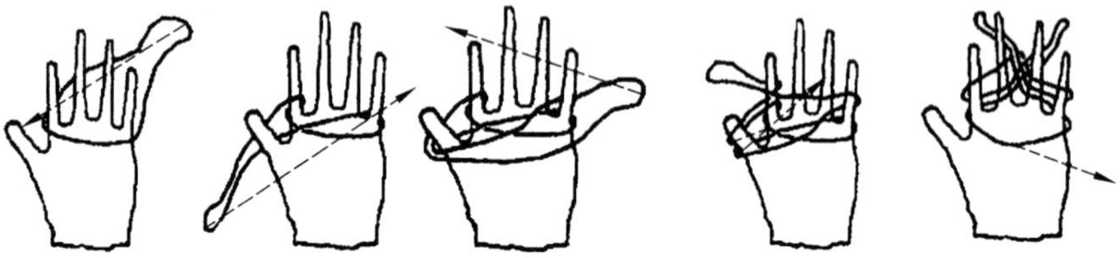

图 1-5

问题三　莫比乌斯环

思考： 有一个长为 20 cm，宽为 2 cm 的长方形纸条，假设这张纸条的两面都涂上了一圈蜂蜜，一只饥饿的蚂蚁发现了，它想吃到两面所有的蜂蜜，帮助它设计出一条路线，前提条件是不能越过纸条的边缘爬到另一面，也不能打洞穿过.

我们知道，拿一张长纸条，首尾相接可以形成一个纸环. 如果将纸条的一端旋转 180°再次首尾相接，会发现纸条的一面和另一面贴在了一起. 这个扭曲的环就是大名鼎鼎的莫比乌斯环，又称为莫比乌斯圈（见图 1-6）.

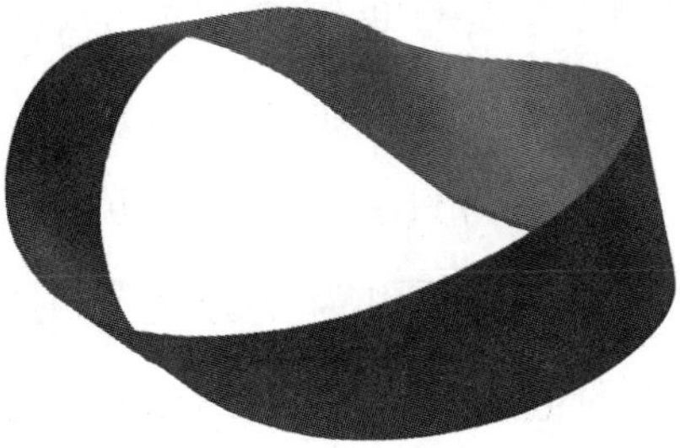

图 1-6

莫比乌斯环是德国数学家莫比乌斯（1790—1868，见图 1-7）发现的，看似很简单，却蕴含着非常复杂的数学原理. 在数学上，像莫比乌斯环这样的曲面有一个特别的名字：单侧曲面. 莫比乌斯环是拓扑学中最有趣的单侧曲面之一. 事实上，我们将片状物体的一个端头扭转 180°，再将片状物体回转 360°，让片状物体的两个端部进行对接. 经过这样的扭转、回转和对接，该片状物体由两维平面状态转化到了立体状态，这样就可以得到一个莫比乌斯环.

图 1-7

莫比乌斯环有两个特殊的性质：

性质一　只有一个面.

如果用红笔在莫比乌斯环的一面沿着环的走向画一条线（不跨越边沿），在笔回到起点的时候，我们会发现红笔已经涂过了纸环上的所有面. 这说明，莫比乌斯环只有一个面.

性质二　只有一条边.

用你的手指贴着莫比乌斯环的一条边开始滑动，你会发现，你的手指可以流畅无阻地经过所有边缘，最后回到起点. 这说明它只有一条边.

作为一种典型的拓扑图形，莫比乌斯环引起了许多科学家的研究兴趣，并在生活和生产中有了一些应用. 例如，动力机械的皮带就可以做成“莫比乌斯环”状，这样皮带可以磨损的面积就变大了，就不会只磨损一面了. 录音机的磁带做成“莫比乌斯环”状，能均匀磨损，延长使用寿命，此外，按照莫比乌斯环制作的录音带因为只有一个面，免去了翻面的麻烦. 电阻器就被设计为莫比乌斯环的形状，以便更为充分地利用更多的表面，增强产品的耐用性. 此外，莫比乌斯环也是艺术家眼中的经典造型，比如美术家莫里茨·科内利斯·埃舍尔就是一个利用这个结构在他木刻画作品里面的人，最著名的就是莫比乌斯二代，图画中表现一些蚂蚁在莫比乌斯环上面前行. 莫比乌斯环也经常出现在科幻小说里面，比如亚瑟·克拉克的《黑暗之墙》. 科幻小说常常想象我们的宇宙就是一个莫比乌斯环. 由 A. J. Deutsch 创作的短篇小说《一个叫莫比乌斯的地铁站》为波士顿地铁站创造了一个新的行驶线路，整个线路按照莫比乌斯带方式扭曲，走入这个线路的火车都消失不见.

探究活动 如果沿莫比乌斯环的中线将其裁剪开，我们会得到什么？如果我们在其表面画 2 条等距离的平分线并沿线裁剪开，又会得到什么呢？请同学们分小组讨论交流.

观察发现：当在其表面画一条中线并沿线裁剪时，将得到一个周长比原圈长一倍、宽度比原圈窄一半且其表面被扭转 720°的普通环圈（见图 1-8）.

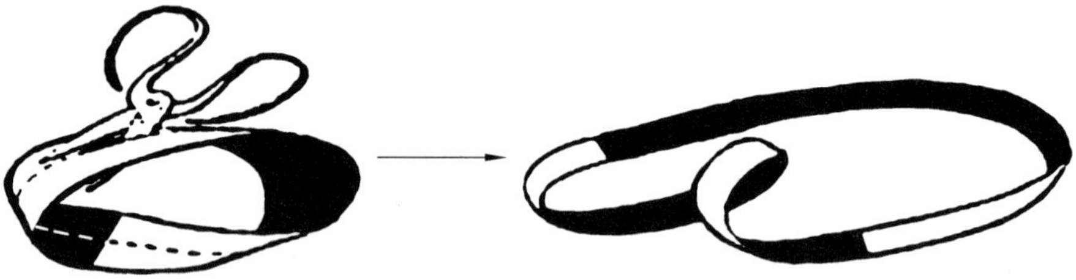

图 1-8

当在其表面画 2 条等距离的平分线并沿线裁剪时，则不仅能得到一个周长比原圈长一倍、宽度比原圈窄 $\frac{2}{3}$ 且其表面被扭转 720°的普通环圈，同时还能在其中心部位再得到一个单独的、宽度比原圈窄 $\frac{2}{3}$ 且周长与原圈等长的“窄”莫比乌斯环（见图 1-9）.

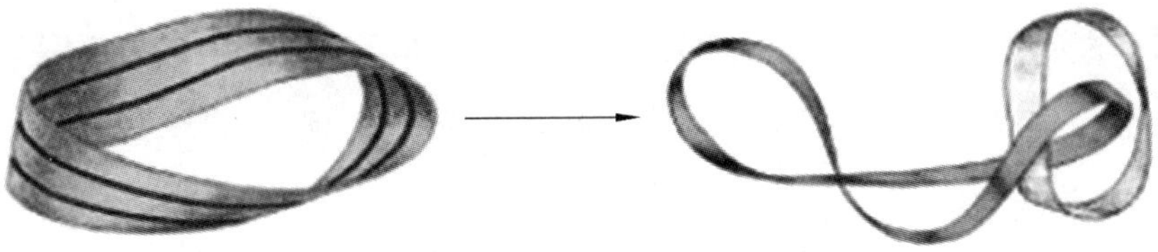

图 1-9

● 阅读材料　数学史上著名的拓扑难题

（一）哥尼斯堡七桥问题

请你做下面的游戏：一笔画出如图 1-10 的图形来，笔不离开纸面，每根线都只能画一次. 这就是古老的民间游戏——一笔画.

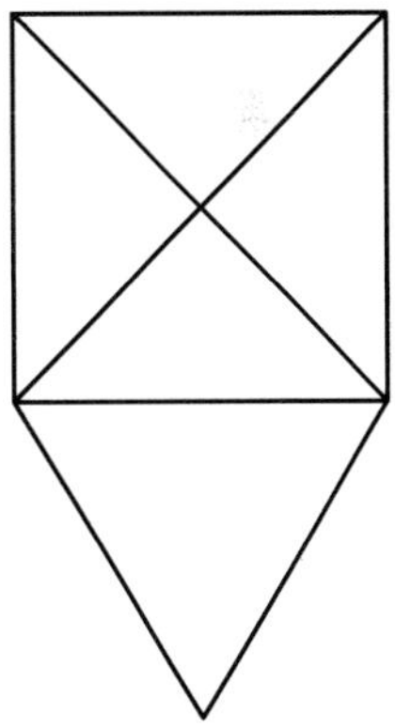

图 1-10

你能画出来吗？如果你画出来了，那么请你再看图 1-11 能不能一笔画出来？

虽然你动了脑筋，但我相信你肯定不能一笔画出来！

为什么我的语气这么肯定？我们来分析一下图 1-11. 我们把图 1-11 看成是由点和线组成的一种集合. 图里直线的交点叫作顶点，连结顶点的线叫作边. 这个图是连通的，即任何两个顶点之间都有边. 很显然，图中的顶点有两类：一类是有偶数条边连接它的,另一类是有奇数条边连接它的. 一个顶点如果有偶数条边连接它，这点就称为偶点；如果有奇数条边连接它，就称它为奇点. 我们知道，能一笔画的图形只有两类：一类是所有的点都是偶点；另一类是只有两个奇点的图形. 图 1-11 有六个奇点，四个偶点，当然不能一笔画出来了.

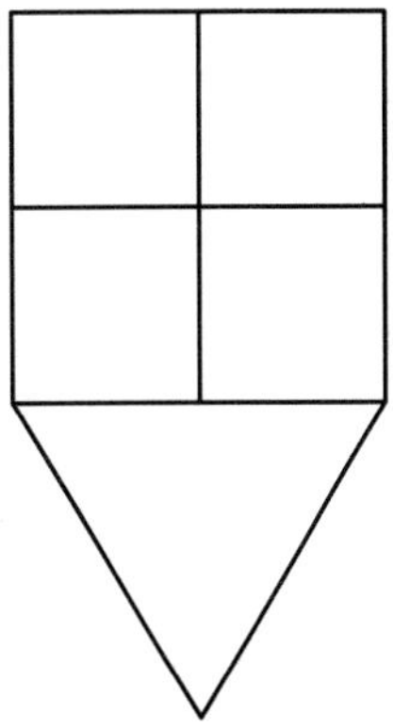

图 1-11

为什么能一笔画的图形只有上述两类呢？有关这个问题的讨论，要追溯到 200 年前的一个著名问题：哥尼斯堡七桥问题.

18 世纪东普鲁士哥尼斯堡城（今俄罗斯加里宁格勒）的普莱格尔河，有两条支流，在城市中心汇成大河，中间是岛区，河上有 7 座桥，将河中的两个岛和河岸连接，如图 1-12 所示. 由于岛上有古老的哥尼斯堡大学，有教堂，还有哲学家康德的墓地和塑像，因此城中的居民，尤其是大学生们经常沿河过桥散步. 渐渐地，爱动脑筋的人们提出了一个问题：一个散步者能否一次走遍 7 座桥，而且每座桥只许通过一次，最后仍回到起始地点. 这就是七桥问题，一个著名的图论问题.

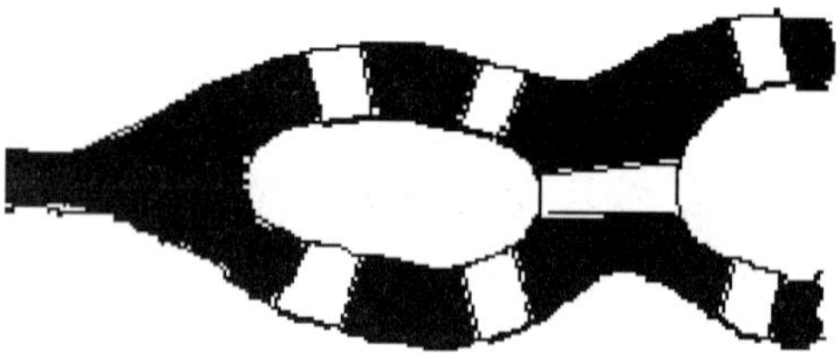

图 1-12

这个问题看起来似乎很简单，然而许多人做过尝试始终没有能找到答案. 因此，一群大学生就写信给当时年仅 20 岁的大数学家欧拉. 欧拉从千百人次的失败，以深邃的洞察力猜想，也许根本不可能不重复地一次走遍这七座桥，并很快证明了这样的猜想是正确的. 欧拉是这样解决问题的：既然陆地是桥梁的连接地点，不妨把图中被河隔开的陆地看成 4 个点，7 座桥表示成 7 条连接这 4 个点的线，如图 1-13 所示.

于是“七桥问题”就等价于图 1-14 中所画图形的一笔画问题了. 欧拉注意到，如果一个图能一笔画成，那么一定有一个起点开始画，也有一个终点. 图上其他的点是“过路点”——画的时候要经过它.

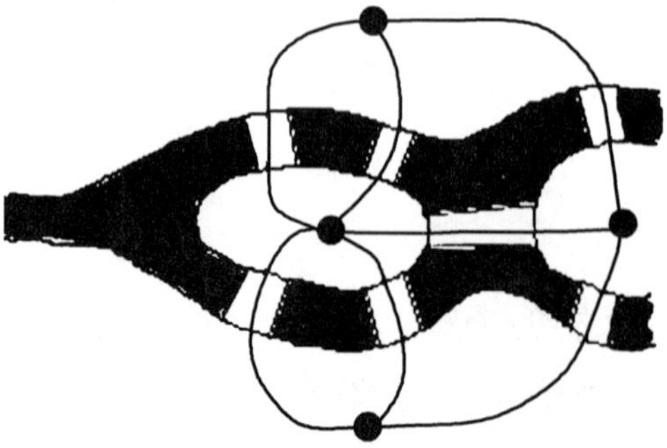

图 1-13

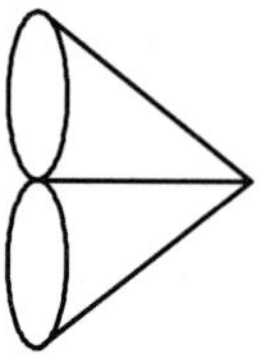

图 1-14

现在看“过路点”具有什么性质. 它应该是“有进有出”的点，有一条边进这点，那么就要有一条边出这点，不可能是有进无出，如果有进无出，它就是终点，也不可能有出无进，如果有出无进，它就是起点. 因此，在“过路点”进出的边总数应该是偶数，即“过路点”是偶点.

如果起点和终点是同一点，那么它也是属于“有进有出”的点，因此必须是偶点，这样图上全体点都是偶点.

如果起点和终点不是同一点，那么它们必须是奇点，因此这个图最多只能有两个奇点.

现在对照七桥问题的图，所有的顶点都是奇点，共有四个，所以这个图肯定不能一笔画成.

欧拉对“七桥问题”的研究是图论研究的开始，同时也为拓扑学的研究提供了一个初等的例子.

事实上，中国民间很早就流传着这种一笔画的游戏. 从长期实践的经验，人们知道如果图的点全部是偶点，可以任意选择一个点做起点，一笔画成；如果是有两个奇点的图形，那么就选一个奇点做起点以顺利的一笔画完. 可惜的是，古时候没有人对它重视，没有数学家对它进行经验总结，以及加以研究.

今天学习欧拉的成果不应是单纯把它作为数学游戏，重要的是应该知道欧拉怎样把一个实际问题抽象成数学问题. 研究数学问题不应该为“抽象而抽象”，抽象的目的是更好、更有效地解决实际产生的问题，欧拉对“七桥问题”的研究就是值得我们学习的一个样板.

（二）四色猜想

四色原理简介：

这是一个拓扑学问题，即找出给球面（或平面）地图着色时所需用的不同颜色的最小数目. 着色时要使得没有两个相邻（即有公共边界线段）的区域有相同的颜色. 1852 年英国的格思里推测：四种颜色是充分必要的. 1878 年英国数学家凯利在一次数学家会议上呼吁大家注意解决这个问题. 直到

1976年，美国数学家阿佩哈尔、哈肯和考西利用高速电子计算机运算了1200个小时，才证明了格思里的推测. 20世纪80—90年代曾邦哲的综合系统论（结构论）观将“四色猜想”命题转换等价为“互邻面最大的多面体是四面体”. 四色问题的解决在数学研究方法上的突破，开辟了机器证明的美好前景.

四色定理的诞生过程：

四色猜想是世界近代三大数学难题之一（另外两个是费马定理和哥德巴赫猜想）. 1852年，毕业于伦敦大学的弗南西斯·格思里（Francis Guthrie）来到一家科研单位进行地图着色工作时，发现了一种有趣的现象：“看来，每幅地图都可以用四种颜色着色，使得有共同边界的国家着上不同的颜色.”用数学语言表示，即“将平面任意地细分为不相重叠的区域，每一个区域总可以用1，2，3，4这四个数字之一来标记，而不会使相邻的两个区域得到相同的数字.”这个结论能不能从数学上加以严格证明呢？他和在大学读书的弟弟格里斯决心试一试. 兄弟二人为证明这一问题而使用的稿纸已经堆了一大叠，可是研究工作没有进展.

1852年10月23日，他的弟弟就这个问题的证明请教他的老师、著名数学家德·摩尔根，摩尔根也没有能找到解决这个问题的途径，于是写信向自己的好友、著名数学家哈密尔顿爵士请教. 哈密尔顿接到摩尔根的信后，对四色问题进行论证. 但直到1865年哈密尔顿逝世为止，问题也没有能够解决.

1872年，英国当时最著名的数学家凯利正式向伦敦数学学会提出了这个问题，于是四色猜想成了世界数学界关注的问题. 世界上许多一流的数学家都纷纷参加了四色猜想的大会战. 1878—1880年两年间，著名的律师兼数学家肯普和泰勒两人分别提交了证明四色猜想的论文，宣布证明了四色定理，大家都认为四色猜想从此也就解决了.

肯普的证明是这样的：首先指出如果没有一个国家包围其他国家，或没有三个以上的国家相遇于一点，这种地图就说是“正规的”，否则为非正规地图. 一张地图往往是由正规地图和非正规地图联系在一起，但非正规地图所需颜色种数一般不超过正规地图所需的颜色，如果有一张需要五种颜色的地图，那就是指它的正规地图是五色的，要证明四色猜想成立，只要证明不存在一张正规五色地图就足够了.

肯普是用归谬法来证明的，大意是如果有一张正规的五色地图，就会存在一张国数最少的“极小正规五色地图”，如果极小正规五色地图中有一个国家的邻国数少于六个，就会存在一张国数较少的正规地图仍为五色的，这样一来就不会有极小五色地图的国数，也就不存在正规五色地图了. 这样肯普就认为他已经证明了“四色问题”，但是后来人们发现他错了. 不过肯普的证明阐明了两个重要的概念，对以后问题的解决提供了途径. 第一个概念是“构形”. 他证明了在每一张正规地图中至少有一国具有两个、三个、四个或五个邻国，不存在每个国家都有六个或更多个邻国的正规地图，也就是说，由两个邻国，三个邻国、四个或五个邻国组成的一组“构形”是不可避免的，每张地图至少含有这四种构形中的一个.

肯普提出的另一个概念是“可约”性.“可约”这个词的使用是来自肯普的论证. 他证明了只要五色地图中有一国具有四个邻国，就会有国数减少的五色地图. 自从引入“构形”,“可约”概念后，逐步发展了检查构形以决定是否可约的一些标准方法，能够寻求可约构形的不可避免组，是证明“四色问题”的重要依据. 但要证明大的构形可约，需要检查大量的细节，这是相当复杂的.

11 年后，即 1890 年，数学家赫伍德以自己的精确计算指出肯普的证明是错误的. 不久，泰勒的证明也被人们否定了. 后来，越来越多的数学家虽然对此绞尽脑汁，但一无所获. 于是，人们开始认识到，这个貌似容易的题目，其实是一个可与费马猜想相媲美的难题：先辈数学大师们的努力，为后世的数学家揭示四色猜想之谜铺平了道路.

进入 20 世纪以来，科学家们对四色猜想的证明基本上是按照肯普的想法在进行. 1913 年，伯克霍夫在肯普的基础上引进了一些新技巧，美国数学家富兰克林于 1939 年证明了 22 国以下的地图都可以用四色着色. 1950 年，有人从 22 国推进到 35 国. 1960 年，有人又证明了 39 国以下的地图可以只用四种颜色着色；随后又推进到了 50 国. 看来这种推进仍然十分缓慢. 电子计算机问世以后，由于演算速度迅速提高，加之人机对话的出现，大大加快了对四色猜想证明的进程. 1976 年，在 J. Koch 的算法的支持下，美国数学家阿佩尔（Kenneth Appel）与哈肯（Wolfgang Haken）在美国伊利诺伊大学的两台不同的电子计算机上，用了 1200 个小时，做了 100 亿判断，终于完成了四色定理的证明. 四色猜想的计算机证明，轰动了世界，当时中国科学家也有在研究这原理. 它不仅解决了一个历时 100 多年的难题，而且有可能成为数学史上一系列新思维的起点.

四色定理是第一个主要由计算机证明的理论,这一证明并不被所有的数学家接受，因为它不能由人工直接验证.

由四色猜想产生了德·摩尔根地图四色定理：地球区划图的奥秘——四色定理，宇宙万物图的奥秘——十六色定理，宏伟的原创性科学发现和发明——万有图形色数.

事实上，日常生活中我们经常运用拓扑学的原理，即将平面空间的形状拉伸改变，大家熟悉的玩具九连环，运用的也是拓扑学原理. 同学们再思考一下，还有哪些问题也涉及拓扑学?

第 2 章　函数及其在生活中的应用

2.1　函数简介

2.1.1　函数概念的发展

数学的发展过程中，有很多重要的概念. 随着时间的推移，它从最初的原始概念由于种种原因而被一次又一次地扩张、推广，直到成为更广泛、深刻、精确的概念. 例如函数概念，它从早期函数概念到现代函数概念有着 300 年的演变过程，众多数学家历经坎坷才得出现行使用的函数概念. 从不同角度不断赋予函数新的思想也带动了整个数学的发展.

17 世纪伽利略（G. Galileo，1564—1642）在《两门新科学》一书中，几乎包含了所有函数或称为变量关系的概念，并用文字语言表达出了函数关系. 1673 年前后笛卡儿（Descartes，1596—1650）在他的解析几何中，已注意到一个变量对另一个变量的依赖关系，但因当时尚未意识到要提炼函数概念，因此直到 17 世纪后期牛顿、莱布尼茨建立微积分时仍然没有人明确函数的一般意义，所以大部分函数就被当作曲线来研究. 1673 年，莱布尼茨首次使用“function”（函数）表示“幂”，后来他用该词表示曲线上点的横坐标、纵坐标、切线长等曲线上点的有关几何量. 与此同时，牛顿在微积分的讨论中，使用了“流量”来表示变量间的关系.

1718 年，约翰·伯努利（Johann Bernoulli，1667—1748）在莱布尼茨函数概念的基础上对函数概念进行了定义：“由一个变量 x 与常数构成的任意表达式，称为 x 的函数.”他的意思是任意一个变量 x 和常量构成的式子都叫作 x 的函数，并强调函数要用公式来表示. 后来欧拉（L. Euler，1707—1783）对函数进行了重新定义，将其定义为：“如果某些变量，以某一种方式依赖于另一些变量，即当后面这些变量变化时，前面这些变量也随着变化，我们把前面的变量称为后面变量的函数."

直到 18 世纪中叶欧拉给出了这样的一个定义:"一个变量的函数是由这个变量和一些常数以任何方式组成的解析表达式."他把约翰·伯努利给出的函数定义称为解析函数,并进一步把它区分为代数函数和超越函数,还考虑了"随意函数". 不难看出,欧拉给出的函数定义比约翰·伯努利的定义更普遍、更具有广泛意义.

后来 1823 年柯西着重从变量之间的对应关系叙述了函数的概念. 在柯西的定义中,首先出现了自变量一词,同时指出对函数来说不一定要有解析表达式. 不过他仍然认为函数关系可以用多个解析式来表示,这是一个很大的局限. 傅里叶(Fourier,1768—1830)、康托(Cantor,1845—1918)等从不同程度上对函数概念进行了完善.

而到了 1914 年豪斯道夫(F. Hausdorff)在《集合论纲要》中用不明确的概念"序偶"来定义函数,其避开了意义不明确的"变量""对应"的概念. 后来库拉托夫斯基(Kuratowski,1896—1980)于 1921 年用集合的概念对"序偶"进行了定义从而使豪斯道夫的定义很严谨了. 直到 1930 年出现了新的现代函数,其定义为:"若对集合 M 的任意元素 x,在集合 N 都有确定的元素 y 与之对应,则称在集合 M 上定义一个函数,记为 $y=f(x)$. 元素 x 称为自变元,元素 y 称为因变元."

2.1.2 函数的地位和作用

数学发展史表明,函数概念从产生到完善,经历了漫长而曲折的过程. 这不但因为函数概念系统复杂、涉及因素众多,更重要的是伴随着函数概念的不断发展,数学思维方式也发生了重要转折:思维从静止走向了运动、从离散走向了连续、从运算转向了关系,实现了数与形的有机结合,在符号语言与图表语言之间可以灵活转换. 在函数的研究中,思维超越了形式逻辑的界限,进入了辩证逻辑思维. 与常量数学相比,函数概念更抽象,形式化程度更高.

函数一直以来都是数学最重要的内容之一,学习函数的难度相对较高.

函数与生活有着千丝万缕的联系，它能够更好地帮助我们处理生活中出现的问题.

函数是数学分析中解决问题的一种重要方法. 函数方法的实质就是当遇到实际问题的时候，通过对问题的分析理解，然后利用函数知识构造出解决问题的函数关系式，进而通过对函数问题的研究，使问题得以解决的一种数学思想方法. 在处理和解决问题时构造一个适当的辅助函数，往往使问题的解决变得非常简单. 因此，在数学的学习和应用过程中，函数具有其他数学理论知识在现代数学理论中所无法替代的重要地位与作用.

函数是中学数学的核心内容. 从常量数学转变到变量数学，是从函数概念的系统学习开始的. 函数知识的学习对学生思维能力的发展具有重要意义. 函数是中学数学最重要的基本概念之一，其核心内涵为从非空数集到非空数集的映射. 函数思想也是整个高中数学最重要的数学思想之一，而函数概念是函数思想的基础. 它不仅对前面学习的集合知识做了巩固和发展，而且是学好后继知识的基础和工具. 从中学数学知识的组织结构看，函数是代数的“纽带”，代数式、方程、不等式、数列、排列组合、极限和微积分等都与函数知识有直接的联系. 函数的基础知识在现实生活、社会、经济及其他学科中有广泛的应用. 函数概念及其反映的数学思想方法已广泛地渗透到数学的各个领域，是进一步学习数学的重要基础.

数学来源于现实，在实际生活和生产实践中，常涉及一些量与量之间的函数关系，如果能把这种函数关系式写出来，就可以利用我们所学过的函数的知识进行研究，解决一些实际问题. 而实际问题的关键是“问题情景的数学化”——构建数学模型，使实际生活问题抽象为数学问题.

2.2　函数在生活中的应用

2.2.1　一次函数在生活中的应用

在生活中从事买卖，特别是进行消费活动时，人们会运用到变量的线性相关关系，即一次函数来解决相关问题.

例 2-1 某市一水果销售公司，需将一批铁峰山黄桃运往某地，有汽车、火车运输工具可供选择，两种运输工具的主要参考数据见表 2-1：

表 2-1 两种运输工具的主要参考数据

运输工具	途中平均速度/（km/h）	途中平均费用/（元/km）	装卸时间/h	装卸费用/元
汽车	75	8	2	1000
火车	100	6	4	2000

若这批水果在运输过程中（含装卸时间）的损耗为 150 元/h，那么你认为采用哪种运输工具比较好（即运输所需费用与损耗之和较少）？

解：设运输路程为 $x\,(x>0)\,\text{km}$，用汽车运输所需总费用为 y_1 元，用火车运输所需总费用为 y_2 元.

$$y_1=\left(\frac{x}{75}+2\right)\times 150+8x+1000=10x+1300.$$

$$y_2=\left(\frac{x}{100}+4\right)\times 150+6x+2000=7.5x+2600.$$

（1）当 $y_1>y_2$ 时，即 $10x+1300>7.5x+2600$，解得 $x>520$；

（2）当 $y_1=y_2$ 时，即 $10x+1300=7.5x+2600$，解得 $x=520$；

（3）当 $y_1<y_2$ 时，即 $10x+1300<7.5x+2600$，解得 $x<520$.

所以当两地路程大于 520 km 时，采用火车运输较好；当两地路程等于 520 km 时，两种运输工具一样；当两地路程小于 520 km 时，采用汽车运输较好.

例 2-2 在生活中，超市经常有促销活动，许多商家都推出了选择性优惠的购物方案，如买一送一和到一定数量减价之类. 小明去某家商场买茶壶，商场有这两种优惠方案.（1）买一送一（即买一个茶壶送一个茶杯）；（2）购买茶壶 3 个以上打九折（即按购买总价的 90%付款）. 已知茶壶 20 元/个，茶杯 5 元/个. 小明需要茶壶 4 个，茶杯数个（不小于 4）这两种优惠办法有区别吗？到底哪种更便宜呢？

解：设某顾客买茶杯 x 个，付款 y 元，$(x>3且x\in\mathbf{N})$，则

用第一种方法付款　　$y_1=4\times20+(x-4)\times5=5x+60$

用第二种方法付款　　$y_2=(20\times4+5x)\times90\%=4.5x+72$

接着比较 y_1y_2 的相对大小. 设 $d=y_1-y_2=0.5x-12$，然后进行讨论：

当 $d>0$ 时，$0.5x-12>0$，即 $x>24$；

当 $d=0$ 时，$x=24$；

当 $d<0$ 时，$x<24$.

综上所述，当所购茶杯多于 24 个时，法（2）省钱；恰好购买 24 个时，两种方法价格相等；购买个数在 4 ~ 23 时，法（1）便宜.

2.2.2　二次函数在生活中的应用

二次函数作为数学研究中的一个非常重要的工具，在整个中学数学的教与学之中有很多应用. 从最浅显的直观图像、解方程、解不等式、求最值，到利用数形结合的思想研究一元二次方程中根的分布问题，进而用二次函数来解决现实生活中的实际问题等.

二次函数是初中阶段数学中的一个重要组成部分，也是中考的必考内容，它的重要性显而易见. 二次函数在实际生活中的应用是一个难点. 在实际生活中，桥梁、隧道、喷泉、经济、球类运动轨迹等都涉及二次函数的相关知识.

二次函数涉及极值点计算方面的知识，可以利用函数的极值点去求得函数的最大值和最小值，进一步解决一些实际问题. 举个例子，学校将要建设一间小型的图书阅览室，但因场地面积有限、原料不足，在建设之前需要做好建设方案，才能确保有限的条件发挥出最大的优势. 此时我们可以运用二次函数的知识去计算，得出最佳的建设方案. 又比如建设一间农场存粮屋，这个存粮屋具备一面已存在的墙，长度大约为 100 m，已有的建筑材料只够修建 100 m 长的墙，假使所要建设的存粮屋要求必须是矩形的，那么如何将所建设的矩形面积建设到最大？此时，我们就可以利用所学的函数知识，先假设所建设的存粮屋宽为 x，那么长度即为 $100-2x$，这样就可以求出面积，最后求出函数取得最大值时 x 的值. 生活中常见的还有最大利润问题，如果

商店每次进货多了，会使成本增加，而且产生积压，但如果进货量太少，多次进货，运费又增多了，因此需要利用函数知识找到其中最为合适的一个临界点，从而获得最大利润. 由此可见，二次函数能在生活中解决一些建设用地面积方面以及商家经营过程中如何获得最大利润的实际问题.

1. 二次函数在桥梁建筑中的应用

例 2-3 如图 2-1 所示，有一抛物线拱桥，已知水位线在 AB 位置时，水面的宽为 $4\sqrt{6}$ m，水位上升 4 m，就达到警戒线 CD，这时水面宽为 $4\sqrt{3}$ m.

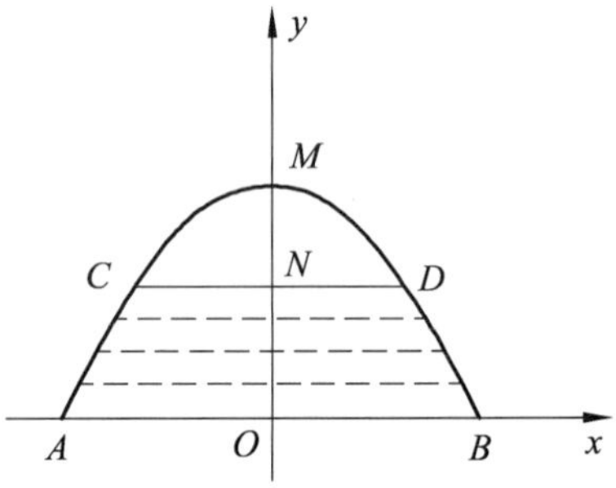

图 2-1

（1）求 B、D 点的坐标；

（2）求抛物线的解析式；

（3）若洪水来时，水位以每小时 0.5 m 的速度上升，则水过警戒线后几小时淹没到拱桥顶端 M 处？

解：（1）由 $AB=4\sqrt{6}$，$CD=4\sqrt{3}$，$ON=4$ 得

坐标：$B(2\sqrt{6},0)$，$D(2\sqrt{3},4)$.

（2）设抛物线的解析式为 $y=ax^2+c$，把 B、D 点坐标代入得

$$\begin{cases}0=a(2\sqrt{6})^2+c\\4=a(2\sqrt{3})^2+c\end{cases}$$

解得：$a=-\dfrac{1}{3}$，$c=8$，所以解析式为：$y=-\dfrac{1}{3}x^2+8$.

（3）由抛物线解析式 $y=-\dfrac{1}{3}x^2+8$ 得 $M(0,8)$，所以 $MN=8-4=4$.

所以：$t=\dfrac{MN}{v}=\dfrac{4}{0.5}=8$（h）

答：水过警戒线后 8 h 淹没到拱桥顶端 M 处.

例 2-4　桥梁建筑方面会广泛地应用到函数中的抛物线. 在现实生活中，由于设计和实际需要，大多数桥梁建筑设计使用二次函数的性质，其形状设计为抛物线形式. 例如：单行隧道的截面由抛物线和长方形构成，长方形的长为 8 m，宽为 2 m，隧道最高点 P 位于 AB 的中央且距地面 6 m.

（1）抛物线的解析式.

（2）一辆货车高度为 4 m，宽 2 m，是否能在隧道穿过？

解：（1）通过题意进行分析可知，抛物线经过 $A(0,2)$，$P(4,6)$，$B(8,2)$. 设抛物线的方程为 $y=ax^2+bx+c$，我们将 A、P、D 三个点代入到方程中，可得 $y=-\dfrac{1}{4}x^2+2x+2$.

（2）令 $y=4$，则有 $-\dfrac{1}{4}x^2+2x+2=4$，解得 $x_1=4+2\sqrt{2}$，$x_2=4-2\sqrt{2}$. $x_1-x_2=4\sqrt{2}>2$，所以该货车能通过隧道.

2. 二次函数在销售中的应用

例 2-5　在抗击新冠疫情期间，某药店以每个 2 元的进价购进一批某型口罩售卖. 经调查发现，若按定价每个 3 元销售，每天可销售 500 个. 定价每增加 1 元，每天将少卖 100 个. 按相关政策，该型口罩售价不能超过 6 元，同时假设定价不低于每个 3 元. 设定价为每个 x 元，每天销售量为 y 个.

（1）请写出 y 与 x 的函数表达式及自变量 x 的取值范围；

（2）设该药店销售这批口罩一天的利润为 W 元，求 W 与 x 的函数表达式；

（3）当药店将口罩定价为每个多少元时，每天所获利润最大？最大利润是多少元？

（4）该药店老板热心公益事业，决定从每天的销售利润中捐出 100 元给希望工程. 为保证捐款后每天剩余利润不低于 700 元，请写出该口罩售价的范围.

分析：（1）定价每个 3 元，可销售 500 个，定价每增加1元，每天将少卖 100 个，即 x 比 3 大多少就少卖多少个 100.

（2）本问考查二次函数在销售问题中的应用，理清成本、利润之间的关系是解决问题的关键. 总利润 = 总销售额−总成本，总销售额 = 售价×销量，总成本 = 进价×销量.

（3）二次函数最值的求法：配方法或顶点公式法. 需注意自变量的取值范围、对称轴、函数图像增减性等.

（4）捐款后的利润 = 销售利润−100，即 $W-100\geqslant 700$. 还可利用解方程或数形结合思想解决.

解：（1）由题意，得

$$y=500-100(x-3)=800-100x\ (3\leqslant x\leqslant 6).$$

（2）由题意，得

$$\begin{aligned}W&=xy-2y=(x-2)y=(x-2)(800-100x)\\&=-100x^2+1000x-1600\end{aligned}$$

（3）因为 $W=-100x^2+1000x-1600=-100(x-5)^2+900$

又因为 $-100<0$，$3\leqslant x\leqslant 6$

所以当 $x=5$ 时，W 最大为 900.

答：当药店将口罩定价为每个 5 元时，每天所获利润最大，最大利润为 900 元.

（4）$W=-100x^2+1000x-1600-100$.

因为 $-100x^2+1000x-1600-100\geqslant 700$

所以 $x^2-10x+24\leqslant 0$

所以 $(x-4)(x-6)\leqslant 0$

$$\begin{cases}x-4\geqslant 0\\x-6\leqslant 0\end{cases}\text{或}\begin{cases}x-4\leqslant 0\\x-6\geqslant 0\end{cases}$$

所以 $4\leqslant x\leqslant 6$.

答：该口罩售价的范围是 $4\leqslant x\leqslant 6$.

2.2.3 反比例函数在生活中的应用

反比例函数和其他函数一样，在日常生活中有着广泛的应用. 和利用其他函数解决实际问题一样，要利用反比例函数的关系解决实际问题，只要求能够正确地探求两个变量之间的关系．探索反比例函数中的两个变量之间的关系同样和列方程解应用题一样，即弄清题意和题目中的数量关系，找到能够表示应用题全部含义的一个相等的关系，根据这个相等的数量关系式，列出所需的代数式．

例 2-6　你吃过兰州拉面吗？实际上在做拉面的过程中就渗透着数学知识：一定体积的面团做成拉面，面条的总长度 y(m)是面条的粗细（横截面积）s(mm²)的反比例函数，其图像如图 2-2 所示．

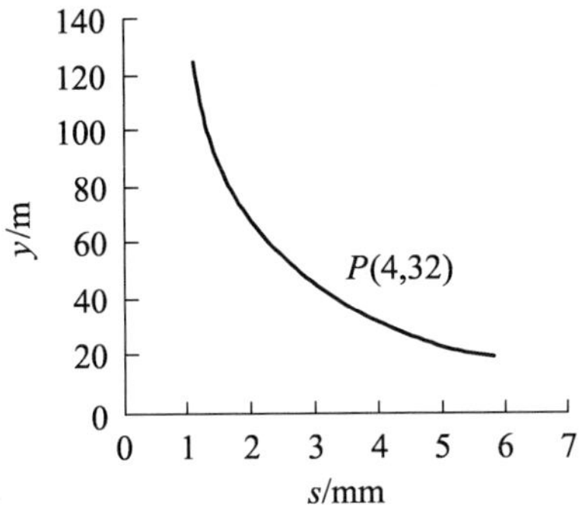

图 2-2

（1）写出 y 与 s 的函数关系式；

（2）求当面条粗 1.6 mm² 时，面条的总长度是多少米？

解：（1）依题意，结合图像不妨设反比例函数的解析式为 $y=\dfrac{k}{s}$ $(k\neq 0,$ $s\geqslant 0)$，由于图像经过点（4，32），则有 $32=\dfrac{k}{4}$，所以 $k=128$，即 y 与 s 的函数关系式为 $y=\dfrac{128}{s}$（$s\geqslant 0$）

（2）当面条粗 $s=1.6$ mm² 时，面条的总长度是 $y=80$（mm）$=0.8$（m）．

例 2-7　如图 2-3 所示是某一蓄水池每小时的排水量 V（m³/h）与排完水池中的水所用的时间 t（h）之间的函数关系图像．

（1）请你根据图像提供的信息求出此蓄水池的蓄水量；

（2）写出此函数的解析式；

（3）若要 6 h 排完水池中的水，那么每小时的排水量应该是多少？

（4）如果每小时排水量是 5000 m^3，那么水池中的水将要多少小时排完？

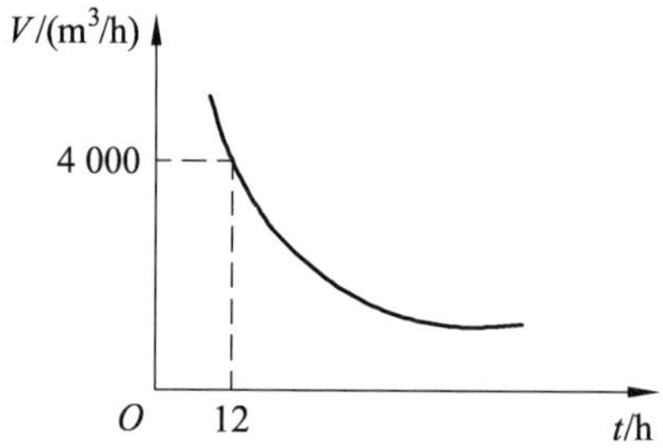

图 2-3

分析：当蓄水总量一定时，每小时的排水量与排水所用时间成反比例.

解：（1）因为当蓄水总量一定时，每小时的排水量与排水所用时间成反比例，所以根据图像提供的信息可知此蓄水池的蓄水量为：$4000\times12=48000$（m^3）.

（2）因为此函数为反比例函数，所以解析式为：$V=\dfrac{48000}{t}$.

（3）若要 6 h 排完水池中的水，那么每小时的排水量为：$V=\dfrac{48000}{6}=8000$（m^3）.

（4）如果每小时排水量是 5000 m^3，那么要排完水池中的水所需时间为：$t=\dfrac{48000}{6}=8000$（m^3）.

2.2.4 分段函数在生活中的应用

分段函数是一种比较特殊的函数，指的是在定义域的不同子集上对应关系不同的函数. 分段函数的定义域是各段函数定义域的并集，值域是各段函数值域的并集. 分段函数与生活也存在着紧密的联系. 例如电价执行阶梯式电价，即我们每个月用的电量在规定的数值内会保持原电价不变，但是当超过规定数值时，会执行一个新价格，当达到另一个用电高度时，会再执行另一个新价格. 使用分段函数知识，能够很好地计算出用多少电量最合适，这样便为家里用电提供了参考，帮助全家更加合理地用电.

1. 分段函数在销售中的应用

我们在买东西时经常会货比三家，商家也很了解客户的心理，接二连三地推出大量的促销方案，在选择促销方案的过程中，我们就可以用到分段函数模型来为我们购买决策提供参考价值.

例 2-8　在某电器专卖店“五一”优惠促销活动中，商家规定：一次性订购卖场产品不超过 1000 元的，不能优惠；一次性订购产品超过 1000 元，但小于 1500 元的，可给标价 8.8 折扣的优惠；如果超过 1500 元，1500 元内的部分根据第二条规定执行政策，超过 1500 元的部分可打 6.8 折优惠. 如果某人分两次购买该电器专卖店的商品，分别付款金额为 868 元和 1258 元. 但是，假设他是一次性购买这些产品，需要付费多少元呢?

解答：设未参加优惠活动前所有付款总数为 p 元，参加活动后应付款额 q 元.

当 p 大于等于 0 小于等于 1000 时，应付款额应该是 p ；

当 p 大于 1000 小于等于 1500 时，应付款额 q 应该是 $0.88p$ ；

当 p 大于 1500 时，应付款额 q 应该是 $1500\times0.88+(p-1500)\times0.68$.

可得到分段函数

$$q=\begin{cases} p(0\leqslant p\leqslant 1000) \\ 0.88p(1000\leqslant p\leqslant 1500) \\ 300+0.68p(p>1500) \end{cases}$$

第二次付款的 1258 是打完 8.8 折后的价格，所以要求出未打折前的价，即 $\dfrac{1258}{0.88}=1429$，则原先所有付款总数为 1429+868 = 2297. 根据分段函数，参加活动后应付款额是：0.68×2297+300 = 1861. 如果此人分开付款参加活动的话总付款为 868+1258 = 2126 元，比合并付款多付 265.

在生活中，这样的例子非常多，当商品的价格总价越高，那么最后得到的价格差越大. 通过使用数学模型进行分析指导和规划，对购买决策提供正确的指导，这样就能节省不少资金.

2. 生活中用水用电问题

例 2-9 为了鼓励节能降耗，某市规定如下用电收费标准：每户每月的用电量不超过 120 kW · h 时，电价为 a 元/（kW · h）；超过 120 kW · h 时，不超过部分仍为 a 元/（kW · h），超过部分为 b 元/（kW · h）. 已知某用户五月份用电 115 kW · h，交电费 69 元，六月份用电 140 kW · h，交电费 94 元.

（1）求 a, b 的值.

（2）设该用户每月用电量为 x（kW · h），应付电费为 y（元）.

① 分别求出 $0 \leqslant x \leqslant 120$ 和 $x > 120$ 时，y 与 z 之间的函数关系式；

② 若该用户计划七月份所付电费不超过 83 元，问该用户七月份最多可用电多少？

解：（1）根据题意，得

$$\begin{cases} 115a = 69 \\ 120a + 20b = 94 \end{cases}$$

解这个方程组，得

$$\begin{cases} a = 0.6 \\ b = 1.1 \end{cases}$$

① 当 $0 \leqslant x \leqslant 120$ 时，$y = 0.6x$.

当 $x > 120$ 时，$y = 120 \times 0.6 + 1.1(x - 120)$，即 $y = 1.1x - 60$.

② 因为 $83 > 120 \times 0.6 = 72$，所以 y 与 x 之间的函数关系式为 $y = 1.1x - 60$.

由题意，得 $1.1x - 60 \leqslant 83$，$x \leqslant 130$.

所以该用户七月份最多可用电 130 kW · h.

2.2.5 指数对数函数在生活中的应用

指数函数是重要的初等函数之一，在实际生活和生产中，许多问题都需要用指数函数的知识来解决. 从存钱时所关心的银行利率，购房时所关心的房产税，到考古所需要关注的碳 12 的半衰期，再到种群增长以及细胞分裂问题，均与指数函数有关.

应用到值 x 上的指数函数写为 $\exp(x)$，还可以等价地写为 e^x. 这里的 e

是数学常数，就是自然对数的底数，近似等于2.718281828，还叫作欧拉数. 指数函数的一般形式为$y=a^x$（$a>0$且$a\neq 1$），函数图形下凹. $a>1$时指数函数单调递增；$0<a<1$时单调递减. 指数函数既不是奇函数也不是偶函数.

1. 计算房产税

我国为了增加地方政府的财政收入，同时抑制房价的过快增长，计划推出房产税政策. 如某人购买了数套房产，假设他的第一套房产不征税，第二套房产征收 1%的房产税，第三套征收 2%的房产税，第四套则是 4%，以此类推，以后的每一套房产，所征收的房产税都会为前一次的两倍. 对这样的问题，如果我们建立起一个指数函数关系式，便可很容易计算出所需缴纳的房产税，对于购房者来说，可以让其更好地选择购房方案.

2. 计算人口数目

由于世界人口迅速增加，所以人口问题被认为是世界最需要被解决的问题之一. 在公元伊始时，世界人口仅为 2.7 亿，然而到了近现代，人口数目却猛增，1930 年世界人口数目为 20 亿，1960 年人口数目已达到 30 亿，仅过去了 15 年，1975 年人口数目便以达到了 40 亿，1987 年则有了 50 亿人，2011 年达到了 70 亿，而在 2018 年，全球人口数目已达到了 74 亿人. 如果我们可预测出全球人口数目变化，便可以更好地来规划未来地球的发展方向. 就像我国在过去人口增长率较高时提出了计划生育政策，对人口增长起到了一定的抑制作用，在现在人口增长率较低时提出了二孩、三孩政策. 目前每年全球人口增长率为 1.3%，凭借指数函数我们便可以轻松的计算出地球在 2040 年时，人口数量会超过 100 亿，从而可以更好地制定出应对方案来解决人口过快增长的问题.

3. 计算存款利率

例 2-10　按复利计算利率的一种储蓄，本金为 a 元，每期利率为 r，设本利和为 y，存期为 x，写出本利和 y 随存期 x 变化的函数. 如果存入本金 1000 元，每期利率为 2.25%，试计算 5 期后的本利和是多少？（精确到 0.01 元）

解析：复利是一种计算利息的方法，即把前一期的利息和本金加在一起做本金，再计算下一期的利息.

已知本金是 a 元，一期后的本利和为 $y_1 = a + ar = a(1+r)$;

二期后的本利和为 $y_2 = y_1 + y_1 r = a(1+r)(1+r) = a(1+r)^2$;

三期后的本利和为 $y_3 = y_2 + y_2 r = a(1+r)^3$;

……

x 期后的本利和为 $y = a(1+r)^x$.

将 $a = 1000$ 元， $r = 2.25\%, x = 5$ 代入上式得：

$y = 1000(1+2.25\%)^5 \approx 1117.68$

答：复利函数式为 $y = a(1+r)^x$，5 期后得本利和为 1117.68 元。

我们在存钱时常会对比各个银行的利率，以实现自己的利益最大化，而我们的指数函数正可以帮助我们来轻松地计算出我们的利益，如某人现有现金 30 万，欲将其全部存入银行存 3 年，现 A 银行对所有金额存款，利率均为 3.0%，B 银行对 0 ~ 20 万元存款利率为 2.5%，对 20 万元以上存款利率为 3.5%. 这个问题，我们就可以利用指数函数表达式来算出哪一个银行的利息最高，从而实现利益的最大化.

4. 在工业生产上的应用

例 2-11 某化工厂生产一种溶液，按市场要求，杂质含量不能超过 1‰，若开始时含杂质 2%，每过滤一次可使杂质含量减少 $\frac{1}{3}$，问：至少应过滤几次才能使产品达到市场要求？

解： 设需过滤 n 次，依题意得 $\frac{2}{100}\cdot\left(\frac{2}{3}\right)^n \leqslant \frac{1}{1000}$，即 $\left(\frac{2}{3}\right)^n \leqslant \frac{1}{20}$，因为 $\left(\frac{2}{3}\right)^7 = \frac{128}{2178} > \frac{1}{20}$，$\left(\frac{2}{3}\right)^8 = \frac{256}{6561} < \frac{1}{20}$，所以 $n = 8$.

5. 在生物学上的应用

例 2-12 某种细菌在培养的过程中，每 20 min 会分裂一次，由一个分裂成 2 个，求这种细菌由 1 个繁殖到 4096 个需要多少个小时？

解： 设分裂 x 次后的细菌数为 y，依题意得：$y = 2^x$，当这种细菌由 1

个繁殖成 4096 个时，$y=4096$，即 $4096=2^x$，所以解得 $x=12$，经过 12 次分裂. 又每 20 min 分裂一次，所以需经过 $\frac{20\times 12}{60}=4$（h）.

6. 在疾病控制与统计方面的应用

例 2-13　心脏病人的人数呈上升趋势，经统计分析，从 2000 年到 2010 年的 10 年间，每两年上升 2%，2009 年和 2010 年两年共发病 815 人. 如果不加控制仍按这个比例发展下去，从 2011 年到 2014 年将有多少人发病?

解： 设从 2009 年起第 x 个两年心脏病发病人数为 y 人，a 为第一个两年间的发病人数，依题意得：$y=a(1+2\%)^{x-1}$，显然 $a=815$ 即 $y=815(1+2\%)^{x-1}$ $(x\in \mathbf{N}^*)$. 2011 年到 2014 年总计发病人数为 $815(1+2\%)+815(1+2\%)^2\approx 1680$（人）.

2.2.6　对数函数在生活中的应用

一般地，函数 $y=\log_a{}^x(a>0$，且 $a\neq 1)$叫作对数函数，其中 x 是自变量，定义域是 $(0,+\infty)$. 对数函数的定义式 $y=\log_a{}^x(a>0$，且 $a\neq 1)$表明该函数的变化规律是因变量 y 总与以 a 为底的自变量 x 的对数相对应. 这是继一次函数、一元一次方程、指数函数等概念之后的又一个形式化的定义.

对数函数所涉及的对数运算，不仅对数据的处理带来了很大帮助，而且可以简化复杂的乘法与除法运算，体现了将问题转化的数学思想. 例如，对于几何数列 $\{a_n\}$（$a>0$，且 $a\neq 1$）与其指数所对应的算术数列 $\{n\}$，几何数列中任意两项的乘积所得的项的指数恰是这两项的指数之和，即这两项所对应的算术数列中的两项之和，也就是说，几何数列 $\{a_n\}$ 中的乘法运算可以转化为算术数列 $\{n\}$ 中的加法运算，即对数的加法.

对数函数在生活中的应用也很广泛，它可以简化我们在实际生活中所遇到的问题. 例如研究燕子的科学家发现，燕子每年秋天都要从北方飞向南方过冬. 两岁燕子的飞行速度可以表示为函数 $v=5\log_2{}^{\frac{10}{O}}$，单位是 m/s，其中 O 表示燕子的耗氧量. 分贝 (dB) 是将声音的强弱和标准音的强弱作比较后表示噪声的数据，声音的强弱有很大的差异，声音的强弱 I 用瓦/米 ^{2}（$\mathrm{W/m^2}$）

表示，但在实际测量中，常用声音的强度水平 L_1 表示，他们满足以下公式：$L_1=10\lg(I/I_0)$（单位为分贝），$L_1\geqslant 0$，其中 $I_0=1\times10^{-12}$，这是一个正常人能听到的最小强度，是听觉的开端.

例 2-14 20 世纪 30 年代，查尔斯·里克特制订了一种表明地震能量大小的尺度，就是使用测震仪衡量地震能量的等级，地震能量越大，测震仪记录的地震曲线的振幅就越大. 这就是我们常说的里氏震级 M，其计算公式为：$M=\lg A-\lg A_0$，其中 A 是被测地震的最大振幅，A_0 是“标准地震”的振幅（使用标准地震振幅是为了修正测震仪距实际震中距离造成的偏差）.

（1）假设在一次地震中，一个距离震中 100 km 的测震仪记录的地震最大振幅是 20，此时标准地震的振幅是 0.001，计算这次地震的震级（精确到 0.1）.

（2）5 级地震给人的震感已比较明显，计算 7.6 级地震最大振幅是 5 级地震最大振幅的多少倍（精确到 1）？

解：（1）$M=\lg 20-\lg 0.001=\lg\dfrac{20}{0.001}=\lg 20000=\lg 2+\lg 10000=\lg 2+4\approx 4.3$.

因此，这是一次约为里氏 4.3 级的地震。

（2）由$M=\lg A-\lg A_0$可得$M=\lg\dfrac{A}{A_0}\Leftrightarrow A=A_0.10^M$.

当$M=7.6$时，地震的最大振幅为 $A_1=A_0\cdot10^{7.6}$；

当$M=5$，地震的最大振幅为 $A_2=A_0\cdot10^5$.

所以，两次地震的最大振幅之比是 $\dfrac{A_1}{A_2}=\dfrac{A_0\cdot10^{7.6}}{A_0\cdot10^5}=10^{7.6-5}=10^{2.6}\approx 398$.

故 7.6 级地震最大振幅约是 5 级地震最大振幅的 398 倍.

数学实验　哪种函数模型更合适呢？

某县城关镇新建一个服装厂，从去年 7 月份开始投产，并且前 4 个月的产量分别为 1 万件，1.2 万件，1.3 万件，1.37 万件. 由于产品质量好，服装款式新颖，因此前几个月的产品销售情况良好. 为了推销员在推销产品时，接收订单不至于过多或过少，需要估测以后几个月的产量，假如你是厂长，将会采用什么办法？

1. 引导分析

我们认真审题，把自己置于“厂长”的位置，明确要研究的内容、估测的依据和方法，认识到首先要把实际问题转化为数学问题. 由“月份”和“产量”的“数对”，想到要建立直角坐标系，描出各点位置，观察连线接近的函数图像如图 2-4 所示.“由数到形”，再“由形到数“，用几个点的坐标找出与之相近的模拟函数，利用函数模型来解决问题.

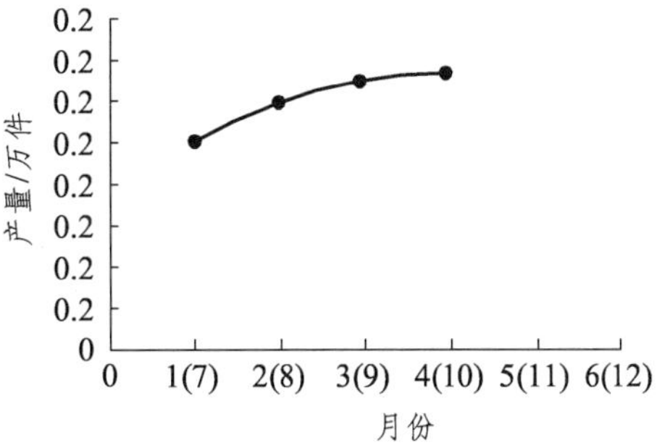

图 2-4

2. 讨论模型

模拟函数 1：一次函数 $f(x)=kx+b(x\neq 0)$；

模拟函数 2：二次函数 $g(x)=ax^2+bx+c(a\neq 0)$；

模拟函数 3：幂函数型 $h(x)=ax^{\frac{1}{2}}+b$；

模拟函数 4：指数函数型 $l(x)=ax^x+c$.

我们设月产量为 y 万件，月份数为 x，建立直角坐标系，可得 A(1，1)，B(2，1.2)，C(3，1.3)，D(4，1.37). 下面分别确定各个函数的解析式（允许用计算器），并计算出剩余点的误差.

模拟函数 1 解答：直线 $f(x)=kx+b(k\neq 0)$，将 B、C 两点的坐标代入，有 $f(2)=2k+b=1.2$，$f(3)=3k+b=1.3$，解得 $k=0.1,b=1$，故 $f(x)=0.1x+1$.

将 A、D 两点的坐标代入，得 $f(1)=1.1$，与实际误差为 0.1，$f(4)=1.4$，与实际误差为 0.03.

模拟函数 2 解答：二次函数 $g(x)=ax^2+bx+c(a\neq 0)$，将 A、B、C 三点的坐标代入，有 $g(1)=a+b+c=1$，$g(2)=4a+2b+c=1.2$，$g(3)=9a+3b+c=1.3$，解得 $a=-0.05,b=0.35,c=0.7$，故 $g(x)=-0.05x^2+0.35x+0.7$. 将 D 点的坐标代入，得 $g(x)=-0.05x^2+0.35x+0.7$，与实际误差为 0.07.

模拟函数 3 解答：幂函数型 $h(x)=ax^{\frac{1}{2}}+b$，将 A、B 两点的坐标代入，有 $h(1)=a+b=1$，$h(2)=\sqrt{2}a+b=1.2$，解得 $a\approx 0.48, b\approx 0.52$. 故 $h(x)=0.48x^{\frac{1}{2}}+0.52$. 将 C、D 两点的坐标代入，得 $h(3)=0.48\times\sqrt{3}+0.52=1.35$，与实际误差为 0.05；$h(4)=0.48\times 2+0.52=1.48$，与实际误差为 0.11.

模拟函数 4 解答：指数函数型 $l(x)=ab^x+c=1$，将 A、B、C 三点的坐标代入，得 $l(1)=ab+c=1$，$l(2)=ab^2+c=1.2$，$l(3)=ab^3+c=1.3$，解得 $a=-0.8$，$b=0.5$，$c=1.4$. 故 $l(x)=-0.8\times(0.5)^x+1.4$. 将 D 点的坐标代入，得 $l(4)=-0.8\times(0.5)^4+1.4=1.35$，与实际误差为 0.02.

3. 评价模型

比较上述 4 个模拟函数的优劣，既要考虑到剩余点误差最小，又要考虑生产的实际问题，比如增产的趋势和可能性. 经过筛选，指数函数 $l(x)$ 最佳，一是误差值最小，二是由于新建厂，开始随着工人技术、管理效益逐渐提高，一段时间内产量明显上升，但到一定时期后，设备不更新，那么产量必然要趋于稳定，而 $l(x)$ 恰好反映了这种趋势，因此选用 $l(x)=-0.8\times(0.5)^x+1.4$ 比较接近客观实际.

4. 小结

上例建模的一般过程：

（1）调查实验得出原始数据对；

（2）建立直角坐标系，描出这些点；

（3）观察图像，确定用哪种函数模型；

（4）对模型进行分析评价.

第 3 章　正余弦定理及其在生活中的应用

3.1　正余弦定理简介

正余弦定理是高中数学课程中必修内容之一，在高考中占有非常重要的地位. 正弦定理和余弦定理搭建了三角形边和角的桥梁，实现了边与角之间的转化，运用它，可以直接求解三角形问题. 正余弦定理可以与其他知识结合，解决现实生活中的问题.

1. 正弦定理

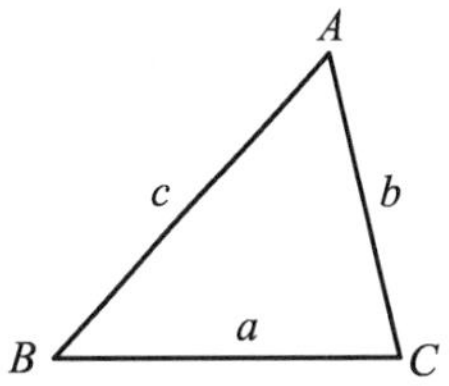

图 3-1

正弦定理是三角形学中的基本定理，它表示：在任意一个平面三角形中，各边和它所对角的正弦值的比相等且等于外接圆的直径. 图 3-1 是一个三角形，其正弦定理的公式表达式是：$\dfrac{a}{\sin A}=\dfrac{b}{\sin B}=\dfrac{c}{\sin C}=2R$（$R$ 为外接圆半径）.

2. 余弦定理

余弦定理是描述三角形中三边长度与一个角的余弦值关系的数学定理，其公式表达式是：$a^2=b^2+c^2-2bc\cos A$，$b^2=a^2+b^2-2ba\cos B$，$c^2=a^2+b^2-2ab\cos C$.

3.2　利用正余弦定理解决平面几何问题

在解决平面几何问题时，尤其是涉及三角形时，经常会同时利用正余弦定理与其他数学知识. 利用正余弦定理解决平面几何问题的题目常常在高考中进行考查.

3.2.1　判断三角形的形状

例 3-1　已知在$\triangle ABC$中，$b=c\cos A$，试判断$\triangle ABC$的形状.

解析： 首先根据$b=c\cos A$表达式中出现了余弦，可联想到余弦定理，$2b^2=2bc\cos A=b^2+c^2-a^2$，化简之后得$a^2+b^2=c^2$，所以，可以得到$\triangle ABC$为直角三角形.

结语： 判断三角形的形状，本题使用的是余弦定理，我们在解决这类问题的时候，需要观察表达式，正确选择正弦定理或者余弦定理，甚至两者均使用.

3.2.2 三角形解的个数

三角形解的个数是初学正弦定理的难点，解决这类问题，我们一般采用数形结合的方法，并利用大角对大边的原理来解决，图 3-2 就是三角形解的四种情况.

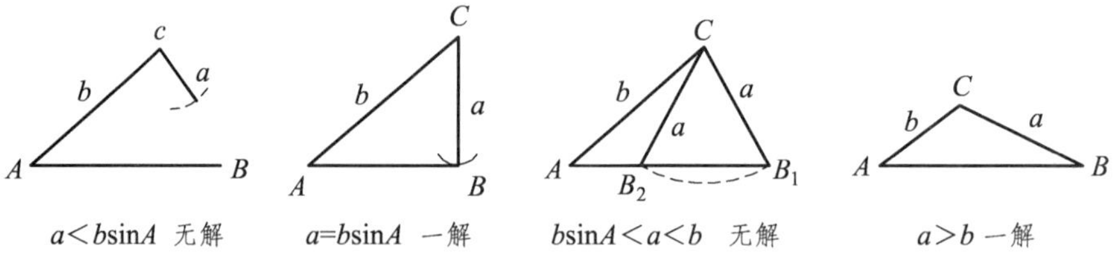

图 3-2 三角形解的情况

现实生活中，存在大量对距离、高度、角度等问题的研究，褪去其载体，则可抽象为对三角形的求解问题. 借助正、余弦定理，可对这些实际问题加以研究和解决.

3.2.3 测量距离问题

在解决距离问题时，需要先选取合适的辅助测量点，然后构造出三角形，进而转化成三角形的边角关系，最后利用正余弦定理来解决. 测量距离的问题一般分为两点间不可通也不可达、两点间可视但不可通和两点可视但均不可达三种情况.

（1）两点间不可通也不可达. 如图 3-3 所示，随机选取不同于A、B两点的点C，构造出$\triangle ABC$，根据余弦定理，求得$AB=\sqrt{a^2+b^2-2ab\cos C}$.

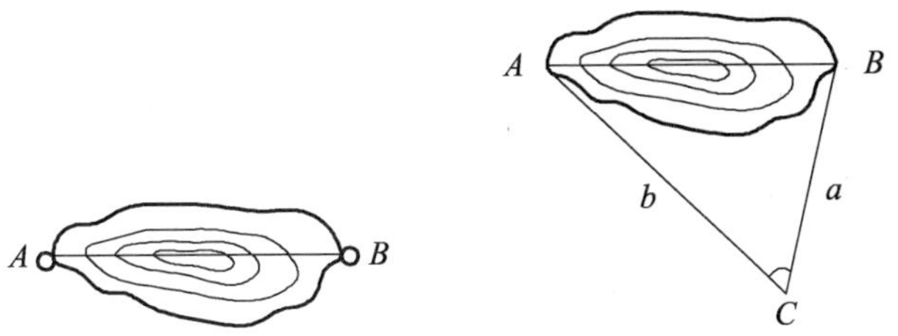

图 3-3

按照解决测量问题的方法，我们可以转化为数学模型，构造出一个三角形，再通过正余弦定理求解.

（2）两点间可视但不可通. 如图 3-4 所示，假设这是一条小河，则在小河的一边任意选择点 C，构造出 $\triangle ABC$，再由正弦定理得：$\dfrac{AB}{\sin C}=\dfrac{BC}{\sin(\pi-B-C)}$，化简得 $AB=\dfrac{BC\sin C}{\sin(\pi-B-C)}$.

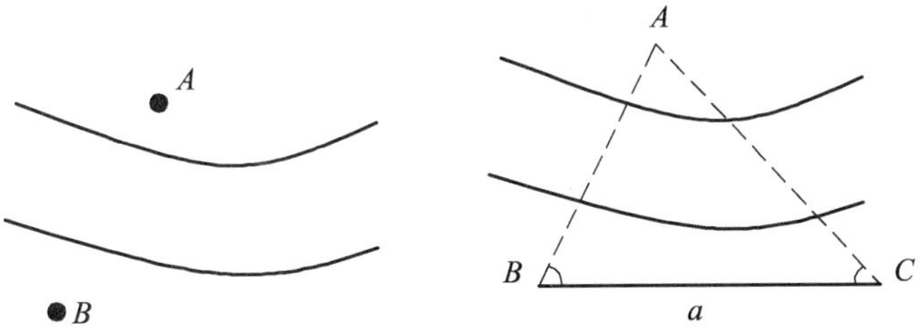

图 3-4

（3）两点可视但均不可达. 如图 3-5 所示，仍然假设这是一条小河，则在小河的一边任意选择点 C、D，构造出两个三角形. 其中可以通过测量仪器测出的数据有：$CD=a$，$\angle ADB=\alpha$，$\angle BDC=\beta$，$\angle ACB=\theta$，$\angle ACD=\gamma$.

首先，在 $\triangle ACD$ 中，根据正弦定理：$\dfrac{AC}{\text{Sin}(\alpha+\beta)}=\dfrac{DC}{\sin(\pi-\alpha-\beta-\gamma)}$，$m=AC=\dfrac{a\sin(\alpha+\beta)}{\sin(\alpha+\beta+\gamma)}$.

然后，在 $\triangle BCD$ 中，根据正弦定理：$\dfrac{BC}{\sin\beta}=\dfrac{DC}{\sin(\pi-\theta-\beta-\gamma)}$，$n=BC=\dfrac{a\sin\beta}{\sin(\theta+\beta+\gamma)}$.

在 $\triangle ABC$ 中，再根据余弦定理可得：$AB=\sqrt{m^2+n^2-2mn\cos\theta}$.

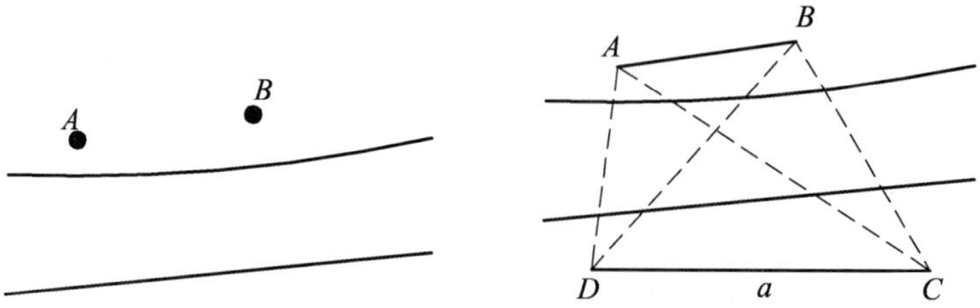

图 3-5

3.2.4　测量高度问题

高度问题一般可以转化为三角形的边角问题. 在实际日常生活中，通常应用于测量建筑物的高度或者山峰的高度，若是空间的问题则要注意空间图形和平面图形的结合.

例 3-2　如图 3-6 所示，一辆汽车在一条水平的公路上向正西行驶，到 A 处时测得公路北侧一山顶 D 在西偏北 30°的方向上，行驶 600 m 后到达 B 处，测得此山顶在西偏北 75°的方向上，仰角为 30°，则此山的高度 CD =____m.

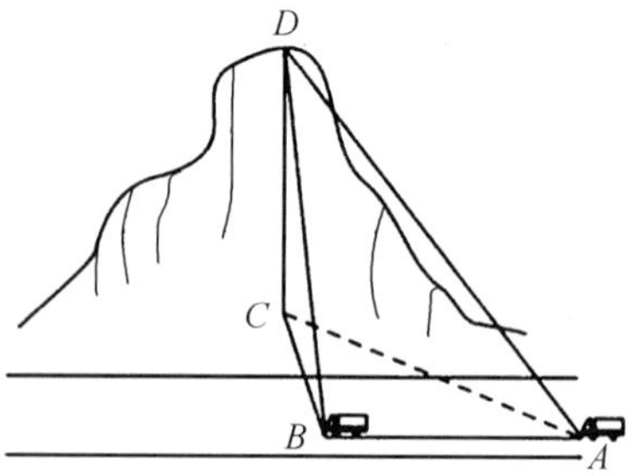

图 3-6

解：由题意，在△ABC 中，$\angle BAC = 30°$，$\angle ABC = 180°-75° = 105°$，故$\angle ACB = 45°$.

又 $AB = 600$ m，故由正弦定理得解得 $\dfrac{600}{\sin 45°} = \dfrac{BC}{\sin 30°}$，$BC = 3002$ m.

在 Rt△BCD 中，$CD = BC \cdot \tan 30° = 300\sqrt{2} \times \dfrac{\sqrt{3}}{3} = 100\sqrt{6}$（m）.

例 3-3　如图 3-7 所示，为了估测某塔的高度，在同一水平面的 A、B 两点处进行测量. 在点 A 处测得塔顶 C 在西偏北 20°的方向上，仰角为 60°；在点 B 处测得塔顶 C 在东偏北 40°的方向上，仰角为 30°. 若 A、B 两点相距 130 m，则塔的高度 CD = ______m.

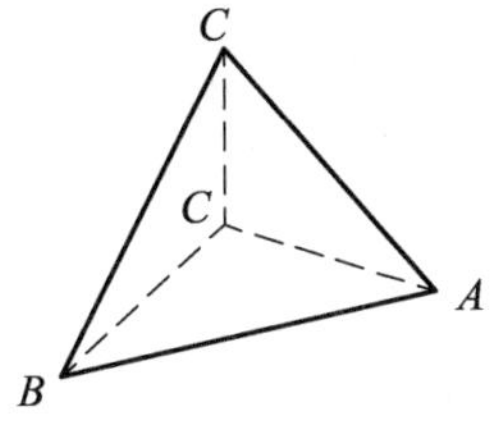

图 3-7

解：分析题意可知，设 $CD=h$，则 $AD=BD=\dfrac{h}{\sqrt{3}}=\dfrac{\sqrt{3}}{3}h$.

在△ADB 中，$\angle ADB=180°-20°-40°=120°$，由余弦定理 $AB^2=BD^2+AD^2-2BD\cdot AD\cdot\cos120°$，可得 $130^2=3h^2+\dfrac{h^2}{3}-2\sqrt{3}h\cdot\dfrac{h}{\sqrt{3}}\cdot\left(-\dfrac{1}{2}\right)$.

解得 $h=10\sqrt{39}$，故塔的高度为 $10\sqrt{39}$ m.

求解高度问题时注意：（1）在测量高度时，理解仰角、俯角（它是在铅垂面上所成的角）、方向（位）角（它是在水平面上所成的角）是关键.（2）在实际问题中，可能会遇到空间与平面（地面）同时研究的问题，这时最好画两个图形，一个空间图形，一个平面图形，这样处理起来既清楚又不容易搞错.（3）注意山或塔垂直于地面或海平面，把空间问题转化为平面问题.

3.2.5　测量角度问题

求解测量角度问题的关键是在弄清题意的基础上，画出表示实际问题的图形，并在图形中标出有关的角和距离，再用正弦定理或余弦定理解三角形，最后将解得的结果转化为实际问题的解.

例 3-4　在一次海上联合作战演习中，红方一艘侦察艇发现在北偏东 45°方向，相距 12 n mile 的水面上，有蓝方一艘小艇正以每小时 10 n mile 的速度沿南偏东 75°方向前进，若红方侦察艇以每小时 14 n mile 的速度，沿北偏东 $45°+\alpha$方向拦截蓝方的小艇. 若要在最短的时间内拦截住，求红方侦察艇所需的时间和角α的正弦值.

解：如图 3-8 所示，设红方侦察艇经过 x 小时后在 C 处拦住蓝方的小艇，则 $AC=14x$，$BC=10x$，$\angle ABC=120°$.

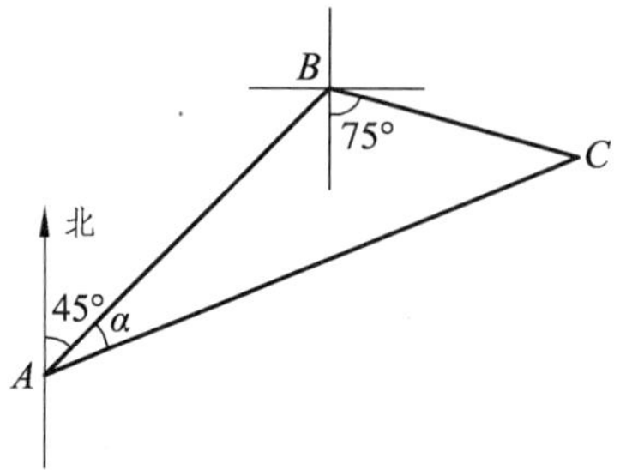

图 3-8

根据余弦定理得$(14x)^2 = 122+(10x)^2-240x\cos120°$，解得 $x = 2$.

故 $AC = 28$，$BC = 20$.

据正弦定理得解得 $\dfrac{BC}{\sin\alpha} = \dfrac{AC}{\sin120°}$， $\sin\alpha = \dfrac{20\sin120°}{28} = \dfrac{5\sqrt{3}}{14}$.

所以红方侦察艇所需要的时间为 2 小时，角α的正弦值为$\dfrac{5\sqrt{3}}{14}$.

例 3-5 如图 3-9 所示，位于 A 处的信息中心获悉：在其正东方向相距 40 n mile 的 B 处有一艘渔船遇险，在原地等待营救. 信息中心立即把消息告知在其南偏西 30°、相距 20 n mile 的 C 处的乙船，现乙船朝北偏东θ的方向沿直线 CB 前往 B 处救援，求 $\cos\theta$的值.

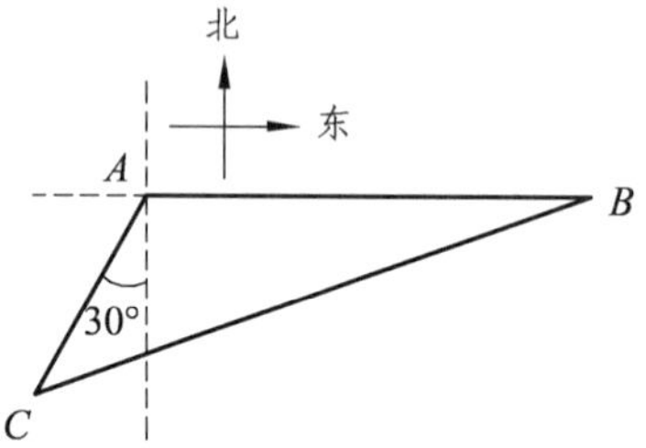

图 3-9

解：在$\triangle ABC$ 中，$AB = 40$，$AC = 20$，$\angle BAC = 120°$，由余弦定理得，$BC^2 = AB^2+AC^2-2AB\cdot AC\cdot\cos120° = 2800 \Rightarrow BC = 207$.

由正弦定理，得$\dfrac{AB}{\sin\angle ACB} = \dfrac{BC}{\sin\angle BAC}$,$\sin\angle BAC = \dfrac{AB}{BC}\cdot\sin\angle BAC = \dfrac{\sqrt{21}}{7}$.

由$\angle BAC = 120°$，知$\angle ACB$ 为锐角，则 $\cos\angle ACB = \dfrac{\sqrt{21}}{7}$.

由$\theta = \angle ACB+30°$，得 $\cos\theta = \cos(\angle ACB+30°) = \cos\angle ACB\cos30°-\sin\angle ACB\sin30° = \dfrac{\sqrt{21}}{14}$.

第 4 章　三角函数及其应用

4.1　三角函数简介

在直角三角形 ABC 中，a、b、c 分别是 $\angle A$、$\angle B$、$\angle C$ 的对边，$\angle C$ 为直角. 则定义以下运算方式：

$\sin A = \angle A$ 的对边长/斜边长，$\sin A$ 记为 $\angle A$ 的正弦，$\sin A = \dfrac{a}{c}$.

$\cos A = \angle A$ 的邻边长/斜边长，$\cos A$ 记为 $\angle A$ 的余弦，$\cos A = \dfrac{b}{c}$.

$\tan A = \angle A$ 的对边长/$\angle A$ 的邻边长，

$\tan A = \dfrac{\sin A}{\cos A} = \dfrac{a}{b}$，$\tan A$ 记为 $\angle A$ 的正切.

当 $\angle A$ 为锐角时 $\sin A$、$\cos A$、$\tan A$ 统称为“锐角三角函数”.

$\sin A = \cos B$，$\sin B = \cos A$.

在平面直角坐标系 xOy 中，从点 O 引出一条射线 OP，设旋转角为 θ，设 $OP = r$，P 点的坐标为（x，y）.

该直角三角形中，θ 对边为 y，邻边为 x，斜边为 r，运算方法见表 4-1.

表 4-1　直角三角形运算法则

基本函数	表达式	语言描述
正弦函数（Sine）	$\sin\theta = \dfrac{y}{r}$	角 θ 的对边比斜边
余弦函数（Cosine）	$\cos\theta = \dfrac{x}{r}$	角 θ 的邻边比斜边
正切函数（Tangent）	$\tan\theta = \dfrac{y}{x}$	角 θ 的对边比邻边
余切函数（Cotangent）	$\cot\theta = \dfrac{x}{y}$	角 θ 的邻边比对边

续表

基本函数	表达式	语言描述
正割函数（Secant）	$\sec\theta=\frac{r}{x}$	角θ的斜边比邻边
余割函数（Cosecant）	$\csc\theta=\frac{r}{y}$	角θ的斜边比对边

下列是关于三角函数的诱导公式：

①终边相同的角的同一三角函数的值相等。由此可得到下列公式：

公式一：

$\sin(2k\pi+\alpha)=\sin\alpha$,

$\cos(2k\pi+\alpha)=\cos\alpha$,

$\tan(2k\pi+\alpha)=\tan\alpha$. 其中$k\in\mathbf{Z}$.

② $P(x, y)$，直线 OP 的反向延长线 OE 交圆 O 于 F 点，则 F 点的坐标为 $F(-x, -y)$，由此可得到下列公式：

公式二：

$\sin(\pi+\alpha)=-\sin\alpha$,

$\cos(\pi+\alpha)=-\cos\alpha$,

$\tan(\pi+\alpha)=\tan\alpha$.

公式三：

$\sin(-\alpha)=-\sin\alpha$,

$\cos(-\alpha)=\cos\alpha$,

$\tan(-\alpha)=-\tan\alpha$.

公式四：

$\sin(\pi-\alpha)=\sin\alpha$,

$\cos(\pi-\alpha)=-\cos\alpha$,

$\tan(\pi-\alpha)=-\tan\alpha$.

我们可以用下面的话来概括公式一到公式四：

$a+2k\pi(k\in\mathbf{Z}),-\alpha,\pi\pm\alpha$ 的三角函数，等于 α 的同名函数值，前面加上一个把 α 看成锐角时原函数值的符号.

公式五：

$$\sin\left(\frac{\pi}{2}-\alpha\right)=\cos\alpha,$$

$$\cos\left(\frac{\pi}{2}-\alpha\right)=\sin\alpha.$$

由于$\frac{\pi}{2}+\alpha=\pi-\left(\frac{\pi}{2}-\alpha\right)$，由公式四及公式五可得公式六.

公式六：

$$\sin\left(\frac{\pi}{2}+\alpha\right)=\cos\alpha,$$

$$\cos\left(\frac{\pi}{2}+\alpha\right)=-\sin\alpha.$$

公式五、公式六可以概括如下：

$\frac{\pi}{2}\pm\alpha$的正弦（余弦）函数值，分别等于α的余弦（正弦）函数值，前面加上一个把α看成锐角的符号.

两角和、差的正弦、余弦、正切公式：

$$\sin(\alpha+\beta)=\sin\alpha\cos\beta+\cos\alpha\sin\beta,$$

$$\sin(\alpha-\beta)=\sin\alpha\cos\beta-\cos\alpha\sin\beta;$$

$$\cos(\alpha+\beta)=\cos\alpha\cos\beta-\sin\alpha\sin\beta,$$

$$\cos(\alpha-\beta)=\cos\alpha\cos\beta+\sin\alpha\sin\beta;$$

$$\tan(\alpha+\beta)=\frac{\tan\alpha\tan\beta}{1-\tan\alpha\tan\beta},$$

$$\tan(\alpha+\beta)=\frac{\tan\alpha\tan\beta}{1-\tan\alpha\tan\beta}.$$

二倍角的正弦、余弦、正切公式：

$$\sin 2\alpha=2\sin\alpha\cos\alpha,$$

$$\cos 2\alpha=\cos^2\alpha-\sin^2\alpha=1-2\sin^2\alpha=2\cos^2\alpha-1,$$

$$\sin^2\alpha=\frac{1-\cos 2\alpha}{2},$$

$$\cos^2\alpha=\frac{1+\cos 2\alpha}{2},$$

$$\tan 2\alpha=\frac{2\tan\alpha}{1-\tan^2\alpha}.$$

实际生活中，三角函数可以用来模拟很多周期现象，如物理中的简谐振动、生活中的潮汐现象，都可以建立三角函数模型利用三角函数的性质解决有关问题；很多最值问题也可以转化为三角函数来解决，房地产、航海、测量、国防中都能找到三角函数的影子. 因而三角函数解决实际问题应用极广，解决实际问题有一定的优越地位.

4.2　三角函数在生活中的应用

4.2.1　火箭飞升问题

例 4-1　如图 4-1 所示，一枚运载火箭从地面 O 处发射，当火箭到达 A 点时，从地面 C 处的雷达站测得 AC 的距离是 6 km，仰角是 43°. 1 s 后，火箭到达 B 点，此时测得 BC 的距离是 6.13 km，仰角为 45.54°.

（1）火箭到达 B 点时距离发射点有多远？

（2）火箭从 A 点到 B 点的平均速度是多少？

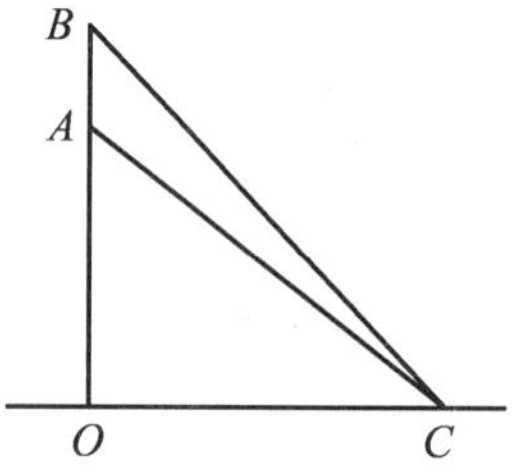

图 4-1

解：（1）在 Rt△OCB 中，$\sin 45.54° = \dfrac{OB}{CB}$，$OB = 6.13 \times \sin 45.54° \approx 4.375\text{(km)}$.

火箭到达 B 点时距发射点约 4.38 km.

（2）在 Rt△OCA 中，$\sin 43° = \dfrac{OA}{CA}$.

（3）$OA = 6 \times \sin 43° = 4.09\text{(km)}$.

$v = (OB - OA) \div t = (4.38 - 4.09) \div 1 \approx 0.3\text{(km/s)}$.

答：火箭从 A 点到 B 点的平均速度约为 0.3 km/s.

4.2.2　电缆铺设问题

例 4-2　如图 4-2 所示，一条河宽 a 千米，两岸各有一座城市 A 和 B，A 与 B 的直线距离是 b 千米，今需铺设一条电缆连 A 与 B，已知地下电缆的修建费是 c 万元/km，水下电缆的修建费是 d 万元/km，假定河岸是平行的直线（没有弯曲），问应如何铺设方可使总施工费用达到最少？

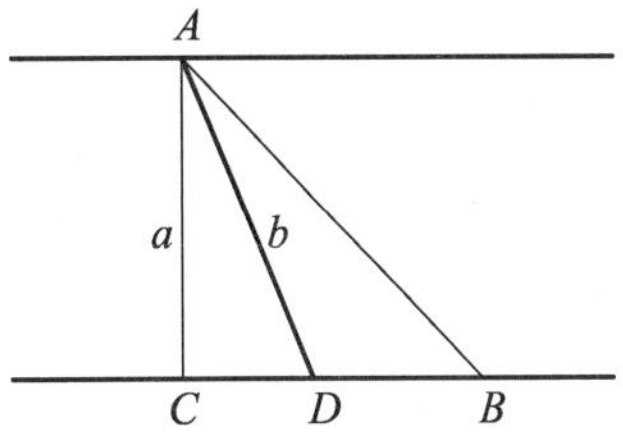

图 4-2

分析：设电缆为 $AD+DB$ 时费用最少，因为河宽 AC 为定值，为了表示 AD和BD 的长，不妨设 $\angle CAD=\theta$.

解：设 $\angle CAD=\theta(0<\theta<90°)$， $AD=a\sec\theta, CB=\sqrt{b^2-a^2}, BD=\sqrt{b^2-a^2}-a\tan\theta$.

所以总费用为

$$y=ad\sec\theta+c(\sqrt{b^2-a^2}-a\tan\theta)=\frac{ad-ac\sin\theta}{\cos\theta}+c\sqrt{b^2-a^2}$$

问题转化为求 $u=\dfrac{ad-ac\sin\theta}{\cos\theta}$ 的最小值及相应的 θ 值，而 $u=-ac\cdot\dfrac{\sin\theta-\dfrac{d}{c}}{\cos\theta}$ 表示点 $P\left(0,\dfrac{d}{c}\right)$ 与点 $Q(\cos\theta,\sin\theta)$ 斜率$-ac$ 倍$(0<\theta<90°)$，由图 4-3 可得 Q 在 $\dfrac{1}{4}$ 单位圆周上运动，当直线 PQ与圆弧切于点 Q 时，u 取到最小值. 然后通过三角函数的边角关系求出直线 PQ的斜率，再求出此时的最小值 u 即可，可以根据实际问题带入求值.

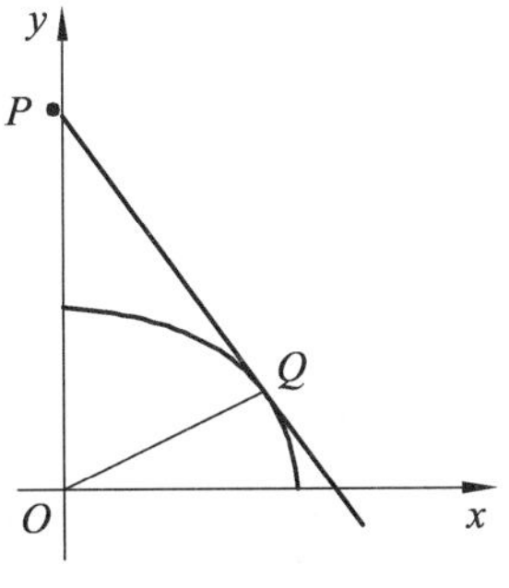

图 4-3

4.2.3 救生员营救问题

例 4-3 如图 4-4 所示，某边防巡逻队在一个海滨浴场岸边的 A 点处发现海中的 B 点有人求救，便立即派三名救生员前去营救. 1 号救生员从 A 点直接跳入海中；2 号救生员沿岸边（岸边看成是直线）向前跑到 C 点，再跳入海中；3 号救生员沿岸边向前跑 300 m 到离 B 点最近的 D 点再跳入海中. 救生员在岸上跑的速度都是 6 m/s，在水中游泳的速度都是 2 m/s. 若 $\angle BAD = 45°$，$\angle BCD = 60°$，三名救生员同时从 A 点出发，请说明谁先到达营救地点 B.

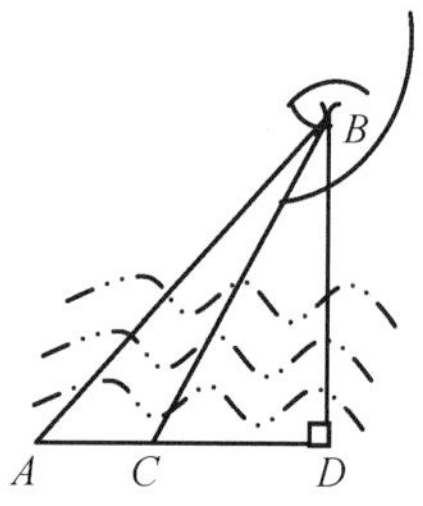

图 4-4

解：（1）在 $\triangle ABD$ 中，$\angle A = 45°$，$\angle D = 90°$，$AD = 300$，

所以 $AB = \dfrac{AD}{\cos 45°} = 300\sqrt{2}$，$BD = AD \cdot \tan 45° = 300$.

在 $\triangle BCD$ 中，$\angle BCD = 60°$，$\angle D = 90°$，

所以 $BC = \dfrac{BD}{\sin 60°} = \dfrac{300}{\frac{\sqrt{3}}{2}} = 200\sqrt{3}$，$CD = \dfrac{BD}{\sin 60°} = \dfrac{300}{\sqrt{3}} = 100\sqrt{3}$.

1 号救生员到达 B 点所用的时间为 $\dfrac{300\sqrt{2}}{2} = 150\sqrt{2} \approx 210$（s）.

2 号救生员到达 B 点所用的时间为 $\dfrac{300-100\sqrt{3}}{6} + \dfrac{200\sqrt{3}}{2} = 50 + \dfrac{250\sqrt{3}}{3}$ ≈ 191.7（s）.

3 号救生员到达 B 点所用的时间为 $\dfrac{300}{6} + \dfrac{300}{2} = 200$（s）.

因为 $191.7 < 200 < 210$，所以 2 号救生员先到达营救地点 B.

4.2.4 足球射门问题

例 4-4 在训练课上，教练问左前锋，若你得球后，沿平行于边线 GC 的直线 EF 助攻到前场（如图 4-5 所示，设球门宽 $AB = a$ 米，球门柱 B 到 FE 的距离 $BF = b$ 米），那么你推进到距底线 CD 多少米时，为射门的最佳位置（即射门角 $\angle APB$ 最大时为射门的最佳位置）？请你帮助左前锋回答上述问题.

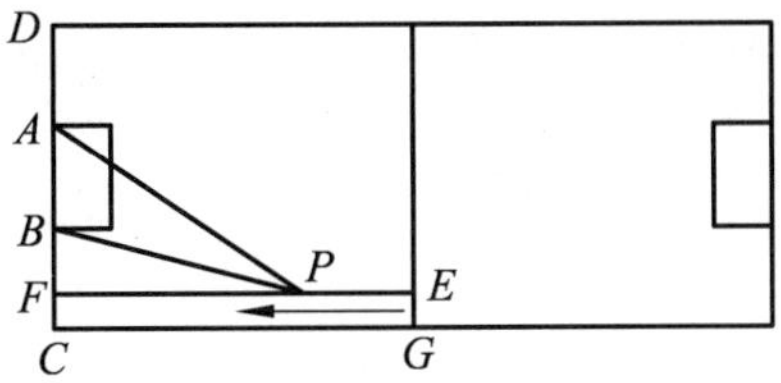

图 4-5

分析： 此题关键在于求解射门时最大射门角，此时就是最佳位置.

若直接在非特殊$\triangle APB$中利用边来求$\angle APB$的最值，显得比较繁琐，注意到$\angle APB=\angle APF-\angle BPF$，而后两者都在直角三角形中，故可应用直角三角形的性质求解.

解： 设$FP=x$，$\angle APB=\alpha$，$\angle BPF=\beta$（α、β为锐角），则$\angle APF=\alpha+\beta$，$\tan(\alpha+\beta)=\dfrac{a+b}{x}$，$\tan\beta=\dfrac{b}{x}$，$\tan\alpha=\tan[(\alpha+\beta)-\beta]=\dfrac{\tan(\alpha+\beta)-\tan\beta}{1+\tan(\alpha+\beta)\cdot\tan\beta}=\dfrac{a}{x+\dfrac{(a+b)\cdot b}{x}}$. 若令$y=x+\dfrac{(a+b)\cdot b}{x}$，则$y\geqslant 2\sqrt{x\cdot\dfrac{(a+b)\cdot b}{x}}=2\sqrt{(a+b)\cdot b}$，

当$x=\dfrac{(a+b)\cdot b}{x}$，即$x=\sqrt{(a+b)\cdot b}$时，$y$取到最小值$2\sqrt{(a+b)\cdot b}$，从而可知$x=\sqrt{(a+b)\cdot b}$时，$\tan\alpha$取得最大值，即$\tan\alpha=\dfrac{a}{2\sqrt{(a+b)\cdot b}}$时，$\alpha$有最大值. 故当$P$点距底线$CD$为$\sqrt{(a+b)\cdot b}$米时，为射门的最佳位置.

4.2.5　食品包装问题

例 4-5　某糖果厂为了拓宽其产品的销售市场，决定对一种半径为l的糖果的外层包装进行设计. 问能否设计出一个封闭的圆锥形状的外包装，其体积最小和所用材料达到最省？如果能，如何设计这个圆锥的底面半径和高？此时所用的外包装体积是多少？用料是多少？

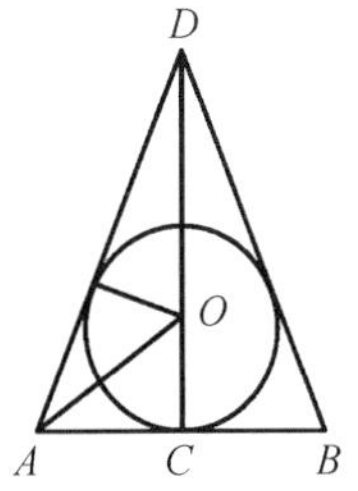

图 4-6

分析： 要求该圆锥的全面积和体积，需要知道它的下底面半径AC、母线PA及高PC，这些变量之间的关系可以通过一个“角”把它们联系起来.

解： 如图 4-6 所示，设$\angle OAC=\theta$，则 $OC=1$，下底面半径 $AC=R=\cot\theta$，母线长 $l=\dfrac{R}{\cos 2\theta}$，高 $h=R\tan 2\theta$，$\theta\in\left(0,\dfrac{\pi}{4}\right)$．则 $S_{锥}=\pi Rl+\pi R^2=$

$$\pi R\left(\frac{R}{\cos 2\theta}+R\right)=\pi R^2\left(\frac{1}{\cos 2\theta}+1\right)=\pi\cot^2\theta\left(\frac{1}{\frac{1-\tan^2\theta}{1+\tan^2\theta}}+1\right)=\frac{2\pi}{\tan^2\theta\cdot(1-\tan^2\theta)};$$

$$V=\frac{1}{3}\pi R^2h=\frac{1}{3}\pi R^2\cdot R\tan 2\theta=\frac{1}{3}\pi R^3\tan 2\theta=\frac{1}{3}\pi\cot^3\theta\frac{2\tan\theta}{1-\tan^2\theta}=\frac{1}{3}\pi\frac{2}{\tan^2\theta(1-\tan^2\theta)}.$$

所以当且仅当 $\tan^2\theta=1-\tan^2\theta$，即 $\tan\theta=\dfrac{\sqrt{2}}{2}$ 时，能使 $S_{锥}$ 和 V 同时取到最小值，此时 $R=\sqrt{2}$，$h=2$，即当圆锥的下底面半径和高分别为 $\sqrt{2}$、2 时能同时满足条件，外包装用料是 8π，体积是 $\dfrac{8}{3}\pi$.

4.2.6 营救区域规划问题

例 4-6 如图 4-7 所示，在南北方向直线延伸的湖岸上有一港口 A，一机艇以 60 km/h 的速度从 A 出发，30 分钟后因故障而停在湖里，已知机艇出发后先按直线前进，以后又改成正东，但不知最初的方向和何时改变方向. 如何去营救？用图示表示营救的区域.

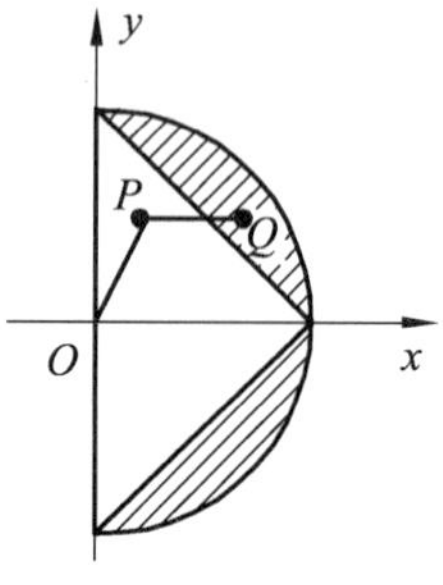

图 4-7

分析： ① 要表示出一个区域，一般可在直角坐标系中表示，所以应首先建立直角坐标系；

② 题中涉及方向问题，所以不妨用方向角 θ 作为变量来求解.

解： 以 A 为原点，过 A 的南北方向直线为 y 轴建立直角坐标系，如图 4-7 所示，设机艇的最初航向的方位角为θ，设 OP 方向前进 m 到达点 P，然后向东前进 n 到达点 Q 发生故障而抛锚. 则 $m+n=30$，令点 Q 的坐标为 (x,y)，则

$$\begin{cases}x=m\sin\theta+n\\ y=m\cos\theta\end{cases}\quad \theta\in[0,\ \frac{\pi}{2}]$$

所以 $|AQ|^2 = x^2 + y^2 = m^2 + n^2 + 2mn\sin\theta \leqslant m^2 + n^2 + 2mn = (m+n)^2 = 900$.

因为机艇中途东拐，所以

$$x^2 + y^2 < 900 \quad ①$$

又因为 $x+y = m(\sin\theta+\cos\theta)+n = \sqrt{2}\,m\sin\left(\theta+\frac{\pi}{4}\right)+n \geqslant m+n = 30$，所以

$$x+y \geqslant 30 \quad ②$$

满足不等式组①和②的则为点 $Q(x, y)$所在的区域，按对称性知如图 4-7 阴影区域所示.

4.2.7　住宅问题

例 4-7　在某小区内，有一块地，这块地有这样三种情况：

（1）是半径为 10 m 的半圆；

（2）是半径为 10 m，圆心角为 60°的扇形；

（3）是半径为 10 m，圆心角为 120°的扇形.

在这块地里种块矩形的草皮，具体见图 4-8，应如何设计，使得此面积最大？面积的最大值是多少？

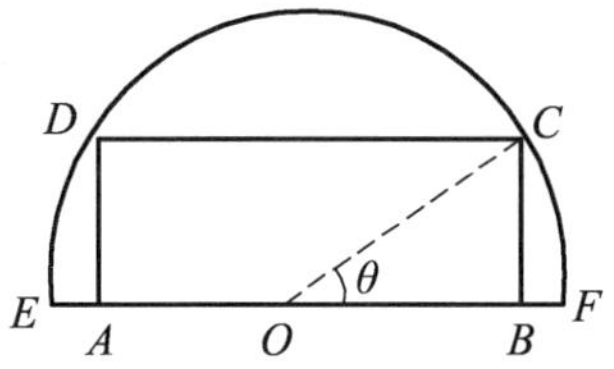

图 4-8

分析 1：第一种情况，如图 4-8 所示，连结 OC，设 $\angle BOC = \theta$，则 $BC = 10\sin\theta$， $OB = 10\cos\theta$， $AB = 2OB = 20\cos\theta$.

$S_{矩形} = AB \cdot BC = 200\sin\theta\cos\theta = 100\sin 2\theta$.

因为 $\sin 2\theta \leqslant 1$，所以 $S_{矩形} \leqslant 100$.

即 $2\theta = 90°$，$\theta = 45°$.

这时 $BO = AO = 10\cos 45° = 5\sqrt{2}, BC = 5\sqrt{2}$.

点 A、D 分别位于点 O 的左右方 $5\sqrt{2}$ 处时，S 取得最大值 100.

分析 2：第二种情况，如图 4-9 所示，连结 OC，设 $\angle BOC=\theta$，则

$BC=10\sin\theta$，$OB=10\cos\theta$，$OA=BC\cot 60°=\dfrac{10\sqrt{3}}{3}\sin\theta$，

$$\begin{aligned}S_{矩形}&=AB\cdot BC=(OB-OA)\cdot BC\\&=\left(10\cos\theta-\frac{10\sqrt{3}}{3}\sin\theta\right)\cdot 10\sin\theta\\&=100\sin\theta\cos\theta-\frac{100\sqrt{3}}{3}\sin^2\theta\\&=50\sin 2\theta-\frac{50\sqrt{3}}{3}(1-\cos 2\theta)\\&=\frac{100\sqrt{3}}{3}\sin\left(2\theta+\frac{\pi}{6}\right)-\frac{50\sqrt{3}}{3}.\end{aligned}$$

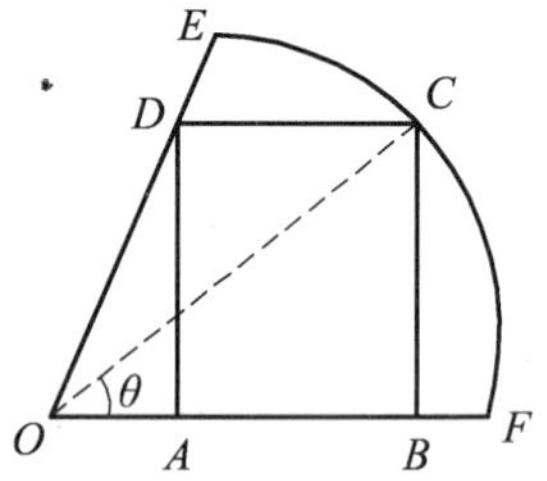

图 4-9

当且仅当 $\sin\left(2\theta+\dfrac{\pi}{6}\right)=1$ 时，即 $\theta=\dfrac{\pi}{6}$ 时，$S_{\max}=\dfrac{50\sqrt{3}}{3}\text{m}^2$.

分析 3：如图 4-10 所示，连结 OB，

设 $\angle AOB=\theta$，则 $AB=10\sin\theta$，$OA=10\cos\theta$，

$S_{矩形}=OA\cdot AB=100\sin\theta\cos\theta=50\sin 2\theta$.

当且仅当 $\sin 2\theta=1$ 时，即 $\theta=\dfrac{\pi}{4}$ 时，$S_{\max}=50$.

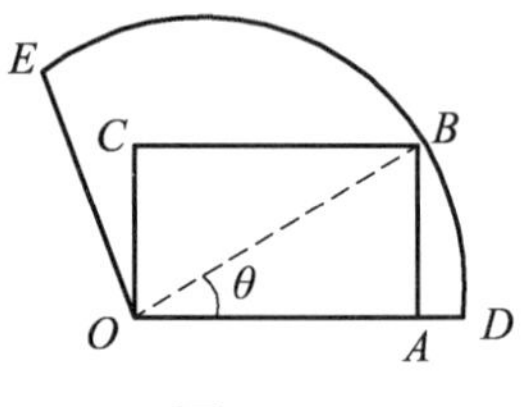

图 4-10

4.2.8 最值问题

例 4-8 如图 4-11 所示，$ABCD$ 是一块边长为 100 m 的正方形地皮，其中 AST 是一半径为 $AT=90$ m 的扇形小山，其余部分都是平地. 一开发商想在平地上建一个矩形停车场，使矩形的一个顶点 P 在弧 ST 上，相邻两边 CQ，CR 落在正方形的边 BC，CD 上，求矩形停车场 $PQCR$ 面积的最大值和最小值.

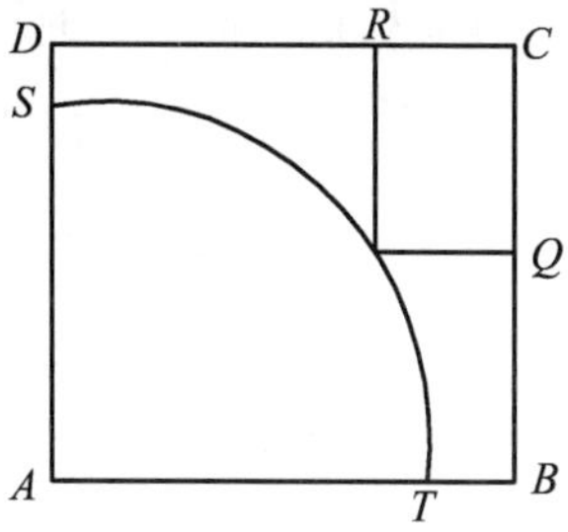

图 4-11

解：设$\angle PAB=\theta$，$(0°\leqslant\theta\leqslant 90°)$，延长 RP 交 AB 于 M，易得 $PQ=MB=AB-AM=100-90\cos\theta$，$RP=RM-PM=100-90\sin\theta$，从而

$$S_{\text{矩形}PQCR}=(100-90\cos\theta)(100-90\sin\theta)$$
$$=10000-9000(\sin\theta+\cos\theta)+8100\sin\theta\cos\theta.$$

令$t=\sin\theta+\cos\theta$，$(1\leqslant t\leqslant\sqrt{2})$，

则$S_{\text{矩形}PQCR}=10000-9000t+8100\cdot\dfrac{t^2-1}{2}=4050\left(t-\dfrac{10}{9}\right)^2+950$.

故当$t=\dfrac{10}{9}$时，$S_{\text{矩形}PQCR}$有最小值$950\ \text{m}^2$；当$t=\sqrt{2}$时，$S_{\text{矩形}PQCR}$有最大值$(14050-9000\sqrt{2})\ \text{m}^2$.

4.2.9　设计折叠椅问题

例 4-9　某大学计划为新生配备如图 4-12 所示的折叠椅. 图 4-13 是折叠椅撑开后的侧面示意图，其中椅腿 AB 和 CD 的长相等，O 是它们的中点. 为使折叠椅既舒适又牢固，厂家将撑开的叠椅高度设计为 32 cm，$\angle DOB=100°$，那么椅腿的长 AB 和篷布面的宽 AD 各应设计为多少厘米？（结果精确到 0.1 cm）

图 4-12

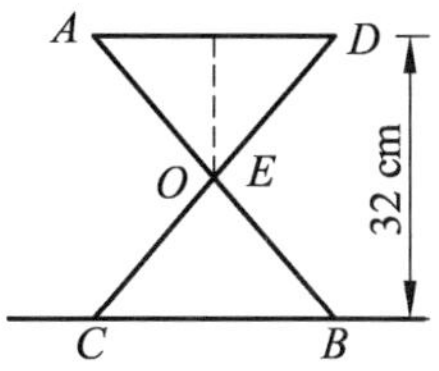

图 4-13

分析：由已知条件并结合图形易知四边形 $ABCD$ 是矩形. 而 AB、AD 都在直角三角形 ADB 中，因此可以在直角三角形 ADB 中利用三角函数求 AD 出的长.

解：如图 4-14 所示，连结 AC，BD.

因为$OA=OB=OC=OD$，

所以四边形 $ACBD$ 为矩形.

因为 $\angle DOB = 100°$,

所以 $\angle DAB = 50°$.

所以 $AB = \dfrac{BD}{\sin\angle DAB} = \dfrac{32}{\sin 50°} \approx 41.8$ (cm) .

因为 $\tan\angle DAB = \dfrac{BD}{AB}$,

所以 $AD = \dfrac{BD}{\angle DAB} = \dfrac{32}{\tan 50°} \approx 26.9$ (cm) .

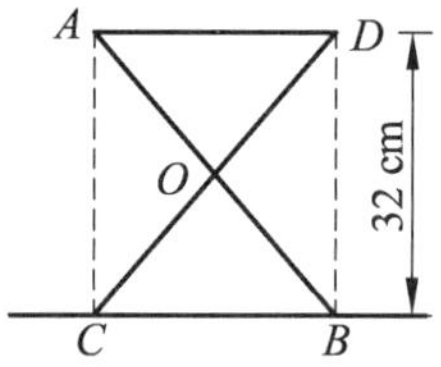

图 4-14

4.2.10 转动办公室门问题

例 4-10 图 4-15 是一扇半开着的办公室门的照片，门框镶嵌在墙体中间，门是向室内开的. 图 4-15 画的是它的一个横断面. 虚线表示门完全关好和开到最大限度（由于受到墙角的阻碍，再也开不动了）时的两种情形，这时二者的夹角为 120°，从室内看门框露在外面部分的宽为 4 cm，求室内露出的墙的厚度 a 的值.（假设该门无论开到什么角度，门和门框之间基本都是无缝的. 精确到 0.1 cm，$\sqrt{3} \approx 1.73$）

图 4-15

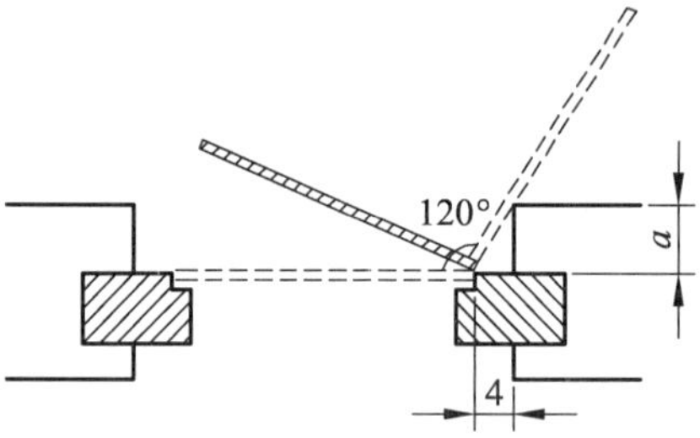

图 4-16

分析： 从图 4-16 可以看出，在室内厚为 a cm 的墙面、宽为 4 cm 的门框及开成 120°的门之间构成了一个直角三角形，且其中有一个角为 60°.

解： $a = 4 \cdot \tan 60° \approx 6.9$ (cm). 即室内露出的墙的厚度约为 6.9 cm.

利用数学建模思想从实际问题中抽象出直角三角形模型，是解决此类问题的关键. 在建模的过程中，应首先找到实际问题中的直角，再把生活中的量与直角三角形中的量建立对应关系，利用解直角三角形求解.

4.2.11　安装电灯问题

例 4-11　如图 4-17 所示，电工李师傅借助梯子安装天花板上距地面 2.90 m 的顶灯. 已知梯子由两个相同的矩形面组成，每个矩形面的长都被六条踏板七等分，使用时梯脚的固定跨度为 1 m. 矩形面与地面所成的角α为 78°. 李师傅的身高为 1.78 m，当他攀升到头顶距天花板 0.05 ~ 0.20 m 时，安装起来比较方便.他现在竖直站立在梯子的第三级踏板上，请你通过计算判断他安装是否比较方便？（参考数据：sin78°≈0.98，cos78°≈0.21，tan78°≈4.70.）

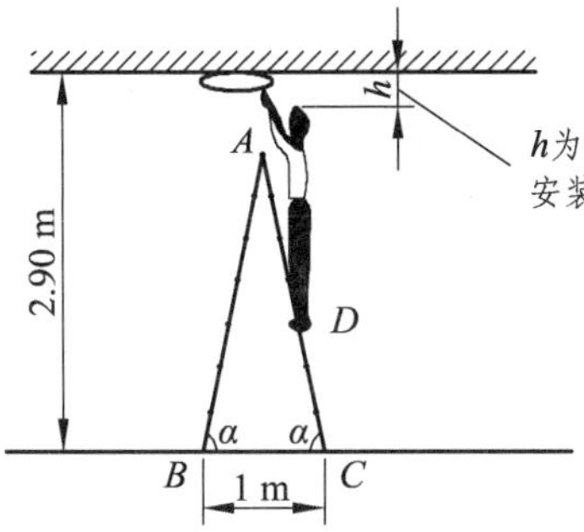

图 4-17

分析：要判断李师傅安装灯泡是否比较方便关键是计算出他的头顶距天花板的距离，然后再看这个距离是否在 0.05 ~ 0.20 m. 为此可过 A 作 $AE\perp BC$ 于点 E，将原问题转化为解直角三角形的问题来求解.

解：过点 A 作 $AE\perp BC$ 于点 E，过点 D 作 $DF\perp BC$ 于点 F，如图 4-18 所示.

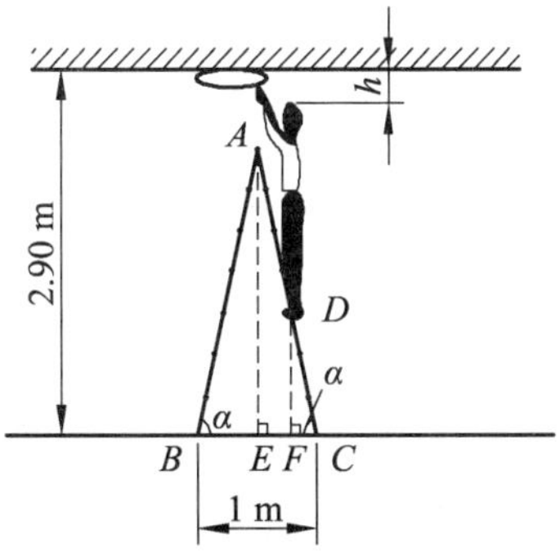

图 4-18

因为 $AB=AC$，

所以 $CE=\frac{1}{2}BC=0.5$，

所以 $AE=EC\tan 78°=2.35$.

又因为 $\sin a=\frac{AE}{AC}=\frac{DF}{DC}$，

所以 $DF=\frac{3}{7}AE\approx 1.007$.

李师傅站在第三级踏板上时，头顶距地面高度约为：1.007+1.78 = 2.787（m）.

头顶与天花板的距离约为：2.90−2.787 ≈ 0.11（m）.

因为 0.05 < 0.11 < 0.20，所以他安装比较方便.

4.2.12　水库堤坝问题

例 4-12　如图 4-19 所示，某水库堤坝横断面迎水坡 AB 的坡比为 $1:\sqrt{3}$，堤坝的高度 $BC=50$ m，请问迎水坡 AB 的长度是多少？

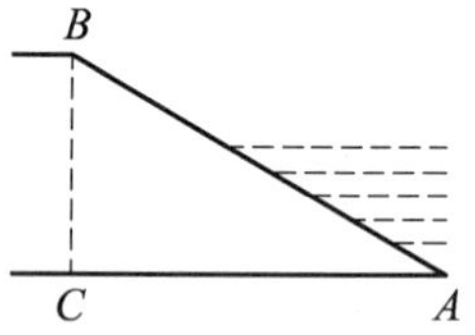

图 4-19

分析：对于此类问题，关键是构建一个直角三角形，在所构建的直角三角形中，通过三角函数的知识对问题进行求解. 而本题中的堤坝高 BC 与地面是垂直的，所以可以直接利用已知条件中的直角三角形，而迎水坡 AB 的坡比和 BC 的高度都是已知的，所以易得 AB 的长度.

解：由于横断面迎水坡 AB 的坡比为 $1:\sqrt{3}$，所以 $\frac{BC}{AC}=\frac{1}{\sqrt{3}}$，所以在 Rt$\triangle ABC$ 中 $\tan A=\frac{1}{\sqrt{3}}$，那么根据三角函数的性质，可得 $\sin A=\frac{1}{2}$，即 $\frac{BC}{AB}=\frac{1}{2}$，那么 $AB=2BC=100$ m，所以迎水坡面 AB 的长度为 100 m.

对于此类问题，应该首先观察题目中的已知条件中是否有直角三角形，如果有的话就直接通过三角函数进行求解，省去了许多麻烦；如果没有现成的直角三角形，需要添加辅助线构造出直角三角形，通过直角三角形来对问题进行求解. 综上所述，三角函数在初中数学中的应用非常广泛，解决此类问题的关键是构建直角三角形，然后运用三角函数的知识解决问题，对于一些要添加辅助线的问题，比较有难度，需要学生平时多加练习，做好积累，才能很好地掌握这类知识.

4.3　三角函数在简谐运动中的应用

现实生活中存在大量具有周而复始、循环往复特点的周期运动变化现象，如果某种变化着的现象具有周期性，那么就可以考虑借助三角函数来描述.比如钟摆的摆动，水中浮标的上下浮动，琴弦的振动，等等.

弹簧振子的振动具有循环往复的特点，由其振动的物理学原理可知，其位移 y 随时间 t 的变化规律可以用函数 $y = A\sin(\omega x+\varphi)$来刻画.

在物理学中，把物体受到的力（总是指向平衡位置）正比于它离开平衡位置的距离的运动称为“简谐运动”. 可以证明，在适当的直角坐标系下，简谐运动可以用函数 $y = A\sin(\omega x+\varphi)$，$x\in[0, +\infty]$ 表示，其中 $A>0$，$w>0$. 描述简谐运动的物理量，如振幅、周期和频率等都与这个解析式中的常数有关：

A 就是这个简谐运动的振幅，它是做简谐运动的物体离开平衡位置的最大距离；

这个简谐运动的周期是 $T = \dfrac{2\pi}{\omega}$，它是做简谐运动的物体往复运动一次所需要的时间；

这个简谐运动的频率由公式 $f= \dfrac{1}{T} = \dfrac{\omega}{2\pi}$ 给出，它是做简谐运动的物体在单位时间内往复运动的次数.

例 4-13　如图 4-20 所示，某地一天从 6 ~ 14 时的温度变化曲线近似满足函数 $y = A\sin(\omega x+\varphi)+b$.

（1）求这一天 6 ~ 14 时的最大温差；

（2）写出这段曲线的函数解析式.

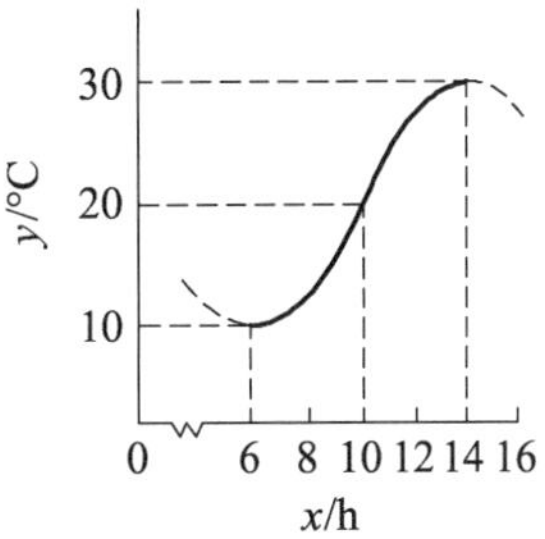

图 4-20

解：（1）由图 4-20 可知：这段时间的最大温差是 30−10 = 20 °C；图中

从 6 时到 14 时的图像是函数 $y=A\sin(\omega x+\varphi)+b$ 的半个周期，所以 $\frac{1}{2}\cdot\frac{2\pi}{\omega}=14-6$，解得 $\omega=\frac{\pi}{8}$.

由图知，$A=\frac{1}{2}(30-10)=10$，$B=\frac{1}{2}(10+30)=20$.

这时，$y=10\sin\left(\frac{\pi}{8}x+\varphi\right)+20$.

将 $x=6$，$y=10$ 代入上式，可取 $\varphi=\frac{3\pi}{4}$.

综上，所求的解析式为 $y=10\sin\left(\frac{\pi}{8}x+\frac{3\pi}{4}\right)+20$，$x\in[6, 14]$.

涉及角与边之间的相互关系，可以用边为变量建立函数关系，求解过程一般可以利用三角函数的相关知识，如正弦、余弦定理、数形结合、三角函数的有界性、基本不等式、函数单调性等.

4.4　三角函数在立体几何中的应用

三角函数不仅在生活中应用广泛，在数学立体几何部分通常应用也较多，比如利用余弦定理或者正切值求线线角、线面角、二面角和点到面的距离关系等.

4.4.1　线线角的应用

例 4-14　如图 4-21 所示，在正三棱柱 $ABC-A_1B_1C_1$ 中，$AC=2AA_1=4$，E、F 分别是 BC、A_1B_1 的中点.

（1）求证：EF // 平面 ACC_1A_1；

（2）求直线 AF 与直线 B_1C 所成角的余弦值.

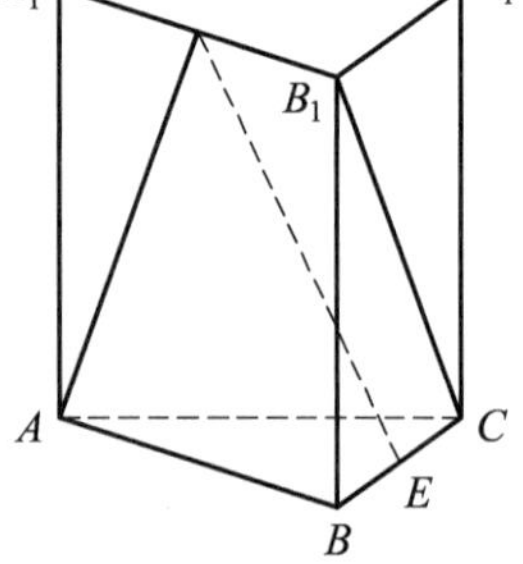

图 4-21

（1）**证明：** 如图 4-21 所示，取 B_1C_1 的中点 G，连接 EG，FG.

因为 E，F 分别是 BC，A_1B_1 的中点，所以 EG // CC_1，FG // A_1C_1.

又因为 $EG \not\subset$ 平面 ACC_1A_1，$CC_1 \subset$ 平面 ACC_1A_1，

所以 $EG //$ 平面 ACC_1A_1，同理 $FG //$ 平面 ACA_1C_1.

又 $EG \cap FG = G$，$CC_1 \cap A_1C_1 = C_1$，

所以平面 $EFG //$ 平面 ACC_1A_1.

又 $EF \subset$ 平面 EFG，所以 $EF //$ 平面 ACC_1A_1.

（2）**解：**（几何法）取 AB 中点 M，连结 B_1M.

因为 F 为 A_1B_1 中点，所以 $AF // B_1M$，

所以 $\angle CB_1M$（或其补角）为直线 AF 与直线 B_1C 所成角.

因为 $AC = 2AA_1 = 4$，E，F 分别是 BC，A_1B_1 的中点，

所以在 $\triangle MB_1C$ 中，$|MB_1| = 2\sqrt{2}$，$|B_1C| = 2\sqrt{5}$，$|MC| = 2\sqrt{3}$.

设直线 AF 与直线 B_1C 所成角 θ，根据余弦定理得

$$\cos\theta = \frac{(2\sqrt{2})^2 + (2\sqrt{5})^2 - (2\sqrt{3})^2}{2 \cdot 2\sqrt{2} \cdot 2\sqrt{5}} = \frac{\sqrt{10}}{5}$$

所以直线 AF 与直线 B_1C 所成角的余弦值为 $\frac{\sqrt{10}}{5}$.

4.4.2　线面角的应用

例 4-15　如图 4-22 所示，在直三棱柱 $ABC\text{-}A_1B_1C_1$ 中，已知 $AC = BC = 4$，$AA_1 = 3$，$AB = 4\sqrt{2}$.

（1）求四棱锥 $A\text{-}BCC_1B_1$ 的体积；

（2）求直线 AC_1 与平面 ABB_1A_1 所成的角的大小.

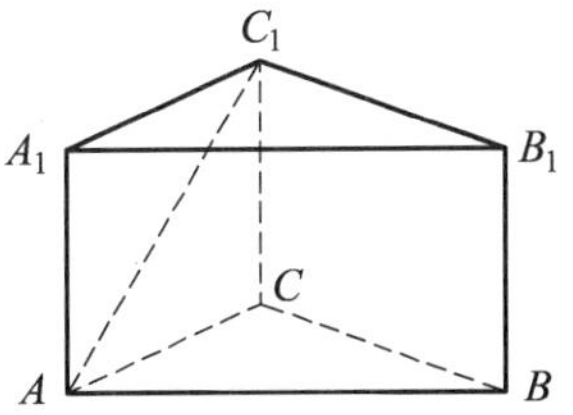

图 4-22

解：（1）根据题意，在直三棱柱 $ABC\text{-}A_1B_1C_1$ 中，

已知 $AC = BC = 4$，$AB = 4\sqrt{2}$，则有 $AC \perp BC$.

又由 $CC_1 \perp AC$，可得 $AC \perp$ 面 BCC_1B_1.

故 AC 为四棱锥 $A\text{-}BCC_1B_1$ 的高.

又由 $S_{\square BB_1C_1B} = BC \times CC_1 = 12$，

故四棱锥 $A\text{-}BCC_1B_1$ 的体积 $V=\dfrac{1}{3}S_{\square BB_1C_1B}\times AC=16$.

（2）根据题意，作 $C_1M\perp A_1B_1$，且与 A_1B_1 交于点 M，连接 AM.

又由三棱柱 $ABC\text{-}A_1B_1C_1$ 为直三棱柱，则 $AA_1\perp$ 面 $A_1B_1C_1$，

则 $AA_1\perp C_1M$，则 $C_1M\perp$ 面 ABB_1A_1.

所以 $\angle C_1AM$ 就是直线 AC_1 与平面 ABB_1A_1 所成的角.

而 $C_1M=\dfrac{1}{2}A_1B_1=2\sqrt{2}$，$AC_1=\sqrt{9+16}=5$，

所以 $\sin\angle C_1AM=\dfrac{C_1M}{AC_1}=\dfrac{2\sqrt{2}}{5}$，所以 $\angle C_1AM=\arcsin\dfrac{2\sqrt{2}}{5}$.

故直线 AC_1 与平面 ABB_1A_1 所成的角的大小为 $\arcsin\dfrac{2\sqrt{2}}{5}$.

4.4.3 二面角的应用

例 4-16 如图 4-23 所示，在四棱锥 $P\text{-}ABCD$ 中，$\angle ABC=\angle ACD=90°$，$\angle BAC=\angle CAD=60°$，$PA\perp$ 平面 $ABCD$，E 为 PD 的中点，$PA=2AB=2$.

（1）求四棱锥 $P\text{-}ABCD$ 的体积 V；

（2）若 F 为 PC 的中点，求证：平面 $PAC\perp$ 平面 AEF；

（3）求二面角 $E\text{-}AC\text{-}D$ 的大小.

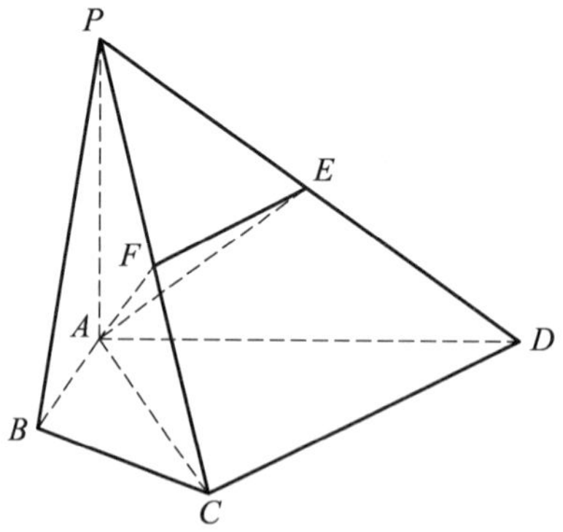

图 4-23

解：（1）在 Rt$\triangle ABC$ 中，$AB=1$，$\angle BAC=60°$，

所以 $BC=\sqrt{3}$，$AC=2$.

在 Rt△ACD 中，$AC=2$，$\angle CAD=60°$，

所以 $CD=2\sqrt{3}$，$AD=4$，

所以 $S_{ABCD}=\frac{1}{2}AB\cdot BC+\frac{1}{2}AC\cdot CD=\frac{1}{2}\times1\times\sqrt{3}+\frac{1}{2}\times2\times2\sqrt{3}=\frac{5}{2}\sqrt{3}$

则 $V=\frac{1}{3}\times\frac{5}{2}\sqrt{3}\times2=\frac{5}{3}\sqrt{3}$.

（2）因为 $PA\perp$ 平面 $ABCD$，所以 $PA\perp CD$.

又 $AC\perp CD$，$PA\cap AC=A$，

所以 $CD\perp$ 平面 PAC.

因为 E、F 分别为 PD、PC 中点，

所以 $EF/\!/CD$，

所以 $EF\perp$ 平面 PAC.

因为 $EF\subset$ 平面 AEF，

所以平面 $PAC\perp$ 平面 AEF.

（3）取 AD 的中点 M，连结 EM，则 $EM/\!/PA$，

所以 $EM\perp$ 平面 ACD，过 M 作 $MQ\perp AC$ 于 Q，

连结 EQ，则 $\angle EQM$ 为二面角 $E\text{-}AC\text{-}D$ 的平面角.

因为 M 为 AD 的中点，$MQ\perp AC$，$CD\perp AC$，

所以 $MQ=\frac{1}{2}CD=\sqrt{3}$.

又 $EM=\frac{1}{2}PA=1$，

所以 $\tan\angle EQM=\frac{EM}{MQ}=\frac{1}{\sqrt{3}}=\frac{\sqrt{3}}{3}$，故 $\angle EQM=30°$.

即三面角 $E\text{-}AC\text{-}D$ 的大小为 30°.

4.4.4　点到面的距离的应用

例 4-17　如图 4-24 所示，在三棱锥 $P\text{-}ABC$ 中，平面 $PAC\perp$ 平面 ABC，$\angle PAC=\angle BAC=60°$，$AC=4$，$AB=3$，$AP=2$.

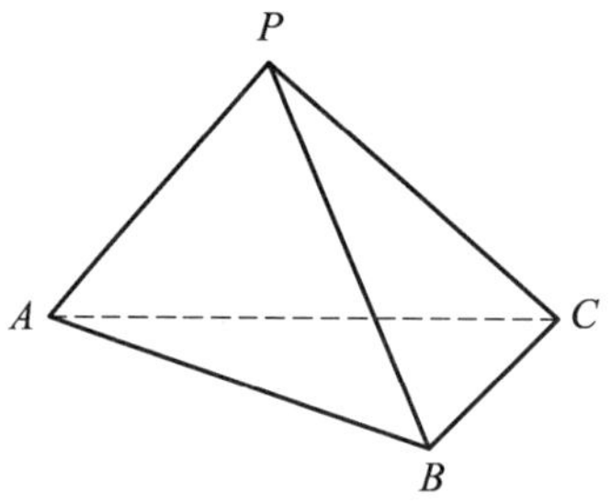

图 4-24

（1）求 PB 的长；

（2）求点 C 到平面 PAB 的距离.

解：（1）过 P 作 $PH \perp AC$ 交 AC 于一点 H.

因为平面 $PAC \perp$ 平面 ABC，平面 $PAC \cap$ 平面 $ABC = AC$，$PH \subset$ 平面 PAC，

所以 $PH \perp$ 平面 ABC.

在 $\triangle PAC$ 中，$\angle PAC = 60°$，$PA = 2$，则 $PH = PA\sin\angle PAC = \sqrt{3}$，

$AH = PA\cos\angle PAC = 1$.

连结 BH. 在 $\triangle ABH$ 中，由余弦定理可得：

$$BH^2 = AH^2 + AB^2 - 2AH \cdot AB \cdot \cos\angle BAC = 1+9-2\times1\times3\times\frac{1}{2} = 7,$$

所以 $PB^2 = PH^2 + BH^2 = 3+7 = 10$，$PB = \sqrt{10}$.

（2）因为 $\triangle ABC$ 的面积 $S_{\triangle ABC} = \frac{1}{2}AB \cdot AC \cdot \sin\angle BAC = \frac{1}{2}\times3\times4\times\frac{\sqrt{3}}{2} = 3\sqrt{3}$，

所以四面体 P-ABC 体积 $V_{P-ABC} = \frac{1}{3}S_{\triangle ABC} \cdot PH = \frac{1}{3} \cdot 3\sqrt{3} \cdot \sqrt{3} = 3$.

在 $\triangle PAB$ 中，由余弦定理得：$\cos\angle PAB = \dfrac{PA^2 + AB^2 - PB^2}{2PA \cdot AB} = \dfrac{4+9-10}{2\times2\times3} = \dfrac{1}{4}$，

所以 $\sin\angle PAB = \sqrt{1-\left(\frac{1}{4}\right)^2} = \frac{\sqrt{15}}{4}$.

所以 $\triangle PAB$ 的面积 $S_{\triangle PAB} = \frac{1}{2}\times PA\times AB\times\sin\angle PAB = \frac{1}{2}\times2\times3\times\frac{\sqrt{15}}{4}$

$=\dfrac{3\sqrt{15}}{4}$.

设 C 点到平面 PAB 距离为 h，则 $V_{C-PAB}=\dfrac{1}{3}S_{\triangle PAB}\cdot h=3$，

即 $\dfrac{1}{3}\times\dfrac{3\sqrt{15}}{4}\times h=3$．解得 $h=\dfrac{4\sqrt{15}}{5}$.

所以 C 点到平面 PAB 距离为 $\dfrac{4\sqrt{15}}{5}$.

第 5 章　数列及其在生活中的应用

5.1　数列简介

数学源于生活，我们学习数学的目的就是为了更好地了解生活，将学到的知识运用到生活中，学以致用. 例如学习数列，就是为了能够运用它解决我们日常生活中的问题. 然而要做到这些，必然要基于对数列的了解和有效认识.

在没有学习数列之前，也许你对生活中的很多事情都存在困惑，然而当我们学习数列后，你的许多困惑是否还都存在呢？如果我们熟悉教学大纲，我们就会发现高中数列的学习是极为重要的. 如果我们细心，我们同样也会发现，数列在生活中的运用远远比我们想象的频繁.

1. 数列的基本概念

数列是按照一定顺序排列的数，数列中的每一项称之为数列的项. 数列有很多种：按项数分类，分为有限数列和无限数列；按照变化趋势分类，可以分为单调递增数列、单调递减数列、常数数列及摆动数列. 另外，在数列的基本概念学习中，更是要求我们记住不同类型的数列的特殊的求和方式，如完全归纳法、累乘法、错位相减法、倒序求和法、列项相消法等. 了解数列的分类及各类求和方式，有助于我们更好地运用它，发现其中的规律，找到正确的方法，有效地去解决实际问题.

2. 数列的应用

基本数列及数列相关运算规律，就是要将数列运用到实践中，数列的价值将会得到体现. 有这样一道题目：如果某人在一分钟内把一个消息告诉两个人，然后知道这个消息的人以同样的方式告诉其他不知道这个消息的人，一直以这种方式进行下去，十分钟后，有多少人知道这个消息呢？答案你想到了吗？超过 3^{10} 个人知道. 这里就应用到了数列，如果我们对数字比较敏感，如果你数列应用得好，当我们列出前几分钟的结果时，我们就能发现其中的规律，这是一个等比数列，消息以 3 为首项，3 为公比的形式传递下去. 这种传递速度是相当快的，很好地解释了“坏事传千里”的传递速度快的现象. 其实，还有在生活的很多地方，数列都很好地解释了我们生活中的许多普遍现象. 然而，它的魅力也不仅如此，在商场上，尤其是在银行储蓄和分期付款中，数列也都被应用得淋漓尽致.

3. 求解数列的三个步骤

新课程改革加大了数据处理能力、应用意识、创新意识的培养，而数列这一模块刚好为我们提供了良好的平台.下面就怎样运用函数与方程思想、等价转化思想等建立数列模型解决实际问题做简要归纳.

求解数列应用题的三个步骤：

（1）建模，首先要认真审题，理解出题背景，明确问题属于哪类应用问题，弄清题目中的主要已知事项，明确所求的结论是什么，把应用问题抽象为数学中的数列问题.

（2）解模，利用所学的数列知识，将已知与所求联系起来，据题意列出满足题意的数学关系式（函数关系式、或方程、不等式），解决数列模型中的相关问题，主要是求和、最值、范围等问题.

（3）回归模型，把已解决的数列模型中的问题返回实际中去，与实际问题相对应，确定问题的结果，注意答案要符合题设中实际问题的需要.

5.2　数列在生活中的应用

等差数列、等比数列是日常经济生活中的重要数学模型. 例如存款、贷款、购物（房、车）分期付款、保险、资产折旧等问题都与其相关.

以银行存款为例，它是老百姓日常生活中最基本的经济活动. 银行存款计息方式有两种：单利和复利，它们分别以等差数列和等比数列为数学模型.

5.2.1 等差数列在生活中的应用

例 5-1 假设某市 2011 年新建住房面积 400 万平方米，其中有 250 万平方米是中低价房. 预计在今后的若干年内，该市每年新建住房面积平均比上一年增长 8%. 另外，每年新建住房中，中低价房的面积均比上一年增加 50 万平方米. 那么，到哪一年底，该市历年所建中低价层的累计面积（以 2011 年为累计的第一年）将首次不少于 4750 万平方米?

分析: 此类问题先要分析数列是等差数列模型、等比数列模型还是综合型数列模型，具体做法可以先算出前几年结果，由特殊到一般，逐步探讨.

解: 设中低价房面积形成数列$\{a_n\}$，由题意可知$\{a_n\}$是等差数列，且 $a_1=250$，$d=50$，则 $S_n=250n+n(n-1)/2\times 50=25n^2+225n$. 令 $25n^2+225n\geqslant 4750$，即 $n^2+9n-190\geqslant 0$，而 n 是正整数，所以 $n\geqslant 10$.

所以到 2020 年年底，该市历年所建中低价房的累计面积将首次不少于 4750 万平方米.

点拨: 涉及等差数列的应用问题时，首先应弄清数列的首项和公差，然后应用其通项公式与前 n 项和公式，并借助不等式的性质解决问题.

5.2.2 等比数列在生活中的应用

例 5-2 某市 2011 年共有 1 万辆燃油型公交车.有关部门计划于 2012 年投入 128 辆电力型公交车，随后电力型公交车每年的投入比上一年增加 50%，试问:

（1）该市在 2018 年应该投入多少辆电力型公交车?

（2）到哪一年底，电力型公交车的数量开始超过该市公交车总量的$\frac{1}{3}$?

分析: 准确理解电力型公交车每年的投入比上一年增加 50%是解决此题的关键，本质是构成了一个等比数列模型.

解:（1）该市逐年投入的电力型公交车的数量组成等比数列$\{a_n\}$，其中 $a_1=128$，$q=1.5$，则在 2018 年应该投入的电力型公交车为 $a_{7=}a_1$，$q_6=128\times 1.56=1458$（辆）.

（2）记 $S_n = a_1 + a_2 + \cdots + a_n$，依据题意得，$\dfrac{S_n}{10000} + S_n > \dfrac{1}{3}$，

于是 $S_n = \dfrac{128(1-1.5^n)}{1-1.5} > 5000$（辆）.

即 $1.5^n > \dfrac{657}{32}$，则有 $n \approx 7.5$. 因此 $n \geqslant 8$.

所以，到 2019 年年底，电力型公交车的数量开始超过该市公交车总量的 1/3.

点拨：本题是以生活问题作为背景，构造一个等比数列模型，训练求等比数列通项和求和公式. 属于中等难度题.

例 5-3　银行有一种储蓄业务为定期存款自动转存. 例如，储户某日存入一笔 1 年期定期存款，1 年后，如果储户不取出本利和. 则银行自动办理转存业务，第 2 年的本金就是第 1 年的本利和. 按照定期存款自动转存的储蓄业务（暂不考虑利息税），我们来讨论以下问题：

（1）如果储户存入定期为 1 年的 P 元存款，定期年利率为 r，连存 n 年后，再取出本利和. 试求出储户 n 年后所得本利和的公式；

（2）如果存入 1 万元定期存款，存期 1 年，年利率为 2.79%，那么 5 年后共得本利和多少万元（精确到 0.001）？

解：（1）记 n 年后得到的本利和为 a_n，根据题意，

第 1 年存入的本金 P 元，1 年后到期利息为 $P\cdot r$，1 年后本利和为

$$a_1 = P+P\times r = P(1+r)\ （元）.$$

2 年后到期利息为 $P(1+r)r$ 元，2 年后本利和为

$$a_2 = P(1+r)+P(1+r)r$$
$$= P(1+r)^2\ （元）.$$

……

各年的本利和是一个以 $a_1 = (1+r)$ 为首项，公比 $q = 1+r$ 的等比数列 $\{a_n\}$，故 n 年后到期的本利和 $a_n = a_1q^{n-1} = P(1+r)(1+r)^{n-1} = P(1+r)^n$（元）（复利公式）

（2）根据上式，5 年后本利和为

$$a_5 = 1\times(1+0.0279)^5 = \approx 1.148\text{（万元）}.$$

答：5 年后得本利和约为 1.148 万元.

5.2.3　等比数列在专业技术中的应用

1. 等比数列在机械制图或打印用纸的幅面尺寸上的应用

从表 5-1 中观察各幅面尺寸.

表 5-1　打印用纸幅面

幅面	A0	A1	A2	A3	A4	A5
长度×宽度	1189×841	841×594	594×420	420×297	297×210	210×148

宽度：148，210，297，420，594，841；公比 $q=\sqrt{2}$.

长度：210，297，420，594，841，1189；公比 $q=\sqrt{2}$.

观察这两组列数可以得出以下结论：

（1）这两列数都是公式近似为 $\sqrt{2}$ 的等比数列.

（2）每幅面的长宽比都是 $\sqrt{2}$.

（3）前幅面宽等于后幅面长.

假设幅面宽为 a，长为 $\sqrt{2}a$，如图 5-1 所示，两等份截开之后的长宽比为：$a:\dfrac{\sqrt{2}a}{2}=\sqrt{2}:1$，仍保持长：宽 $=\sqrt{2}:1$.

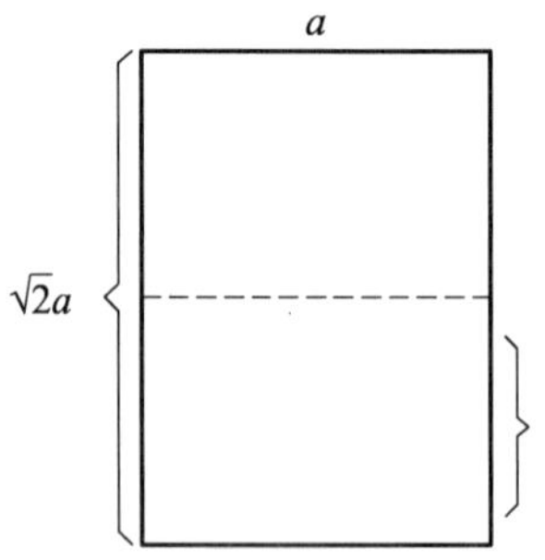

图 5-1

2. 网络信息传播

例 5-4　许多手机用户接到过类似短信“为庆祝移动公司成立十周年及短信突破 50 亿条，特推出此次回馈用户活动，只要将此信息转发给 10 位用户，您的卡上将自动冲入 50 元话费！发完后查证！这是真的，我刚刚试过，快发吧！”假设用户收到信息后 5 min 内将此信息转发给 10 位用户，这 10 位用户继续转发，类似的转发行为持续 2 h 后，手机用户所消耗的费用是多少？

解：由表 5-2 知，参加人次是首项为 10，公式为 10 的等比数列，前 12 项的和为参加人次（有重复），$S=10+10^2+10^3+\cdots+10^{12}=10\times\frac{1-10^{12}}{1-10}\sqrt{2}=$ 1111，1111，1110 人.

每条短信按 0.1 元计算，共计：$0\times111111111110=11111111111\approx111$ 亿.

表 5-2　参加人次

时长（分钟）	5	10	15	…	120
参加人次	10	10^2	10^3	…	10^{12}

这是明显的骗局，获利方收获不小，所以类似的短信大家不要再相信了，以免造成不必要的损失.

3. 机械装备设计方面

例 5-5　X6132 卧式铣床，其主轴共有 18 级转速，由低到高的排列顺序如下（主轴转速单位为 r/min）：30，37.5，47.5，60，75.5，118，150，190，235，300，375，475，600，750，950，1180，1500.

讨论：（1）这是什么数列？（2）数列有什么规律？

解：（1）主轴转速多为等比数列，数列公比 $q=37.5\div30=1.25\approx\sqrt{10}$.

（2）该数列有以下两个规律：

首先因为公比 $q=\sqrt[10]{10}$，所以每隔 10 项将出现 10 倍于前一段数列，本数列中 300，375，475，600，750，950，1180，1500 的各项分别是前段数列 30，37.5，47.5，60，75，95，118，150 各项的 10 倍.

其次，因为 $q=\sqrt[10]{10}=\sqrt[3]{2}$，所以每隔 3 项将出现 2 倍于前段数列.

本例中：30　37.5　47.5

60　75　95

118　150　190

235	300	375
475	600	750
950	1180	1500

每一行各项都为前一行各项的 2 倍（近似值）.

5.2.4 数列在分期付款中的应用

例 5-6 用分期付款的方式买价格为 2150 元的电冰箱，如果购买当天先付 150 元，以后每月这一天都交付 100 元，并加付欠款的利息，月利率为 1%：若交付 150 元后的第一个月开始算分期付款的第一个月，问分期付款的第 10 个月该交付多少钱？全部货款付清后，买这台电冰箱实际花了多少钱？

解： 购买时付款 150 元，欠款 2000 元，每月付 100 元，分 20 次分期付款，设每月付款数顺次组成数列$\{a_n\}$，则

$a_1 = 100 +(2150 - 150)\times 1\% = 120$ 元；

$a_2 = 100 +(2150 - 150 - 100)\times 1\% = 119$ 元；

$a_3 = 100 +(2150 - 150 - 2\times 100)\times 1\% = 118$ 元.

以此类推得

$a_n = 100 +[2150 - 150 - (n - 1)\times 100]\times 1\% = 120 - (n - 1)(n = 1, 2, \cdots, 20)$.

所以付款数$\{a_n\}$组成一个等差数列，首项为 120，公差为−1.

所以第 10 个月付款数为：$a_{10} = 120 - (10 - 1) = 111$ 元.

全部货款付清后付款总数为

$S_{20} = 20\times 120 + \frac{1}{2}\times 20\times 19\times (1-) = 2210$ 元.

实际一共付了：$150 + 2210 = 2360$ 元.

答：第 10 个月应付款为 111 元，全部付清后，买这台电冰箱实际花了 2360 元.

例 5-7 小华准备购买一台售价为 5 000 元的电脑，采用分期付款方式，并在一年内将款全部付清. 商场提出的付款方式为：购买后 2 个月第 1 次付款，再过 2 个月第 2 次付款……购买后 12 个月第 6 次付款，每次付款金额

相同，约定月利率为 0.8%，每月利息按复利计算. 小华每期付的金额是多少？

解：假定小华每期还款 x 元，第 k 个月末还款后的本利欠款数为 A_k 元，则

$$A_2 = 5000\times(1+0.008)^2 - x$$

$$A_4 = A_2(1 + 0.008)^2 - x = 5000(1 + 0.008)^4 - 1.008^2x - x$$

$$A_6 = A_4(1 + 0.008)^2 - x = 5000(1 + 0.008)^6 - 1.008^4x - 1.008^2x - x$$

……

$$A_{12} = 5000\times 1.008^{12} - (1.008^{10} + 1.008^8 + 1.008^6 + 1.008^4 + 1.008^2 + 1)x$$

由题意年底还清，所以 $A_{12} = 0$.

解得 $x = \dfrac{5000\times 1.008^{12}}{1+1.008^2+1.008^4+1.008^6+1.008^8+1.008^{10}} \approx 880.8$（元）

答：小华每期付款的金额为 880.8 元.

5.2.5　数列在企业制定优化方案中的应用

例 5-8　现有某企业进行技术革新，有两种方案：甲方案——一次性贷款 10 万元，第一年可获利 1 万元，以后每年都比前一年增加 30%的利润：乙方案——每年贷款 1 万元，第一年可获利 1 万元，以后每年都比前一年增加利润 5 千元. 两种方案使用期都是 10 年，到期一次性还本付息，若银行贷款利息均按年息 10%的复利计算，试比较两种方案的优劣.（精确到千元，计算过程中可参考以下数据：1.110 ≈ 2.594，1.310 ≈ 13.79）.

解：甲方案 10 年共获利为

$$1 + (1 + 30\%) + (1 + 30\%)2 + \cdots + (1 + 30\%)9 = \frac{1.3^{10}}{1.3-1} \approx 42.63$$

到期时，银行贷款本息为：10(1 + 0.1)10 ≈ 25.94.

所以甲方案扣除贷款本息后净收益为：42.63 − 25.94 = 16.7（万元）.

乙方案 10 年共获利为

$$1 + (1 + 0.5) + (1 + 2\times 0.5) + \cdots + (1 + 9\times 0.5) = \frac{10(1+5.5)}{2} \approx 32.5$$

所以乙方案扣除贷款本息后净收益为：32.5 − 15.94 = 16.6（万元）.

5.2.6 数列在购房中的应用

例 5-9 某房屋开发商出售一套 50 万元的住宅，可以首付 5 万元以后每过一年付 5 万元，9 年后付清；也可以一次付清，并优惠 x%. 问开发商怎样确定优惠率可以鼓励购房者一次付清？（按一年定期存款税后利率 2%，每年利息按复利，一年一年续存方式计算. x 取整数，计算过程中可参考以下数据：1.029 ≈ 1.19，1.0210 ≈ 1.2，1.0211 ≈ 1.24）.

解：由题意得：用优惠方法一次付清需要 50(1 − x%)万元，这笔钱 9 年后变为 50(1 − x%)(1 + 2%)9 万元；用分期付款的方法每年付 5 万元，到最后一次付款时付款金额的本利和为 5(1.029 + 1.028 + 1.027⋯ + 1.02 + 1)万元. 要想鼓励购房者一次付清，必须有 50(1 − x%)(1 + 2%)9≤5(1.029 + 1.028.027⋯+ 1.02 + 1).

整理得

$$\frac{1.02^{10}-1}{10\times1.02^{9}\times(1.02-1)}=\frac{1}{1.19}=0.8403$$

所以 x%≥15.97%.

答：一次付款的优惠率应不低于 16%.

5.2.7 数列在树木种植和砍伐中的应用

例 5-10 某林场森林木材存量为，木材以每年 25%的增长率生长，若每年冬天需要砍伐的木量是一个常量，为了实现经过 10 年达到木材存有量至少翻两番的目标，那么每年至多只能砍伐多少木材量？（计算过程可参考数据：lg2 = 0.30）

解：设这个林场每年至多砍伐木材量为 x，则每年的木材存有量组成一个数列：记 $a_0 = a$，

则 $a_1=\frac{5}{4}a-x$，$a_2=\frac{5}{4}a_1-x=\frac{5}{4}\left(\frac{5}{4}a-x\right)-x=\left(\frac{5}{4}\right)^2a-\left(\frac{5}{4}+1\right)x\cdots\cdots$，（$n$ = 0，1，2，……）

由 $a_{n+1}=\frac{5}{4}a_n-x$ 得 $a_{n+1}-4x=\frac{5}{4}(a_n-4x)$，即数列$\{a_n-4x\}$是一个等比数列，

首项为 $a_1-4x=\frac{5}{4}a-5x$，公比为 $q=\frac{5}{4}$.

所以 $a_n=\left(\frac{5}{4}\right)^n a-4\left[\left(\frac{5}{4}\right)^n-1\right]x$，

即：$\left(\frac{5}{4}\right)^{10} a-4\left[\left(\frac{5}{4}\right)^{10}-1\right]x\geqslant 4a$.

所以 $x\leqslant\dfrac{\left[\frac{1}{4}\left(\frac{5}{4}\right)^{10}-1\right]a}{\left(\frac{5}{4}\right)^{10}-1}$.

令 $A=\left(\frac{5}{4}\right)^{10}$，则 $\lg A=10(\lg5-\lg4)=10(1-3\lg2)=1$，

所以 $A=10$，

所以 $x\leqslant\dfrac{\frac{1}{4}\times10-1}{10-1}a=\frac{1}{6}a$.

答：每年至多只能砍伐木材量为 $\frac{1}{6}a$.

5.3　如何结合实际生活学习数列

数列的相关知识是高中数学学习中非常重要的一部分，涵盖众多考点，如等差数列、等比数列、斐波那契数列以及通项公式等. 通过老师在课堂上系统全面地教授，对知识点有了初步了解和掌握，但是否能灵活运用所学知识解决实际问题，才是衡量一个学生学习结果如何的最好标尺. 相反过来，发现生活中的知识点，总结它、升华它，通过进一步的学习，加深对知识点的理解和巩固，也是学习知识点的一个有效方法和途径.

5.3.1　通过高中校园活动学习数列

校园生活多姿多彩，作为高中生，在学习之余，会踊跃参加学校组织的

各项活动，也因此发现了很多活动中蕴含的数学意义. 比如某次运动会时，收捡矿泉水瓶，学校 8 点开场比赛，每一个小时清点一次收集到的矿泉水瓶，9 点钟共收到了 120 个，10 点钟收到了 240 个，11 点钟收到了 480 个，按这个规律，到下午 1 点钟，共收到了多少个矿泉水瓶？分析：不难找出这是一个等比数列的问题. 可以把 9 点钟收到的矿泉水瓶 120 个看成等比数列的第 1 项，把 10 点钟收到的矿泉水瓶 240 个看成等比数列的第 2 项，把 11 点钟收到的矿泉水瓶 240 个看成等比数列的第 3 项，很容易找到这个数列的公比是 2，首项是 120，则到下午 1 点钟，是这个数列的第 5 项，从而把题目转化为求数列前 5 项的和问题.

平时在课堂上生硬的数字，变成了我们肉眼可见的实物，通过观察和分析，我们得出这中间的数学规律，发现数列破解之道，远比在纸上计算一道题目要更有深刻意义. 因为我们在发现和总结的学习过程中，还增强了节约意识，规范了行为习惯，这是课堂上、书本上的学习过程，所不能给予的.

5.3.2　通过发现生活规律学习数列

1. 跨学科学习数列

著名的马尔萨斯在《人口原理》中说道：生活资料按算术级数增加，而人口是按几何级数增长的，因此生活资料的增加赶不上人口的增长. 他断言：人口按几何数列 1、2、4、8、16、32、…增加，而生活资料只能按算术数列 1、2、3、4、5、6、…增加. 这个论点，把粮食增长喻为等差数列，而把人口增长喻为等比数列. 这就让学习者获得了直观浅显的印象，既理解了等差和等比数列的区别，又意识到了粮食增长和人口增长趋势，这对不可调和的矛盾，为学生外延式学习增加了助力. 因为这即将涉及政治、历史、农业、经济等学科的知识点，对高中生多学科学习，也起到了多方联想、思维导图式的启发，可谓一举多得.

2. 自然界中的数列

自然界中有很多现象，体现着数列，如植物叶序（可以利用每周期全部叶子数量及叶子绕圈圈数求得叶序的规律）、花瓣的数量、植物生长形态方面等，都和一个有趣的数列有关，那就是“斐波那契数列”．此数列在命名上来源于一位叫作斐波那契的意大利数学家，这位数学家出版过一本书，名为《算盘书》，书中有这样一道数学题：假设所有兔子长生不死，且一只刚出生的兔子到达生育期的时间需要一个月，同时，两只生育期的兔子每个月会生出一对兔子．那么，一年后，会有多少对兔子？这道题的解答为：从第 1 个月到第 12 个月，兔子的对数分别为：1-1-2-3-5-8-13-21-34-55-…，具有这样规律的数列，就为斐波那契数列．

拿生物在生长形态方面来说，比如，松果的种子，这种植物的排列形态基本以对数形式存在，并且，分为顺时针与逆时针两种对数螺线．两组螺线的线条的角度与排布，形成斐式数列，使种子在排布上具有凝聚力，且错落有致，十分奇妙．

3．理财中的数列

在众多理财产品中，“教育储蓄”是一种零存整取的定期储蓄存款方式，是国家为了鼓励城乡居民以储蓄方式，为子女接受非义务教育积蓄资金，从而促进教育事业发展而开办的．某同学依教育储蓄方式从 2010 年 11 月 1 日开始，每月按时存入 250 元，连续存 5 年，月利率为 0.2%，到期一次可支取本利共多少元？我们可以将生活中息息相关的储蓄问题转化为数列问题，从而体会到数列与我们的生活密不可分，切实激发学习数列的兴趣．

这些科学事实和生活事例，都有助于我们通过实际生活认识和理解数列．

5.3.3　增强自身的应用意识，明确数列在生活中的意义

数列学习的难点主要是以数列问题为基础的、围绕数列包含的不等式与函数方程所产生的数列综合问题．在数列解题中，最不容易的就是数列推理题，所以我们在日常数列的学习中就要对数列的学习方法进行一定的思考．在日常学习的过程中，我们应该注重培养自身的思维能力，在课堂上要积极主动学习．一个良好的学习态度对汲取知识有着事半功倍的效果．学习的氛围是调节我们自身的最主要原因，所以，在数列学习过程中，应积极调节其

活跃程度，使我们学习的意识取得更好的效果. 在生活实践中，有很多实际问题都可以转化为数列问题，然后用数列的知识求解.

当前我国的教育模式中教师在课堂传授上没有给学生充足的自主探究学习空间，因此学生的学习兴趣没有完全被激发，导致大部分学生虽在课堂中听见了教师传授的内容，但是并没有真正理解并且牢牢记住知识关键点，对于知识理论缺少深入理解，无法灵活正确地运用. 对于数列的学习而言，学生应该根据教师的指导，将相关知识与实际生活密切关联，不断提高自己的创新能力和学习积极性，从而不断提高数列的学习效果.

教师应该创设尽可能真实的教学环境，也可以让学生从自己的生活实际出发，设计自己熟悉、喜欢的场景和任务，使学生兴趣高涨，课堂气氛也会变得更活跃. 进行教学活动设计时，要尽可能营造宽松的课堂氛围，以减轻学生的心理压力，根据学生情况设置问题情境，使多数学生有成就感，增加对课堂活动的兴趣. 总之，教师在设计数列教学课堂活动时，要转变传统的教学观念，精心设计教学内容，尝试新的教学方法，为学生创设良好的、真实的课堂氛围，使学生体会到数列与生活的联系，感受数学来源于生活并应用于生活.

第 6 章　概率统计在生活中的应用（一）

在实际的日常生活中，我们面对某些选择时，往往会感觉无从下手，不知道该如何选择，如果这时灵活地运用概率统计知识，就很容易选择出最佳的方案．例如：两个小朋友在做游戏，在一个罐子中放有 4 颗大小相同的球，其中两颗球为黑色，另外两颗为白色，由一个小朋友使劲摇晃罐子，使得小球的位置被打乱，最后在小球落定后，由小朋友选择其排列组合的方式，包括黑白相间和黑白不相间两种情况．这时就可以运用几何概型测算哪种情况出现的概率较大，以此做出优化选择．如果在这一过程中，未能够结合概率统计知识，那么就会仅凭自身的主观意识盲目进行选择．因此，高中生不仅仅要学会概率统计知识，同时还要学会应用概率统计知识来解决实际生活中的问题．

6.1　随机事件的概率

生活中的事件发展过程包括必然事件、不可能事件和随机事件．

（1）必然事件：在一定条件下必然要发生的事件．

（2）不可能事件：在一定条件下不可能发生的事件．

（3）随机事件：在一定条件下可能发生也可能不发生的事件．

如，在 100 件合格的产品中选取 1 件合格的产品，则这一件产品一定是合格的．在标准的大气压下，水加热到 100 °C，水就一定沸腾等等，这些都是必然事件．在一副扑克牌中选取三张红色 K 牌，这个是不可能事件．在桌子上抛一枚硬币，落到桌面上，哪一面是向上的．对于硬币哪一面向上，这个发生的事件是不确定的，可以正面向上也可以反面向上，在试验前不能预先知道这一次硬币是哪一面向上，这个问题就是随机事件．

在一次试验中，每一个出现的可能结果叫作基本事件．它的特点是：

（1）任何两个基本事件是互斥的.（2）任何事件（除不可能事件）都可以表示成基本事件的和.

频率是一定程度上反映事件发生的大小、可能性. 一个事件随着试验的次数不同，结果就可能改变. 所以，只能是一定程度上在某个点附近波动. 如，在桌子上反复抛一枚硬币，并记录硬币向上的次数. 随着试验次数的增加，正面向上的次数与总数次数相比，结果将逐渐稳定在 0.5. 而概率就是随机变量发生可能大小的度量.

事件 A 发生的概率：在大量重复进行同一试验时，事件 A 发生的频率 $\frac{m}{n}$ 总是接近于某个常数，在它附近摆动，这时把这个常数叫作事件 A 的概率，记作 $P(A)$. 其中 n 是试验的总次数，m 事件 A 发生的次数.

例 6-1 同时掷两颗骰子一次，

（1）“点数之和是 13”是什么事件？其概率是多少？

（2）“点数之和在 2 ~ 13 之内”是什么事件？其概率是多少？

（3）“点数之和是 7”是什么事件？其概率是多少？

思路：依定义及概率公式解答.

解析：（1）由于点数最大是 6，和最大是 12，不可能得 13，因此此事件是不可能事件，其概率为 0.（2）由于点数之和最小是 2，最大是 12，在 2 ~ 13 之内，它是必然事件，其概率为 1.（3）由（2）知，和是 7 是有可能的，此事件是随机事件，事件“点数和为 7”包含的基本事件有（1，6），（2，5），（3，4），（4，3），（5，2），（6，1）共 6 个，因此 $P=\frac{6}{6\times6}=\frac{1}{6}$.

例 6-2 某市地铁全线共有四个车站，甲、乙两人同时在地铁第 1 号车站（首车站）乘车. 假设每人自第 2 号车站开始，在每个车站下车是等可能的. 约定用有序数对 (x, y) 表示“甲在 x 号车站下车，乙在 y 号车站下车”.

① 用有序数对把甲、乙两人下车的所有可能的结果列举出来.

② 求甲、乙两人同在第 3 号车站下车的概率.

解析：（1）用有序数对 (x, y) 表示甲在 x 号车站下车，乙在 y 号车站下车，则甲下车的站号记为 2，3，4 共 3 种结果，乙下车的站号也是 2，3，

4 共 3 种结果. 甲、乙两个下车的所有可能结果有 9 种，分别为：（2，2），（2，3），（2，4），（3，2），（3，3），（3，4）（4，2），（4，3），（4，4）.

（2）设甲、乙两人同时在第 3 号车站下车的事件为 A，则 $P(A)=\frac{1}{9}$.

总结： 解决这类问题的方法是弄清随机试验的意义和每个事件的含义. 判断一个事件是必然事件、不可能事件、随机事件的依据是在一定的条件下，所要求的结果是否一定出现、不可能出现或可能出现、可能不出现. 随机事件发生的概率等于事件发生所包含的结果数与该试验包含的所有结果数的比.

练习 1： 一个口袋内装有 5 个白球和 3 个黑球，从中任意取出一个球，

（1）"取出的球是红球"是什么事件？它的概率是什么？

（2）"取出的球是黑球"是什么事件？它的概率是什么？

（3）"取出的球是白球或黑球"是什么事件？它的概率是什么？

练习 2： 做抛掷两颗骰子的试验，用（x，y）表示结果，其中 x 表示第一颗骰子出现的点数，y 表示第二颗骰子出现的点数，写出：

（1）实验的基本事件；（2）事件"出现点数之和大于 8"；

（3）事件"出现点数相等"；（4）事件"出现点数之和大于 10".

6.2　事件的关系及运算

如果把事件 A（或 B）所包含的基本事件构成的集合简称为集合 A（或 B），则事件的关系及运算可以用集合的关系和运算表述，如表 6-1 所示.

表 6-1　事件的关系

关系	定义	符号表示
包含关系	如果事件 A 发生，则事件 B 一定发生，这时称事件 B 包含事件 A（或称事件 A 包含于事件 B）	$B\supseteq A$（或 $A\subseteq B$）
相等关系	若 $B\supseteq A$ 且 $A\supseteq B$	$B=A$

续表

关系	定义	符号表示
并事件（和事件）	若某事件发生当且仅当事件 A 发生或事件 B 发生，称此事件为事件 A 与事件 B 的并事件（或和事件）	$A\cup B$（或 $A+B$）
交事件（积事件）	若某事件发生当且仅当事件 A 发生且事件 B 发生，则称此事件为事件 A 与事件 B 的交事件（或积事件）	$A\cap B$（或 AB）
互斥事件	若 $A\cap B$ 为不可能事件（$A\cap B=\varnothing$），则称事件 A 与事件 B 互斥	$A\cap B=\varnothing$
对立事件	若 $A\cap B$ 为不可能事件，$A\cup B$ 为必然事件，那么称事件 A 与事件 B 互为对立事件	$A\cap B=\varnothing$ $P(A)+P(B)=1$

（1）概率的取值范围为 $0\leqslant P(A)\leqslant 1$.

（2）必然事件的概率为 1.

（3）不可能事件的概率为 0.

（4）互斥事件概率的加法公式：

若事件 A 与事件 B 互斥，则 $P(A\cup B)=P(A)+P(B)$.

特别地，若事件 B 与事件 A 互为对立事件，则 $P(A)=1-P(B)$.

例 6-3 判断下列各对事件是否是互斥事件或对立事件：某小组 3 名男生和 2 名女生，从中任选 2 名同学去参加演讲比赛，其中

（1）恰有 1 名男生和恰有 2 名男生；（2）至少有 1 名男生和至少有 1 名女生；

（3）至少有 1 名男生和全是男生；（4）至少有 1 名男生和全是女生.

解析：（1）互斥事件；（2）至少有 1 名男生包含 2 名男生、1 男 1 女，至少有 1 名女生，包含 2 名女生、1 女 1 男，两事件不互斥；（3）不互斥；（4）对立事件.

总结：解决这种问题要准确把握互斥事件与对立事件.

（1）互斥事件是不可能同时发生的事件，但可同时不发生.

（2）对立事件是特殊的互斥事件，特殊在对立的两个事件不可能都不发生，即有且仅有一个发生.

例 6-4　某超市计划按月订购一种酸奶，每天进货量相同，进货成本每瓶 4 元，售价每瓶 6 元，未售出的酸奶降价处理，以每瓶 2 元的价格当天全部处理完. 根据往年销售经验，每天需求量与当天最高气温（单位：°C）有关. 如果最高气温不低于 25 °C，需求量为 500 瓶；如果最高气温位于区间[20, 25)，需求量为 300 瓶；如果最高气温低于 20 °C，需求量为 200 瓶. 为了确定六月份的订购计划，统计了前三年六月份各天的最高气温数据，得表 6-2.

表 6-2　前三年六月的最高气温天数

最高气温	[10，15）	[15，20）	[20，25）	[25，30）	[30，35）	[35，40）
天数	2	16	36	25	7	4

以最高气温位于各区间的频率估计最高气温位于该区间的概率.

（1）估计六月份这种酸奶一天的需求量不超过 300 瓶的概率.

（2）设六月份一天销售这种酸奶的利润为 Y（单位：元）. 当六月份这种酸奶一天的进货量为 450 瓶时，写出 Y 的所有可能值，并估计 Y 大于零的概率.

解析：（1）这种酸奶一天的需求量不超过 300 瓶，当且仅当最高气温低于 25 °C. 由表格数据知，最高气温低于 25 °C 的频率为 $\frac{2+16+36}{90}=0.6$，所以这种酸奶一天的需求量不超过 300 瓶的概率为 0.6.

（2）当这种酸奶一天的进货量为 450 瓶时，

若最高气温不低于 25 °C，则 $Y=6\times450-4\times450=900$；

若最高气温位于区间[20，25），则 $Y=6\times300+2\times(450-300)-4\times450=300$；

若最高气温低于 20 °C，则 $Y=6\times200+2\times(450-200)-4\times450=-100$.

所以，Y 的所有可能值为 900，300，−100.

Y 大于零当且仅当最高气温不低于 20 °C，由表格数据知，最高气温不低于 20 °C 的频率为 $\frac{36+25+7+4}{90}=0.8$，因此估计 Y 大于零的概率为 0.8.

总结:对于这种随机事件的频率与概率的常见类型及解题策略,应知道:

（1）随机事件的频率与概率有着一定的联系，在统计学中，可通过计算事件发生的频率去估算事件的概率，因此，利用频率估计概率也成为近几年高考的命题热点.

（2）补全或列出频率分布表. 可直接依据已知条件，逐一计数，写出频率.

（3）由频率估计概率. 可以根据频率与概率的关系，由频率直接估计概率.

例 6-5 某商场有奖销售中，购满 100 元商品得 1 张奖券，多购多得. 1 000 张奖券为一个开奖单位,设特等奖 1 个,一等奖 10 个,二等奖 50 个. 设 1 张奖券中特等奖、一等奖、二等奖的事件分别为 A，B，C，求：

（1）$P(A)$，$P(B)$，$P(C)$；

（2）1 张奖券的中奖概率；

（3）1 张奖券不中特等奖且不中一等奖的概率.

解析:（1）$P(A)=\frac{1}{1000}$，$P(B)=\frac{10}{1000}=\frac{1}{100}$，$P(C)=\frac{50}{1000}=\frac{1}{20}$.

故事件 A，B，C 的概率分别为 $\frac{1}{1000}$，$\frac{1}{100}$，$\frac{1}{20}$.

（2）1 张奖券中奖包含中特等奖、一等奖、二等奖. 设“1 张奖券中奖”这个事件为 M，则 $M=A\cup B\cup C$.

因为 A，B，C 两两互斥，所以 $P(\mathrm{M})=P(A\cup B\cup C)=P(A)+P(B)+P(C)$ $=\frac{1+10+50}{1000}=\frac{61}{1000}$.

故 1 张奖券的中奖概率为 $\frac{61}{1000}$.

（3）设“1 张奖券不中特等奖且不中一等奖”为事件 N，则事件 N 与“1 张奖券中特等奖或中一等奖”为对立事件，所以 $P(N)=1-P(A\cup B)=1-\left(\frac{1}{1000}+\frac{1}{100}\right)=\frac{989}{1000}$.

故 1 张奖券不中特等奖且不中一等奖的概率为 $\frac{989}{1000}$.

总结：求复杂的互斥事件的概率的两种方法.

（1）直接求解法，将所求事件的概率分解为一些彼此互斥的事件的概率的和，运用互斥事件的概率求和公式计算.

（2）间接求法，先求此事件的对立事件的概率，再用公式 $P(A)=1-P(\bar{A})$，即运用逆向思维（正难则反），特别是“至多”“至少”型题目，用间接求法就显得较简便.

6.3　正态分布在生活中的应用

正态分布是概率论与数理统计中最重要的分布. 实际问题中人的生理特征尺寸、考试成绩、员工的业绩、人的智商、产品的尺寸以及各种测量误差、计算误差、均匀升压时空气间隙的击穿电压、电子管中热噪声电流和电压等都服从近似正态分布. 此外，有些分布，如二项分布、泊松分布的极限分布也是正态分布，并且在统计中由正态分布还能构造常用抽样分布，如 $2x$ 分布、t 分布和 F 分布等. 如此，正态分布就是日常生活的常态模式，其重要性可想而知.

函数 $\varphi_{\mu,\sigma}(x)=\frac{1}{\sqrt{2\pi}\sigma}e^{-\frac{(x-\mu)^2}{2\sigma^2}}$，$x\in(-\infty,+\infty)$（其中实数 μ 和 $\sigma(\sigma>0)$ 为参数）的图像为正态分布密度曲线，简称正态曲线.

① 曲线位于 x 轴上方与 x 轴不相交；

② 曲线是单峰的，它关于直线 $x=\mu$ 对称；

③ 曲线在 $x=\mu$ 处达到峰值 $\frac{1}{\sigma\sqrt{2\pi}}$；

④ 曲线与 x 轴之间的面积为 1；

⑤ 当σ一定时，曲线随着μ的变化而沿着x轴移动；

⑥ 当μ一定时，曲线的形状由σ确定. σ越小，曲线越“高瘦”，σ越大，曲线越“矮胖”.

例 6-6 若甲、乙两类水果的质量（单位：kg）分别服从正态分布$N(\mu_1, \sigma_1^2)$及$N(\mu_2, \sigma_2^2)$，其正态分布的密度曲线如图 6-1 所示，则下列说法错误的是（　　）.

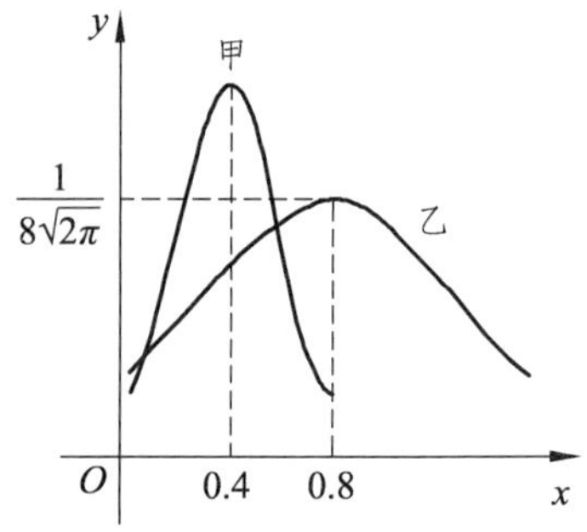

图 6-1

A. 乙类水果的质量服从的正态分布的参数$\sigma_2 = 64$

B. 甲类水果的质量比乙类水果的质量更集中

C. 甲类水果的平均质量$\mu_1 = 0.4$ kg

D. 甲类水果的平均质量比乙类水果的平均质量小

解析：由于甲的密度曲线比较“瘦高”，所以甲类水果质量比乙类水果的质量更集中，故 B 正确；由图像可知，甲类水果的平均质量$\mu_1 = 0.4$ kg，乙类水果的平均质量$\mu_2 = 0.8$ kg，故 C，D 正确；由图像得，$\dfrac{1}{\sigma_2\sqrt{2\pi}} = \dfrac{1}{8\sqrt{2\pi}}$，所以乙类水果的质量服从的正态分布的参数$\sigma_2 = 8$，故 A 不正确．故选 A.

例 6-7 已知三个正态分布密度函数

$$\varphi_i(x) = \frac{1}{\sqrt{2\pi}\sigma_i}\mathrm{e}-\frac{(x-\mu_i)^2}{2\sigma_i^2}\ (x\in\mathbf{R},$$

$i = 1, 2, 3$）的图像如图 6-2 所示，则（　　）.

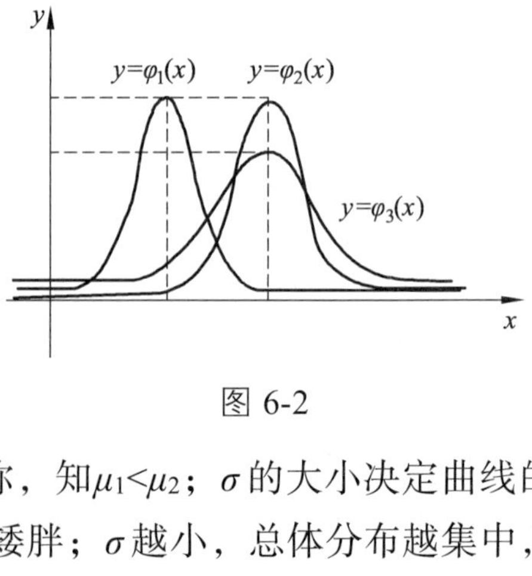

图 6-2

A. $\mu_1<\mu_2 = \mu_3$，$\sigma_1 = \sigma_2>\sigma_3$

B. $\mu_1>\mu_2 = \mu_3$，$\sigma_1 = \sigma_2<\sigma_3$

C. $\mu_1 = \mu_2<\mu_3$，$\sigma_1<\sigma_2 = \sigma_3$

D. $\mu_1<\mu_2 = \mu_3$，$\sigma_1 = \sigma_2<\sigma_3$

解析：由正态曲线关于直线$x = \mu$对称，知$\mu_1<\mu_2$；σ的大小决定曲线的形状，σ越大，总体分布越分散，曲线越矮胖；σ越小，总体分布越集中，

曲线越高瘦，则$\sigma_1=\sigma_2<\sigma_3$. 实际上，由$\varphi_1(\mu_1)=\varphi_2(\mu_2)>\varphi_3(\mu_3)$，则$\frac{1}{\sqrt{2\pi}\sigma_1}=\frac{1}{\sqrt{2\pi}\sigma_2}>\frac{1}{\sqrt{2\pi}\sigma_3}$，亦可推知$\sigma_1=\sigma_2<\sigma_3$. 故选 D.

总结：解决此类问题的关键是正确理解函数解析式与正态曲线的关系，掌握函数解析式中参数的取值变化对曲线的影响.

例 6-8　已知某批零件的长度误差ξ（单位：毫米）服从正态分布 N（0，3^2），从中随机取一件，其长度误差落在区间（3，6）内的概率为（　　）.

（附：正态分布 N（μ，σ^2）中，P（$\mu-\sigma<\xi<\mu+\sigma$）$=0.6827$，$P(\mu-2\sigma<\xi<\mu+2\sigma)=0.9545$）

A. 0.0456　　B. 0.1359　　C. 0.2718　　D. 0.3174

解析：因为 $P(-3<\xi<3)=0.6827$，$P(-6<\xi<6)=0.9545$，所以 $P(3<\xi<6)=\frac{1}{2}\times(0.9545-0.6827)=0.1359$，故选 B.

例 6-9　为了解高三复习备考情况，某校组织了一次阶段考试. 若高三全体考生的数学成绩近似服从正态分布 N（100，17.5^2）. 已知成绩在 117.5 分以上（含 117.5 分）的学生有 80 人，则此次参加考试的学生成绩不超过 82.5 分的概率为_________；如果成绩大于 135 分的为特别优秀，那么本次数学考试成绩特别优秀的大约有_________人.（若 $X\sim N(\mu,\sigma^2)$，则 P（$\mu-\sigma<X<\mu+\sigma$）≈0.68，P（$\mu-2\sigma<X<\mu+2\sigma$）$\approx0.96$）

解析：本题考查正态分布. 因为数学成绩 x 服从正态分布 $N(100,17.5^2)$，则 $P(100-17.5<x<100+17.5)=P(82.5<x<117.5)=0.68$，所以此次参加考试的学生成绩不超过 82.5 分的概率 $P(x\leqslant82.5)=\frac{1-P(82.5<x<117.5)}{2}=\frac{1-0.68}{2}=0.16$. 又 P（$100-17.5\times2<x<100+17.5\times2$）$=P$（$65<x<135$）$=0.96$，所以数学成绩特别优秀的概率 $P(x>135)=\frac{1-P(65<x<135)}{2}=\frac{1-0.96}{2}=0.02$. 又 $P(x\leqslant82.5)=P(x\geqslant117.5)=0.16$，则本次考试数学成绩特别优秀的人数大约是$\frac{80}{0.16}\times0.02=10$.

总结：关于正态总体在某个区间内取值的概率求法：

（1）熟记 $P(\mu-\sigma<X\leqslant\mu+\sigma)$，$P(\mu-2\sigma<X\leqslant\mu+2\sigma)$，$P(\mu-3\sigma<X\leqslant\mu+3\sigma)$ 的值.

（2）充分利用正态曲线的对称性和曲线与 x 轴之间面积为 1.

例 6-10 为了监控某种零件的一条生产线的生产过程，检验员每天从该生产线上随机抽取 16 个零件，并测量其尺寸（单位：cm）. 根据长期生产经验，可以认为这条生产线正常状态下生产的零件的尺寸服从正态分布 $N(\mu,\sigma^2)$.

（1）假设生产状态正常，记 X 表示一天内抽取的 16 个零件中其尺寸在 $(\mu-3\sigma,\mu+3\sigma)$ 之外的零件数，求 $P(X\geqslant1)$ 及 X 的数学期望.

（2）一天内抽检零件中，如果出现了尺寸在 $(\mu-3\sigma,\mu+3\sigma)$ 之外的零件，就认为这条生产线在这一天的生产过程可能出现了异常情况，需对当天的生产过程进行检查.

① 试说明上述监控生产过程方法的合理性.

② 下面是检验员在一天内抽取的 16 个零件的尺寸：

9.95	10.12	9.96	9.96	10.01	9.92	9.98	10.04
10.26	9.91	10.13	10.02	9.22	10.04	10.05	9.95

经计算得 $\overline{x}=\frac{1}{16}\sum_{i=1}^{16}x_i=9.97$，$s=\sqrt{\frac{1}{16}\sum_{i=1}^{16}(x_i-\overline{x})^2}=\sqrt{\frac{1}{16}\sum_{i=1}^{16}(x_i^2-16\overline{x}^2)}\approx0.212$，其中 x_i 为抽取的第 i 个零件的尺寸，$i=1,2,\cdots,16$.

用样本平均数 $\overline{x}$ 作为 μ 的估计值 $\hat{\mu}$，用样本标准差 s 作为 σ 的估计值 $\hat{\sigma}$，利用估计值判断是否需对当天的生产过程进行检查. 剔除 $(\hat{\mu}-3\hat{\sigma},\hat{\mu}+3\hat{\sigma})$ 之外的数据，用剩下的数据估计 μ 和 σ（精确到 0.01）.

附：若随机变量 Z 服从正态分布 $N(\mu,\sigma^2)$，则 $P(\mu-3\sigma<Z<\mu+3\sigma)=0.9974$，$0.9974^{16}\approx0.9592$，$\sqrt{0.008}\approx0.09$.

解析：（1）抽取的一个零件的尺寸在 $(\mu-3\sigma,\mu+3\sigma)$ 之间的概率为 0.9974，从而零件的尺寸在 $(\mu-3\sigma,\mu+3\sigma)$ 之外的概率为 0.0026，故 $X\sim B(16,0.0026)$.

因此 $P(X\geqslant 1) = 1-P(X = 0) = 1-0.9974^{16}\approx 0.0408$.

X 的数学期望为 $E(X) = 16\times 0.0026 = 0.0416$.

（2）① 如果生产状态正常，一个零件尺寸在（$\mu-3\sigma$，$\mu+3\sigma$）之外的概率只有 0.0026，一天内抽取的 16 个零件中，出现尺寸在（$\mu-3\sigma$，$\mu+3\sigma$）之外的零件的概率只有 0.0408，发生的概率很小．因此一旦发生这种情况，就有理由认为这条生产线在这一天的生产过程可能出现了异常情况，需对当天的生产过程进行检查，可见上述监控生产过程的方法是合理的.

② 由 $\bar{x} = 9.97$，$s\approx 0.212$，得 μ 的估计值为 $\hat{\mu} = 9.97$，σ 的估计值为 $\hat{\sigma} = 0.212$. 由样本数据可以看出有一个零件的尺寸在（$\hat{\mu}-3\hat{\sigma}$，$\hat{\mu}+3\hat{\sigma}$）之外，因此需对当天的生产过程进行检查.

剔除（$\hat{\mu}-3\hat{\sigma}$，$\hat{\mu}+3\hat{\sigma}$）之外的数据 9.22，剩下数据的平均数为 $\frac{1}{15}\times$（$16\times 9.97-9.22$）$= 10.02$，因此 μ 的估计值为 10.02.

$$\sum_{i=1}^{16} x_i^2 = 16\times 0.212^2 + 16\times 9.97^2\approx 1591.134.$$

剩下数据的样本方差为 $\frac{1}{15}\times(1591.134 - 9.22^2 - 15\times 10.02^2)\approx 0.008$.

因此 σ 的估计值为 $\sqrt{0.008}\approx 0.09$.

例 6-11　某企业有 1600 名职工，为满足其生活需求，企业建设了食堂，为职工提供免费的午餐，故在午休期间，职工会集中前往食堂就餐，据统计得知，就餐职工的数量，占企业全部职工的 75%，假如企业想把空座数超过 100 个的概率控制在 1%，那么企业应该在食堂设置多少个座位？

分析：此类问题属于常见的生活问题，与企业发展存在密切的关联，故企业可以应用正态分布，对这项问题进行求解.

解析：将 X 设为午餐时的就餐职工数量，可以得到 $1600\times 75\% = 1200$ 名职工．应用正态分布得知 $n_{\mathrm{p}} = 1200$，$n_{\mathrm{pq}} = 300$，在此基础上，获得 $X\sim N$（1200，300）．将座位数量设为 N，列公式 $\frac{N-100-1200}{\sqrt{300}}\sim N(0,1)$，将其进正态分布，得到公式：$P(X\leqslant N-100)\approx\phi\left(\frac{N-100-1200}{\sqrt{300}}\right)\leqslant -2.33$. 然后进行

查表，发现（-2.33）的对应值为 0.01，最终求得 N 的值为 1259，故企业在食堂中设置的座位不得超过 1259，否则就会造成浪费.

例 6-12 某人从山西某地乘车去先，有两条线路能够选择：

（1）乘坐市内公交. 其优点是路连短，但是缺点是交通拥堵，需要的时间服从正态分布 N（50，102）.

（2）乘坐地铁. 其优点是不会发生交通拥堵的状况. 但是路线相对公交来说较长，所需要的时间服从正态分布 N（50，102）. 提出问题：可用时间若是 68 分钟，选择哪一种路线更好？若用时为 62 分钟，选择哪条路线更好？

解析：为了可以在规定的时间内赶到车站，能够利用正态分布做出了一下的分析：若是实际问题满足正态分布 N（0，1），设 $P(\xi < x) = p$ 可以通过标准正态分布已知 p 可求出 x，同样已知 x，也可以求出 p.

但是该题是非标准正态分布 N（μ，σ^2），必须将非标准正态分布化为标准正态分布即 $\dfrac{\xi-\mu}{\sigma}\sim N(0,1)$

设：走第一条路线及时赶的时间设为λ分钟，走第二条路线及时赶的时间设为η分钟.

第一条道路及时赶到的时间为：$P(\lambda \leqslant 68) = \varphi\left(\dfrac{68-50}{10}\right) = \varphi(1.8) = 0.9641$.

第二条道路及时赶到的时间为：$P(\eta \leqslant 68) = \varphi\left(\dfrac{68-60}{4}\right) = \varphi(2) = 0.9772$.

因此，应该走第二条路线.

62 min 内第一条路线及时赶到的概率为：$P(\lambda \leqslant 62) = \varphi\left(\dfrac{62-50}{10}\right) = \varphi(1.2) = 0.8849$.

62 min 内第二条路线及时赶到的概率为：$P(\eta \leqslant 62) = \varphi\left(\dfrac{62-60}{4}\right) = \varphi(0.5) = 0.6915$.

所以应该走第一条路.

因此，若可用时间为 68 min，应选择第二条路线. 若可用时间为 62 min，应选择第一条路线.

第 7 章　概率统计在生活中的应用（二）

7.1　几种特殊概率模型在生活中的应用

7.1.1　古典概型在生活中的应用

概率论发展初期，有一些基本的方法，古典方法就是其中比较常见的一种．古典概型也叫传统概率，其定义是由法国数学家拉普拉斯（Laplace）提出的（见图 7-1）．

图 7-1　皮埃尔．西蒙．拉普拉斯（Pierre-Simon Laplace，1749—1827）

如果一个随机试验所包含的基本事件是有限的，且每个基本事件发生的可能性均相等，则这个随机试验叫作拉普拉斯试验，这种条件下的概率模型就叫古典概率模型，简称古典概型，也叫等可能概型．

在这个模型下，随机实验所有可能的结果是有限的，并且每个基本结果发生的概率是相同的．

如果一次试验中可能出现的结果有 n 个，而且所有结果出现的可能性都相等，那么每一个基本事件的概率都是 $\frac{1}{n}$；如果某个事件 A 包含的结果有 m 个，那么事件 A 的概率为 $P(A)=\frac{m}{n}=\frac{A\text{包含的基本事件的个数}m}{\text{基本事件的总数}n}$．

古典概型是概率论中最直观和最简单的模型，概率的许多运算规则，也首先是在这种模型下得到的．

例 7-1　甲、乙两人玩出拳游戏（剪刀、锤子、布），求：

（1）平局的概率；（2）甲赢的概率；（3）乙赢的概率．

分析：甲有 3 种不同的出拳方法，每一种出法是等可能的，乙同样有等可能的 3 种不同出法. 一次出拳游戏共有 3×3 = 9 种不同的结果, 可以认为这 9 种结果是等可能的. 所以一次游戏是（试验）是古典概型，它的基本事件总数为 9. 平局的含义是两人出法相同，例如都出了锤. 甲赢的含义是甲出锤且乙出剪，甲出剪且乙出布，甲出布且乙出锤这三种情况. 乙赢的含义是乙出锤且甲出剪，乙出剪且甲出布，乙出布且甲出锤这三种情况.

解： 设平局事件为 A，甲赢为事件 B，乙赢为事件 C，由图 7-2 容易得到：

（1）平局含 3 个基本事件（图中的△）;

（2）甲赢含 3 个基本事件（图中的⊙）;

（3）乙赢含 3 个基本事件（图中的*）

由古典概率的计算公式，可得：

$$P(A)=\frac{3}{9}=\frac{1}{3};P(B)=\frac{3}{9}=\frac{1}{3};P(C)=\frac{3}{9}=\frac{1}{3},$$

因此甲、乙二人玩的出拳游戏平局、甲赢、乙赢的概率都是$\frac{1}{3}$.

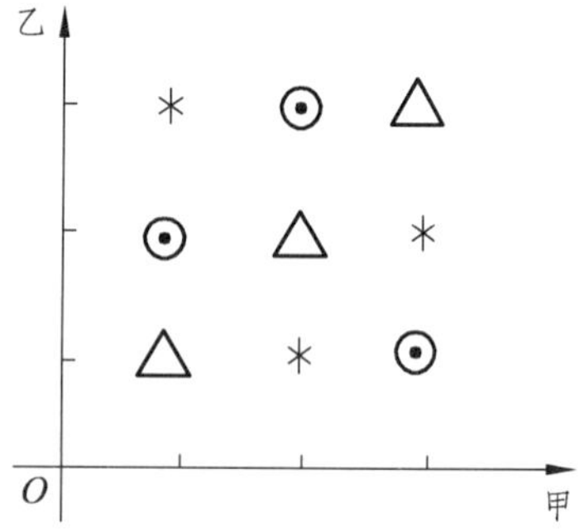

图 7-2

例 7-2 设某公司拥有三支获利是独立的股票，且三种股票获利的概率分别为 0.8、0.6、0.5，求：（1）任两种股票至少有一种获利的概率；（2）三种股票至少有一种股票获利的概率.

解： 设 A、B、C 分别表示三种股票获利，依题意 A、B、C 相互独立，$P(A)=0.8$，$P(B)=0.6$，$P(C)=0.5$，则由乘法公式与加法公式

（1）任两种股票至少有一种获利等价于三种股票至少有两种获利的概率

$$\begin{aligned}&P(\overline{A}BC+A\overline{B}C+AB\overline{C}+ABC)=P(\overline{A}BC)+P(A\overline{B}C)+P(AB\overline{C})+P(ABC)\\&=0.2\times0.6\times0.5+0.8\times0.4\times0.5+0.8\times0.6\times0.5+0.8\times0.6\times0.5\\&=0.7\end{aligned}$$

（2）三种股票至少有一种股票获利的概率

$$P(A+B+C)=1-P(\overline{A}+\overline{B}+\overline{C})=1-0.2\times0.4\times0.5=0.96$$

计算的结果表明，投资于多支股票获利的概率大于每支股票的概率，这就是投资决策中分散风险的一种策略.

例 7-3　有种叫作好运 35 选 7 的彩票，也就是在购买时，从 01，02，03，…，34，35 这 35 个号码中任意地选择 7 个号码即可，中奖号码是由 7 个基本号码和一个特殊号码组成，其中，基本号码是从这 35 个号码中不重复选择得到的. 按表 7-1 所示规则鉴别奖级，试求各等级的中奖概率.

表 7-1　获奖规则

获奖级别	获奖规则
一等奖	7 个基本号码全都中
二等奖	中了 6 个基本号码和特殊号码
三等奖	中了 6 个基本号码
四等奖	中了 5 个基本号码和特殊号码
五等奖	中了 5 个基本号码
六等奖	中了 4 个基本号码和特殊号码
七等奖	中了 4 个基本号码，或中了 3 个基本号码和特殊号码

解：由题意可知，这是类不放回抽样问题，显然此样本空间中共有样本点 C_{35}^7 个. 而抽奖也是在以下三种类型中抽取.

第一类型号码：7 个基本号码.

第二类型号码：1 个特殊号码.

第三类型号码：27 个无用号码.

记第 i 等奖的概率为 p_i，（$i=1，2，\cdots，7$）：

$$p_1=\frac{C_7^7C_1^0C_{27}^0}{C_{35}^7}=\frac{1}{6724520}=0.149\times10^{-6}$$

$$p_2=\frac{C_7^6C_1^1C_{27}^0}{C_{35}^7}=\frac{7}{6724520}=1.04\times10^{-6}$$

$$p_3=\frac{C_7^6C_1^0C_{27}^1}{C_{35}^7}=\frac{189}{6724520}=28.106\times10^{-6}$$

$$p_4=\frac{C_7^5C_1^2C_{27}^1}{C_{35}^7}=\frac{567}{6724520}=84.318\times10^{-6}$$

$$p_5=\frac{C_7^5C_1^0C_{27}^0}{C_{35}^7}=\frac{7371}{6724520}=1.096\times10^{-3}$$

$$p_6=\frac{C_7^4C_1^1C_{27}^2}{C_{35}^7}=\frac{12285}{6724520}=1.827\times10^{-3}$$

$$p_7=\frac{C_7^4C_1^0C_{27}^0+C_7^3C_1^1C_{27}^3}{C_{35}^7}=\frac{204750}{6724520}=30.448\times10^{-3}$$

在此，用字母 A 表示事件“中奖”，则字母 $\overline{A}$ 表示事件“不中奖”，则由 $P(A)+P(\overline{A})=1$ 可知：

$$P(\text{中奖})=P(A)=p_1+p_2+p_3+p_4+p_5+p_6+p_7=\frac{225170}{6724520}=0.033485$$

$$P(\text{不中奖})=P(\overline{A})=1-P(A)=0.966515$$

由此例可知，每一百个买彩票的人中，中奖的只有 3 人，而一等奖中奖的概率更是为 0.149×10^{-6}，所以买彩票时一定要保持一颗平常心，不要期望过高.

7.1.2 几何概型在生活中的应用

如果在我们的生活中，每件事情发生的概率仅与该事件本身的属性（如面积、长度、重量）等因素成正比，则这种概率模型我们称之为几何概率模型.

$$P(A)=\frac{\text{构件事件}A\text{的区域长度（面积或体积）}}{\text{试验的全部结果所构成的区域长度（面积或体积）}}$$

例如，一项随机试验中，我们将了解每个基本事件从特定区域几何随机挑选的，在每一个点被送往的机会是相同的，和一个随机事件的发生仅仅理解为到达指定区域中的点. 该区域可以是一条线段，也可以是平面图形，更可能是三维图形，这样处理随机的试验的方法，称为几何概型.

几何概型与古典概型相反，是将等可能事件的概念从有限个向无限个的蔓延，几何概型与古典概型的区别在于有无限个的试验结果.

在现实生活中，数学无处不在，而几何概型也广泛应用于社会的方方面面，例如农业和工业生产、体育、科技活动和人们的日常生活等方面都能够见到几何概型的身影.

例 7-4　剪彩的要求是把 3 m 长的彩段剪成两段，每段不能少于 1 m，那么能够达到这个要求的概率是多少呢？

分析：为了研究方便，我们用长度为 3 m 的线段 AB 来代替彩段.

设剪断点为点 P，那么点 P 落在线段 AB 上每个点的可能性都是一样的，根据剪彩要求点 P 离 A 点的距离和点 P 到 B 点的距离都不小于 1 m，首先我们可以在线段 AB 上随机选两点，分别为 C 点和 D 点，使得线段 AC 和线段 DB 的长度都为 1 m，这样 P 点只能落在 CD 区间上，记"彩段被剪成两段，每段长度不小于 1 m"为事件 B，那么事件 B 的概率就是线段 CD 的长度与线段 AB 长度之比，也就是 $\frac{1}{3}$.

解：$P=\frac{CD}{AB}=\frac{1}{3}$.

从这个事件，我们看出事件的概率是部分长度与整条长度之比. 这个概率与几何度量有关，这个就是几何概型.

例 7-5　如图 7-3 所示，在城市 $ABCD$ 中，是一个 30 m×40 m 的矩形区域，而黄金地段是以点 A 为圆心，20 m 为半径的四分之一圆区域. 那么公司选址恰好选在黄金地段的概率有多大呢？

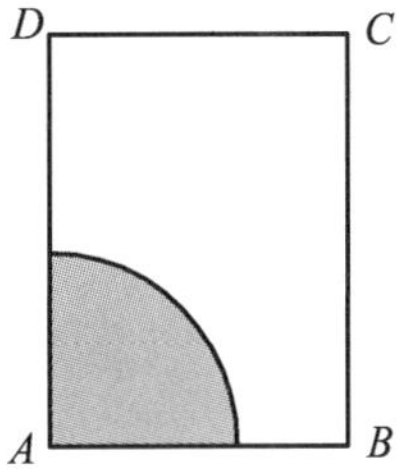

图 7-3

分析：我们把公司看作一个点 M，那么点 M 落在整个矩形区域内的每个点的可能性都是相等的，我们记公司选址恰好选在黄金地段为事件 B. 从这个问题我们可以看出，事件的概率应该是部分区域的面积与整个区域的面积之比，而这个部分区域的面积恰好是四分之一圆面积，而整个面积为矩形面积，这个计算结果是π/12.

解：$P(B)=\frac{\frac{\pi 20^2}{4}}{30\times 40}=\frac{\pi}{12}$.

例 7-6　在 500 mL 的水中有一个草履虫，现从中随机取出 2 mL 水样放到显微镜下观察，求发现草履虫的概率.

分析：草履虫出现在水中任意地方是等可能的.

解：$P=\dfrac{2}{500}=\dfrac{1}{250}$.

例 7-7 假如小张与小王约在晚上 8 点到 9 点之间会面，先到者等候另一个人 20 min 后可以离开，那么小张和小王能会面的概率是多大呢？

分析：假设到达的时间分别为 8 点 x 分和 8 点 y 分，那么 x、y 必须满足大于等于 0，且小于等于 60. 所以小张和小王两人能会面的充要条件是 $|x-y|\leqslant 20$. 如图 7-4 所示，以有序实数对（x, y）表示平面上的点的坐标，那么满足条件的区域与整个矩形面积之比就是两人会面的概率.

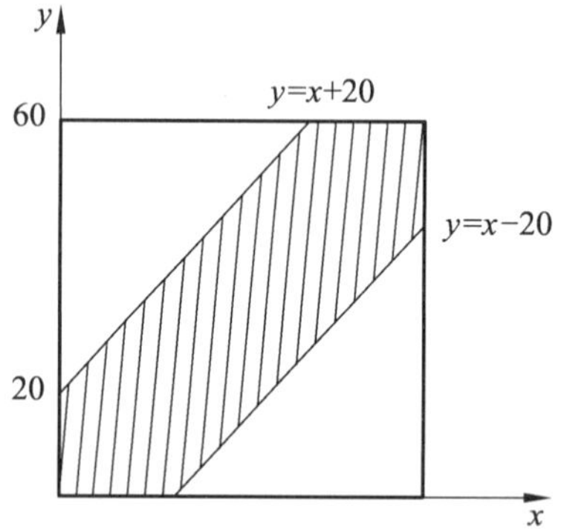

图 7-4

解：$P=\dfrac{S_{间}}{S}=\dfrac{60\times 60-40\times 40}{60\times 60}=\dfrac{5}{9}$.

小结：对于复杂的二维几何概型，我们解决过程中可以做到以下几点：

（1）构造变量；

（2）集合表示；

（3）作出区域；

（4）计算求解.

7.1.3 条件概率在生活中的应用

条件概率是指在另外一个事件 B 已经发生条件下事件 A 的发生概率. 条件概率表示为：$P(A|B)$，读作“在 B 发生的条件下 A 发生的概率”. 若

只有两个事件 A，B，那么，$P(A|B)=\dfrac{P(AB)}{P(B)}$. 其中 $P(AB)$表示事件 A 和事件 B 同时发生的概率.

例 7-8　一个家庭中有两个小孩，已知其中一个是女孩，问另一个是男孩的概率是多大?

分析：两个小孩的性别构成样本：（男，男），（男，女）（女，男），（女，女），设事件 B = {有一个女孩} = {（男，女）（女，男），（女，女）}，事件 A = {有一个是男孩} = {（男，男），（男，女）（女，男）}，则 AB = {一男一女} = {（男，女）（女，男）}. 已知其中一个是女孩，样本就缩小到（男，女）（女，男），（女，女）.

解： $P=\dfrac{2}{3}$.

例 7-9　某一招聘面试讲课中共有 10 个课题，有 4 个较生疏的课题，讲起来较难. 三个人参加抽签考试，不重复地抽，每个人抽一次，甲先抽，乙次之，丙最后. 证明三个人抽到难签的概率相等.

证明：设 A、B、C 分别表示甲、乙、丙抽到难签. 分别计算 $P(A)$，$P(B)$，$P(C)$.

$$P(A)=\frac{4}{10}=0.4$$

$$\begin{aligned}P(B)&=P(BA)+P(B\overline{A})=P(A)P(B|A)+P(\overline{A})P(B|\overline{A})\\&=\frac{4}{10}\times\frac{3}{9}+\frac{6}{10}\times\frac{4}{9}=0.4\end{aligned}$$

$$\begin{aligned}P(C)&=P(CBA)+P(C\overline{B}A)+P(CB\overline{A})+P(C\overline{B}\overline{A})\\&=P(A)P(B|A)P(C|BA)+P(A)P(\overline{B}|A)P(C|\overline{B}A)+P(\overline{A})P(B|\overline{A})\\&\quad P(C|B\overline{A})+P(\overline{A})P(\overline{B}|\overline{A})P(C|\overline{B}\overline{A})\\&=\frac{4}{10}\times\frac{3}{9}\times\frac{2}{8}+\frac{4}{10}\times\frac{6}{9}\times\frac{3}{8}+\frac{6}{10}\times\frac{4}{9}\times\frac{3}{8}+\frac{6}{10}\times\frac{5}{9}\times\frac{4}{8}=0.4\end{aligned}$$

$$P(A)=P(B)=P(C)=0.4$$

即抽到难签的概率与抽签先后顺序无关，说明抽签确实是一种公平的游戏.

7.1.4　二项分布模型在生活中的应用

在 n 次独立重复的伯努利试验中，设每次试验中事件 A 发生的概率为 p. 用 X 表示 n 重伯努利试验中事件 A 发生的次数，则 X 的可能取值为 0, 1, …, n，且对每一个 k（$0 \leqslant k \leqslant n$），事件 $\{X=k\}$ 即为"n 次试验中事件 A 恰好发生 k 次"，随机变量 X 的离散概率分布即为二项分布（Binomial Distribution）

定义：设 E 是随机试验，A 是 E 中的随机事件. $P(A)=p, P(\overline{A})=1-p$. 将试验 E 重复独立进行 n 次，令 X 表示"n 次试验中事件 A 出现的次数". 则随机变量 X 的概率分布为

X	0	1	2	…	k	…	n
P	$(1-p)^n$	$C_n^1 p\cdot(1-p)^{n-1}$	$C_n^2 p^2\cdot(1-p)^{n-2}$	…	$C_n^k p^k\cdot(1-p)^{n-k}$	…	p^n

则称 X 服从二项分布，记为 $X \sim B(n, p)$.

例 7-10　盒中装有给孩子玩的 8 个彩色球，其中红球 4 个，绿球 2 个，黄球 2 个，现有放回的取三次，每次取一个，求取到的三个球中恰好有 2 个红球的概率.

解：由于是有放回的取球，每次取球使盒中球的组成结构不发生变化，若把取一次球看作一次试验，则取球次数 $X \sim B\left(3, \dfrac{1}{2}\right)$. 故

$$p(X=2)=C_3^2 p^2(1-p)^{3-2}=C_3^2\left(\frac{4}{8}\right)^2\left(1-\frac{4}{8}\right)^1=0.375$$

例 7-11　假定生男生女的概率相同，求任意 20 个新生婴儿中女婴数 $X=10$ 的概率.

解：由题意知 $X \sim B(20, 0.5)$，则

$$p(X=10)=C_{20}^{10} p^{10}(1-p)^{20-10}=C_{20}^{10}(0.5)^2(1-0.5)^1=0.1762$$

例 7-12　某校篮球队的一名运动员进行定点投篮，假设每次投中的概率是 0，6，求他投 10 次中 8 次的概率.

解：用 X 表示该运动员在 10 次投篮中投进的次数，则 $X \sim B$（10，0.6）于是

$$p(X=8)=C_{10}^{8}0.6^{8}(1-0.6)^{2}=0.3359$$

例 7-13　（保险公司的利润问题）有 10000 人参加某保险公司的人寿保险，每个投保人在每年初交纳 1000 元的保费，若这一年中投保人死亡，收益人可获得 50 万元的赔偿费，一年中假设投保人的年死亡率是 0.0005，求该保险公司亏本的概率.

解： 设 X 表示“10000 名投保人在一年中死亡的人数”，则 $X\sim B(10000, 0.0005)$. 所以

{该保险公司亏本} = $\{500000X>1000\times10000\}=\{X>20\}$

故该保险公司亏本的概率为

$P(X>20)=1-p(X\leqslant20)=1-p(X=0)-p(X=1)-\cdots-p(X=20)\approx0$

也就是说保险公司几乎不会亏本.

除了以上这些实际生活中的应用，还有一批种子的发芽率问题，药物治疗病人是否有效的问题，产品的不合格率问题等都要用到二项分布. 只是最后一个例子中的计算量相当大. 虽然二项分布在日常生活中很有用，但有时有些问题的计算很困难，所以当 n 很大，p 很小时，可以用二项分布的近似计算——Poisson 分布来计算. 例如

$$C_{10000}^{20}0.0005^{20}(1-0.0005)^{9980}\approx\frac{5}{20!}e^{-5}.$$

所以二项分布的逼近计算可以用泊松分布，泊松分布用于描绘大量试验中稀有事件出现的频数 $k=0$，1，2，…的概率分布情况的一个数学模型，如飞机被击中的子弹数；一个学校中生日在元旦的人数，一页中印刷错误出现的数目；一年中暴雨出现在夏季的次数；等等.

7.1.5　概率与信息科学相结合

例 7-14　某单位 6 个员工借助互联网开展工作，每个员工上网的概率都是 0.5（相互独立）.

（1）求至少 3 人同时上网的概率.

（2）至少几人同时上网的概率小于 0.3?

解：（1）方法 1：利用分类讨论的思想解决. 将“至少 3 人同时上网的概率”转化为“恰有 3 人同时上网，恰有 4 人同时上网，恰有 5 人同时上网，恰有 6 人同时上网”等四种情形，即 $C_6^0(0.5)^6+C_6^1(0.5)^6+C_6^2(0.5)^6=\dfrac{21}{32}$.

方法 2：利用逆向思维的思想解决. 将“至少 3 人同时上网的概率”转化为“1 减去至多 2 人同时上网的概率”，即 $1-C_6^0(0.5)^6-C_6^1(0.5)^6-C_6^2(0.5)^6=1-\dfrac{11}{32}=\dfrac{21}{32}$.

（2）至少 4 人同时上网的概率为

$$C_6^4(0.5)^6+C_6^5(0.5)^6+C_6^6(0.5)^6=\frac{11}{32}>0.3$$

至少 5 人同时上网的概率为

$$(C_6^5+C_6^6)(0.5)^6=\frac{7}{64}<0.3$$

因此，至少 5 人同时上网的概率小于 0.3.

7.1.6 超几何分布在生活中的应用

超几何分布是统计学上一种离散概率分布. 它描述了从有限 N 个物件（其中包含 M 个指定种类的物件）中抽出 n 个物件，成功抽出该指定种类的物件的次数（不放回）.

产品抽样检查中经常遇到一类实际问题，假定在 N 件产品中有 M 件不合格品，即不合格率 $P=\dfrac{M}{N}$.

在产品中随机抽 n 件做检查，发现 k 件不合格品的概率为 $P(x=k)=\dfrac{C_M^k C_{N-M}^{n-k}}{C_N^n}$，$k=0$，1，2，…，$\min\{n, M\}$. 此时我们称随机变量 X 服从超几何分布（hypergeometric distribution）.

例 7-15 小明是一名专业射击手，已知他的单发命中目标的概率为 $p\ (0<p<1)$，只要命中两次，射击即可结束，设此名射手第一次射中目标需要射击的次数为 X，而此射手一共要进行 Y 次射击，试求（X，Y）的条

件分布和联合分布.

解: 由题意可知，此类题目属于伯努利试验，设一次伯努利试验中，首次命中目标的射击次数为 X，则 X 服从几何分布 $Ge(p)$，即 $P(X=x)=(1-p)^{x-1}p$，$x=1,2,\cdots$，其中 p 表示命中概率，第二次命中的射击次数为 Y，则 Y 服从几何分布 $Nb(2,p)$，即 $P(Y=y)=\begin{pmatrix} y-1 \\ 1 \end{pmatrix}(1-p)^{y-2}p^2$，$y=2,3,\cdots$.

由于 X 与 X-Y 是相互独立的，故知条件分布为

$P(Y=y/X=x)=P(Y-X=y-x/X=x)=P(Y-X=y-x)=(1-p)^{y-x-1}p$，

$x=1,2,\cdots,y-1$，$y=2,3,\cdots$.

从而（X，Y）的联合分布列为 $P(X=x/Y=y)=P(X=x)P(Y=y/X=x)$

$=P(X=x)P(Y-X=y-x)=(1-p)^{x-1}p(1-p)^{y-x-1}p$

$=(1-p)^{y-2}p^2$，$x=1,2,\cdots y-1$，$y=2,3,\cdots$.

而条件分布为 $P(X=x/Y=y)=\dfrac{P(X=x,Y=y)}{P(Y=y)}$

$$=\frac{(1-p)^{y-2}p^2}{(y-1)(1-p)^{y-2}p^2}=\frac{1}{y-1},\quad y=2,3,\cdots.$$

例 7-16　某公司生产一批产品，共有 100 件，但其中有 10 件是不合格品. 根据验收规则，要从中任取 5 件产品来进行质量检验，假如 5 件中没有不合格品，则这批产品可被接受，否则就要重新对这批产品进行逐个检验.

（1）试求这 5 件产品不合格品数 X 的分布列.

（2）需要对这批产品进行逐个检验的概率是多少？

解:（1）这 5 件产品中不合格品数 X 的全部可能取值为 0，1，2，3，4，5，则

$$P\{X=0\}=\frac{C_{10}^{0}C_{90}^{5}}{C_{100}^{5}}=\frac{43949268}{75287520}=0.583752$$

$$P\{X=1\}=\frac{C_{10}^{1}C_{90}^{4}}{C_{100}^{5}}=\frac{25551900}{75287520}=0.339391$$

$$P\{X=2\}=\frac{C_{10}^{2}C_{90}^{3}}{C_{100}^{5}}=\frac{5286600}{75287520}=0.070219$$

$$P\{X=3\}=\frac{C_{10}^{3}C_{90}^{2}}{C_{100}^{5}}=\frac{480600}{75287520}=0.006384$$

$$P\{X=4\}=\frac{C_{10}^{4}C_{90}^{1}}{C_{100}^{5}}=\frac{18900}{75287520}=0.000251$$

$$P\{X=5\}=\frac{C_{10}^{5}C_{90}^{0}}{C_{100}^{5}}=\frac{252}{75287520}=0.000003$$

故 X 的分布列为

X	0	1	2	3	4	5
P	0.583752	0.339391	0.070219	0.006384	0.000251	0.000003

所求概率为 $P\{X>0\}=1-P\{X=0\}=1-0.583752=0.416248$.

7.2 概率论在生活中的应用

概率论起源于 17 世纪中叶，帕斯卡发现了一种前无古人的概率性的思考方式，并以此为起始，经过几个世纪数学家的研究逐渐形成了一门旨在发现、研究随机现象的内在规律的一门数学学科——概率论与数理统计. 现如今，人们的生活已经和概率、统计密不可分了，概率论已不仅仅是各个学段学生的一门必备课程，概率论的思想方法还渗透进了生活中的方方面面.

7.2.1 概率论在分配问题上的应用

生活中往往出现需要分配的问题，如奖金的分配、项目的划分、责任的划分等. 这些问题都需要遵循公平公正的原则，但对于一些难以分配的问题往往需要概率论的介入才能够保证公平.

1. 奖金的分配

甲、乙两人打算进行轮流的硬币投掷以便分配一笔资金. 他们规定正面先出现 4 次的话就是甲获得胜利，反面先出现 4 次的话就是乙获得胜利，获胜者可以得到全部的资金. 现在，当出现 3 次正面和 2 次反面时，投掷硬币游戏不得不终止. 而甲，乙想据此划分资金，那么应怎么分配呢？一般的看法有两种：一是宣告甲获得胜利：二是根据这五次的结果甲、乙二人按照 3∶2 的比例去分奖金. 但是这两种方法仿佛都不能做到公平，其实啊，这种问题用概率论的方法就能够做到公平公正. 我们只要计算出甲、乙二人如果继续掷硬币游戏获胜的概率就能据此进行公平合理地分配了. 解答过程如下：

硬币最多只需要再投掷两次就能够判定胜负了，想象一下实际上再投掷两次会出现什么样的结果. 硬币的顺序可能是正正、正反、反正、反反 4 种，每种都是等概率事件. 其中前三种情况的出现意味着甲获得胜利，只有最后一种的情况出现是乙获得胜利. 因此甲、乙二人应该按 3∶1 的比例分配资金. 这种分法是数学家费马的分法，无独有偶，帕斯卡也对这类问题有过研究，他提出了另一种不同的分法，这种分法是对立事件计算的雏形.

从问题的状态出发继续投掷硬币的话，有可能下一次出现正面那么甲获得胜利，游戏结束，也有可能出现反面，投掷游戏继续. 这两种事件的出现是等概率的. 而考虑到出现反面时，即 3 次正面 3 次反面，甲，乙二人在下一次获得胜利的概率是一样的了，所以如果游戏终止在这个时间点的话，奖金就应该对半平分. 因此，在问题的状态中，$\frac{1}{2}$的概率应该分配给甲，$\frac{1}{2}$的概率应该平分给甲和乙，所以问题的分配法应该是：

A 分得 $\frac{1}{2}\times1+\frac{1}{2}\times\frac{1}{2}=\frac{3}{4}$的金额，

B 分得 $\frac{1}{2}\times0+\frac{1}{2}\times\frac{1}{2}=\frac{1}{4}$的金额.

费马和帕斯卡对待“资金分配”问题的思想方法实际上是殊途同归的，正是由于他们关于“资金分配”问题看法的书信交流，才揭开了概率论这门学科的序幕.

2. 经济纠纷中的责任分配问题

甲、乙、丙三家供货商同时向某企业供应某种生产原料，供应量分别占

45%、25%、30%，同时该公司根据以往统计知道甲、乙、丙三家次品率分别是 0.01、0.02、0.015. 在质检部门的一次检查中发现该企业出售了伪劣产品，且质量查明是由于原材料出现了问题. 质检部门对该企业出具了 100 万元的罚款. 由于是原材料的问题，企业需要甲、乙、丙三家供货商承担罚款，那么这三家供货商应分别承担多少罚款呢？

设 $A=\{$甲提供的原材料$\}$，$B=\{$乙提供的原材料$\}$，$C=\{$丙提供的原材料$\}$，$D=\{$次品原材料$\}$，则甲的责任为

$$P(A/D)=\frac{P(AD)}{P(D)}=\frac{P(A)P(D/A)}{P(A)P(D/A)+P(B)P(D/B)+P(C)P(D/C)}$$

$$=\frac{0.45\times0.01}{0.45\times0.01+0.25\times0.02+0.30\times0.015}=0.3214$$

类似可得，乙应负的责任 $P(B/D)=0.3572$，丙应负的责任为 $P(C/D)=0.3214$，故甲、乙、丙供货商分别应该承担 $0.3214\times1000000=321400$ 元，$0.3572\times1000000=357200$ 元，$0.3214\times1000000=321400$ 元.

经济纠纷中的责任分配是事情已经造成了损失而又无法具体查出造成损失的元素，只能依据概率论的科学视角把责任公平地分配到每一个可能出现问题的环节或部门.

7.2.2 概率论在金融投资项目中的广泛应用

1. 股票投资

随着社会的发展，人民的物资逐渐丰富，越来越多的人愿意把他们手里的资金用于金融投资，其中较受欢迎的金融项目多为股票期货及重金属投资、房地产等投资项目. 其中，对于概率论与数理统计知识运用得较为广泛的是股票. 在股票市场中恰当运用概率论的知识、思想能够有效降低金融投资和股票投资的风险，并能够发现机会抓住有利的时机，创造出更多的经济利润. 按照当前金融市场中股票的价格变换，要保持随时观望、准确的判断、精确的数学计算及概率论知识的运用. 如此才能在竞争十分激烈的金融市场中抓住转瞬即逝的机遇、规避潜在和明显的金融风险.

以目前市场当中较为流行的几种股票为例，设定其通过初步的预测，三种股票能为持股人带来经济利润的改率分别为 0.5、0.7、0.2. 从这一概率可以看出，这三支股票当中至少有一种股票能够为股票投资者带来可观的经济利润. 但其概率的计算如何进行，需要按照已知的概率数据进行及数理统计和概率论的结合运用. 股票购买者可以按照既定的概率数据进行及提前计算各种股票的获利概率，通过大数据的搜索和信息的收集按照一定的数理规律，利用现成的概率计算公式进行计算，至少有一种股票能够获利的概率. 虽然股票投资通过概率论与数理统计知识的运用，能够计算出较为准确的概率数据统计结果，但从金融市场股票投资方面来讲，仍存在较大的不确定因素和浮动空间. 人们所说的金融股票投资风险概率计算仅仅是帮助人们提高发股票的风险规避，能够提升股票购买者获取经济利润的可能性. 俗话说，不要把鸡蛋放在一个篮子里面. 这个道理就非常适用于股票投资，具体来说就是在购买股票的时候，购买多支股票的要优于购买一支股票的，这里可以用概率论的方法进行解析.

李老师是一名退休的数学教师，他非常喜欢购买股票投资. 他一共购买了 A、B、C 这三支可以获利的独立股票，且通过他和股票市场的预测，这三只股票获利的概率分别为 0.7、0.5、0.4. 一段时间后他关心两个问题：（1）任意两种股票中有一种能够获利的概率；（2）三种股票中至少有一种能够取得收益的概率.

首先 A、B、C 这 3 支股票获利的概率是相互独立的，且 $P(A)=0.7$，$P(B)=0.5$，$P(C)=0.4$.

（1）任意两支股票中有至少一支股票获利的概率相当于三支股票中至少有两支获利.（假设少于两支股票获利，那么三支股票中就可能随机抽取出两支不获利的股票）. 任意两种股票中至少有一种能够取得利益的概率.

$$
\begin{aligned}
P_1 &= P(AB+BC+AC) = P(AB)+P(BC)+P(AC)-2P(ABC) \\
&= 0.7\times0.5+0.5\times0.4+0.7\times0.4-2\times0.7\times0.5\times0.4 \\
&= 0.55
\end{aligned}
$$

（2）三种股票中至少有一种能够取得收益的概率

$$\begin{aligned}P_2 &= P(A+B+C) = P(A)+P(B)+P(C)-P(AB)-P(AC)-P(BC)+P(ABC)\\&= 0.7+0.5+0.4-0.7\times0.5-0.5\times0.4-0.7\times0.4+0.7\times0.5\times0.4\\&= 0.91\end{aligned}$$

可见三种股票中至少有一种获利的概率达到了 9 成以上，即有极大的概率会获利. 而两支股票至少有一支会获利的概率只比一半多一些. 若想要能够保证获利，就应该选择分散投资.

2. 证券投资组合原理中的概率应用

在长期的投资实践活动中，人们发现，投资者手中持有多种不同风险的证券，可以减轻所遇风险带来的损失. 对于投资若干种不同风险与收益的证券形成的证券组，称为证券投资组合，其主要内容是在投资者为追求高的投资预期收益，并希望尽可能躲避风险的前提下，如何最有效分散组合证券风险，求得最大利益. 相关系数是反映两个随机变量之间共同变动程度的相关关系数量的表示. 对证券组合来说，相关系数可以反映一组证券中，每两组证券之间的期望收益做同方向运动或反方向运动的程度. 相关系数的绝对值小于等于 1，即$-1\leqslant P\leqslant 1$.

当 $0\leqslant P\leqslant 1$ 时，称为正相关，表示两种证券的收益做同方向运动，即一种证券的收益增大或减小，另一种证券的收益也增加或减小. P 越接近于 1，一种证券收益增减值与另一种证券的收益增减值越接近. 组合期望收益在两种证券的收益之间是同一趋势波动. 这个结果意味着投资组合并不受到降低风险的效果.

当 $P=0$ 时表示一种证券的期望收益的变动，对另一种证券收益丝毫不产生影响. 这个组合结果，意味着可能降低部分风险，也可能不能降低风险.

当$-1\leqslant P<1$，称为负相关，表示两种证券的收益做反向运动，即一种证券的期望收益增加或减小，另一种证券的收益则减小或增加. 这种证券组合期望收益变化较为平缓，取得了降低风险的效果.

可见，在多种证券中，要选几种证券进行组合投资，应选相关度较低的证券组合，比如不同行业类型的证券，不同市场中的证券，不同种类的资产，等等.

3. 在保险问题中的应用

随着我国社会保障业务的不断深入发展，保险已成为城乡居民普遍关注的问题. 许多保险保护业务中，只有计算出每个业务实际带来的收益，才能帮助人们做出正确的选择. 换句话说，保险办理人可以利用逆向思维来得出他们将从保险公司的经济和商业状况中受益的可能性. 实际上，投保人在申请保险之前可以参考保险公司的相关数据. 假设每年有 2000 人在一家保险公司投保，这些人发生事故的可能性约为 0.005%. 每个人都要为保险业务支付 20 元. 如果发生意外事故，可以收到 2000 元的保费. 可以根据此数据，对保险公司所要承担的损失概率进行计算. 可以通过伯努利实验和相关的计算公式来计算答案，即保险公司的损失概率会无限接近于零，该计算受到外部不确定性因素的极大影响，并且会受到投保人自身因素的影响，存在一定的发生意外的概率，但足以为保单持有人提供某些参照标准. 这将有助于保单持有人做出正确的选择，并最大程度地提高自身收益.

7.2.3　设计游戏以保证公平性

在日常生活中面对一件充满争议的问题时往往通过抽签、抓阄等方式来决定，如买房摇号，公司年会抽奖，世界杯足球赛的分组，等等. 实际上抓阄这种方式存在了几千年，人们在心里面往往认同这样的方式，就连小孩子不能说服他的同伴时都是采用“石头剪刀布”的方式. 不过，这都建立在一个大的前提之下的，即每个参与者的每个结果都是等可能概率的.

1. 抽签问题

问题一：一个盒子里装有 A 个红色小球和 B 个白色小球，这些小球除了颜色不同之外，其他的情况完全相同，现有 $A+B$ 个同学有放回地摸球，求每个人摸到红色小球的概率.

有放回地摸球使得每位同学的初始状态完全一样，每位同学摸到红球的

概率都是 $A/(A+B)$.

问题二：一个盒子中装有 a 个红色小球和 b 个白色小球，这些小球除了颜色不同之外，其他的情况完全相同，现有 $A+B$ 个同学不放回地依此摸球，求每人摸到红色小球的概率.

不放回地摸球让人感觉随着球数的减少，不同次序的人的情况在发生变化，事实真的是这样吗？求第 i（$1 \leqslant i \leqslant a+b$）位同学摸到红球的概率. 每一位同学摸到球相当于他们先依次排好，再将小球随机地发到他们手中. 第 i 位同学拿到红球的可能数为 $\mathrm{C}_a^1 \mathrm{A}_{a+b-1}^{a+b-1}$，小球分配到学生手里总的可能情况数为 A_{a+b}^{a+b}，即第 i 位同学拿到红球的概率为 $\mathrm{C}_a^1 \mathrm{A}_{a+b-1}^{a+b-1} / \mathrm{A}_{a+b}^{a+b} = a/(a+b)$. 所以不管有没有放回，每位同学摸到红球的概率都是一样的，也就是说抽签是公平的.

2. 利用独立事件设计公平的概率游戏

如果你和你的好朋友总是在为晚餐吃什么争论，互相不能说服对方，那么你们两个可以用扔硬币的方法来处理问题，但现在是网上银行时代了，纸币都很少带，更别提硬币了. 于是朋友建议扔瓶盖来决定胜负. 瓶盖的正面代表硬币的正面，瓶盖的反面代表硬币的反面. 这是一个好方法，用瓶盖代替硬币，但是瓶盖的正面朝上和瓶盖的反面朝上是等可能事件吗？很明显瓶盖的构造和硬币区别很大，并不能保证瓶盖扔出后正、反面朝上的等可能性. 于是朋友接着提出建议：抛两次瓶盖而非一次，如果抛掷的结果是“正、反”，那么你赢；如果抛掷的结果是“反、正”，那么我赢. 如果抛掷的结果是“正、正”或“反、反”则重新来过. 朋友设计的办法比较公平. 实际上假设正面朝上的概率为 P（注意并不一定是 $\frac{1}{2}$），那么反面朝上的概率为 $1-P$，独立性使得事件“正、反”发生的概率为 $P(1-P)$，得到“反正”的概率为 $(1-P)P$，实际上两者的概率是相同的. 这样就可以保证程序的公正性了. 但是如果这时的 P 的概率非常接近 0 或者 1，那么游戏就要玩很久才能分出胜负了.

7.2.4　预测生活中的概率事件

生活中隐藏着大大小小的概率事件，试着用概率的眼光看待这些事件. 用概率的思想去思考这些事件，往往能让我们眼前一亮，得到出人意料又合乎逻辑的事实. 首先我们先介绍一下贝努利大数定理：

在 n 次独立重复实验中，记事件 A 发生的次数为 n_A，P 是事件 A 发生的概率. 对于任意正数$\varepsilon<0$，有

$$\lim_{n\to\infty} P\left(\left|\frac{n_A}{n}-p\right|\geqslant\varepsilon\right)=0$$

或

$$\lim_{n\to\infty} P\left(\left|\frac{n_A}{n}-p\right|\leqslant\varepsilon\right)=1$$

根据贝努利大数定律，事件 A 发生的频率 $\frac{n_A}{n}$，概率收敛于事件 A 发生的概率为 P. 这就是说，当 n 很大时，事件 A 发生的频率与概率有较大偏差的可能性非常小. 假如某事件 A 发生的概率很小. 由实际推断原理，在实际应用中，当试验次数很大时，便可以用事件发生的概率来代替概率. 倘若某事件 A 发生的概率很小，则它在大量重复实验中出现的频率也应该很小. 例如，若$\alpha=0.001$，则大体上在 10000 次实验中，才能出现 1 次.

1. 假设推断中的应用

有一个朋友打算来看望你，为了不麻烦你，他拒绝透露自己的行程，现在只知道他何时动身. 你通过推断，判断他乘坐火车来的可能性是 0.3，乘坐火车迟到的可能性为 $\frac{1}{4}$. 他乘船的可能性为 0.2，乘船迟到的可能性为 $\frac{1}{3}$，他乘坐汽车的可能性为 0.1，乘汽车迟到的可能性为 $\frac{1}{15}$，他乘坐飞机的可能性为 0.4，乘飞机迟到的可能性为 0. 这时，朋友打电话告知他迟到了，是否需要到汽车站接他呢？

我们由概率论的思想去看待这个问题，令乘坐火车为事件 A_1，则 $P(A_1)=0.3$；令乘船为事件 A_2，则 $P(A_2)=0.2$；乘汽车为事件 A_3，则 $P(A_3)=0.1$；乘飞机为事件 A_4，则 $P(A_4)=0.4$. 令迟到为事件 B.

此刻只要判断出 $P(A_3|B)$，就能知道是否需要去汽车站接他.

$$P(B\mid A_1)=\frac{1}{4},\quad P(B\mid A_2)=\frac{1}{3},\quad P(B\mid A_3)=\frac{1}{15},\quad P(B\mid A_4)=0.$$

由贝叶斯公式

$$\begin{aligned}P(A_3\mid B)&=\frac{P(BA_3)}{P(B)}=\frac{P(A_3)\times P(B\mid A_3)}{\sum_{i=1}^{4}P(A_i)\times P(B\mid A_i)}\\&=\frac{0.1\times 1/15}{0.3\times 1/4+0.2\times 1/3+0.1\times 1/15+0}\\&\approx 0.042\end{aligned}$$

这是一个小概率事件，由小概率原理，这是不会在一次实验中发生的，因此不必去汽车站接.

2. 推断是否需要进货

设某种商品每周的需求ξ是取从区间[10，30]上均匀分布的随机变量，经销商进货量为区间[10，30]中的某一整数，商店每销售一单位商品可获利5000 元. 若供大于求，则减价处理，每处理一单位商品亏损 100 元. 若供不应求，则可以从外部仓库调剂补充供应. 此时一单位商品获利 300 元. 为使商品所获利润期望不少于 9280 元，试确定进货量.

在此设进货量为 a，则利润

$$\begin{aligned}\eta=g(\xi)&=\begin{cases}500a+(\xi-a)\times 300\ (a<x\leqslant 30)\\500\xi-(a-\xi)\times 100\ (10\leqslant x\leqslant a)\end{cases}\\&=\begin{cases}200a+300\xi\ (a\leqslant x\leqslant 30)\\600\xi-100a\ (10\leqslant x\leqslant a)\end{cases}\end{aligned}$$

期望利润为

$$\begin{aligned}E(\eta)&=\int_0^{30}\frac{1}{20}g(x)\\&=\frac{1}{20}\int_0^{a}(600x-100a)\mathrm{d}x+\frac{1}{20}\int_a^{30}(300x+200a)\mathrm{d}x\\&=-7.5a^2+350a+5250\end{aligned}$$

所以有 $-7.5a^2+350a+5250\geqslant 9280$

所以 $20\frac{2}{3}\leqslant a\leqslant 26$.

故利润期望不少于 9280 元的最少进货量为 21，22，23，24，25，26.

3. 预测公交车晚点的概率

相信每一个人都有等公交车的时候，公交车是否能够准时到达是此时每一个乘客最关心的问题. 周日晚上，小明和他的同事小王在公交站台等公交车. 他们讨论起了每天上班都要乘坐的那趟公交车，大概 60%会准时. 下面他们就未来五天这趟车能否准时到达的情况做了一个预测. 看看谁的准确率高. 用 L 和 T 分别代表"晚点"和"准点". 小明列出了两个 L，三个 T；而小王写出了五个 T. 那么谁预测的概率更准确呢？现在我们来推算一下，如果你预测的是 T，而公交车又是准点的话你就对了，这一概率是 0.6. 而准确预测晚点的概率是 0.4. 因此，依据全概率公式. 小明一天准确预测的概率为 $0.6^3\times 0.4^2\approx 0.035$. 小明五天都能预测正确的概率为 $0.52^5\approx 0.038$；小王能够准确预测的概率为 $0.6^5\approx 0.078$. 从这两个数值可以看出，虽然每个数值都比较小，但对比来说，小王预测更准确些.

4. 利用二项式分布讨论弱旅赢得比赛的可能性

世界杯是每四年举行的盛会，足球运动员为国家而战. 需要决出哪个队出征世界杯，现在有两种赛制：（1）一场比赛决胜负；（2）七场比赛，谁先拿下四场谁胜利. 那么哪一种赛制对弱队来说更有利呢？这里我们排除主场优势，以及其他一些复杂的原因，只可考虑每场比赛弱队赢得比赛的事件是相互独立的，概率为 P. 在赛制（2）的基础上赢得比赛，就要赢得四场比赛，那么弱队会赢的概率为

$$P(\text{弱队赢得比赛的概率})=\sum_{n=3}^{6}C_n^3 p^3(1-p)^{n-3}p$$

如果某球队每场比赛能赢的概率为 0.2，那么他在赛制（2）下赢得比赛的概率只有 3.3%. 所以在赛制（1）下实力较弱的队获胜的概率更高.

5. 用贝叶斯公式推断获病的概率

贝叶斯公式是由著名的数学家托马斯·贝叶斯提出来的. 但是贝叶斯自己并没有公开发表这一重大发现,而是他的朋友在他去世之后整理他的遗稿时发现的.

让我们来举一个例子吧. 我们知道，在自然人群中，有1%会得某种病. 在自身没有不适的情况下，被诊断者去做检测该病的实验，其准确率为95%. 那么当试验反应是阳性时,被诊断者患有这种病的概率是多少呢？这个问题看起来很简单. 如果检查的准确率为95%，那么你得病的概率就是95%. 这样对吗？让我们用贝叶斯公式算算吧. 令A表示事件“试验反应为阳性”，D表示“被诊断者患病”. 已知$P(D)=0.01$，即发病的概率为0.01. 而化验的准确性就是$P(A|D)=0.95$. 现在要计算的是当化验的结果是阳性时，患病的概率是多少，即求$P(D|A)$的值. 由贝叶斯公式得

$$P(D\mid A)=\frac{0.95\times 0.01}{0.95\times 0.01+0.05\times 0.99}\approx 0.16$$

所以其实被诊断者只有16%的可能可以确定是患病的. 即使化验的结果准确率达到95%，被诊断者也可以保持谨慎的乐观，因为其真正患病的概率很低. 计算有问题吗？当然不是. 这里有两点：① 这个病非常罕见，所以其基本不可能患病；② 这个化验非常的精确，所以当检验结果是阳性时其很可能就患病了. 这两个信息量化之后对应的概率分别是1%和95%，所以实际的风险就在这两个数之间. 而我们算出来的结果就是在这两个数之间.

7.2.5 生活中的概率奇事

生活中许多事情都充满着不确定性,从简单的小游戏到天气状况的预测，再到各种社会现象，都会运用到概率论的知识. 概率论很神奇，有时候看似公平却不公平，看似不可能却很有可能，下面就通过几个生活中的实例来展示生活中涉及的概率.

很多老师都问过学生这样一个问题：“假设班上的同学是50个，那么你们认为班上有两个同学生日是同一天的概率有多大？”大部分同学的第一感

觉就是概率很低，就算通过一些计算，得出的结果也不会大于二分之一，其实我们可以用概率论的方法解决这个问题. 假设 365 天为 365 个盒子，50 个同学看成 50 颗球，问题就可以转变为 50 颗球放入 365 个盒子中至少有两颗球放到同一个盒子的概率. 总的投放方式为：365^{50} 种，任意 2 位同学不在同一天生日的概率为：$P=1-\dfrac{A_{365}^{50}}{365^{50}}=0.97$.其实只要随机选 23 个人，其中至少有 2 人生日在同一天的概率已经超过 50%，这和大多数人的猜想都大相径庭.

而平常的各种比赛也和概率论有很大的关联，如果是一局定胜负，双方赢的概率为 50%，很公平. 但大家却都习惯于三局两胜，五局三胜，因为觉得一局定胜负偶然性太大. 但这样子真的使得比赛变得公平吗？假设每局甲获胜的概率为 $P=\dfrac{1}{2}$.

比赛为三局两胜时：$P_1(\text{甲获胜})=C_3^2P^2(1-P)^1+C_3^3P^3(1-P)^0=\dfrac{1}{2}$；

比赛为五局三胜时：$P_2(\text{甲获胜})=C_5^3P^3(1-P)^2+C_5^4P^4(1-P)^1+C_5^5P^5(1-P)^0=\dfrac{1}{2}$.

但这个结果是比赛都很公平，但这是基于选手水平相当时的理论概率. 现实中选手间会存在实力差距，所以实际生活中比赛为三局两胜时（P 表示每局甲获胜的概率，q 表示每局乙获胜的概率，（$P+q=1$）：$P_1(\text{实际甲获胜})=P^2+2P^2q$；

比赛为五局三胜时：$P_1(\text{实际甲获胜})=P^3+3P^3q+6P^3q^2$.

假设甲的实力更强，那么 $0.5<P<1$，就可以得到 $P_2-P_1>0$. 即表示局数越多的情况，对于实力更强者更有利，所以其实比赛也并不一定是公平的.

同样，在我们日常学习生活中也会碰到一些概率问题.当你碰到一个不会做的四个选项的单选题时，你能猜出这个题的正确答案的概率为 $\dfrac{1}{4}$. 那么如果你全靠猜来参加考试,你能够通过的概率是否为$\frac{1}{4}$呢？假设我们参加一个百分制的英语考试，其中除去 15 分的作文分，剩下的 85 分为一分一个的单选题，如果我们想要及格就必须在 85 个选择题中至少答对 51 个题目. 我们运用伯努利实验来解决这个问题，设随机变量 X 表示答对的题数，则

$$X \sim B(85, 0.25) \tag{1}$$

答对 K 题的概率可以表示为

$$P(X = K) = C_{85}^{K} \times 0.25^{K} \times 0.75^{85-K} (K = 0 \sim 85) \tag{2}$$

所以

$$P(X \geqslant 51) = 8.73 \times 10^{-12} \tag{3}$$

可见若想通过“蒙”的方法来通过考试是完全不现实的，1000 亿个考生中仅有 0.873 个人可以完全依靠猜来完全通过考试，所以我们只有认真学习，不能妄想通过蒙题的手段去通过考试.

概率论的思想已经渗透进人们生活的方方面面了，人们利用概率论的思想可以深刻了解赌博的本质，在生产工作中用概率论的方法进行合理公平的分配，概率论还参与到人们经济、金融的方方面面，例如股票投资、证券投资组合原理的运用、在保险问题中的应用等等. 概率论还可以帮助人们对未发生的事进行预测. 总之，用概率论的眼光看待世界，用概率论的思想思考世界，用概率论的语言表达世界，使得我们与世界的联系更加紧密.

第 8 章　线性规划及其应用

8.1　线性规划概述

8.1.1　线性规划简介

线性规划（Linear programming，LP），是运筹学中研究较早、发展较快、应用广泛、方法较成熟的一个重要分支，它是辅助人们进行科学管理的一种数学方法. 是研究线性约束条件下线性目标函数的极值问题的数学理论和方法.

线性规划是运筹学的一个重要分支，广泛应用于军事作战、经济分析、经营管理和工程技术等方面，为合理地利用有限的人力、物力、财力等资源做出的最优决策，提供科学的依据.

法国数学家 J. B. J. 傅里叶和 C. 瓦莱普森分别于 1832 和 1911 年独立地提出线性规划的想法，但未引起注意.

1939 年，苏联数学家康托罗维奇在《生产组织与计划中的数学方法》一书中提出线性规划问题，也未引起重视.

1947 年，美国数学家 G.B.Dantzing 提出求解线性规划的单纯形法，为这门学科奠定了基础.

1947 年，美国数学家 J.von 诺伊曼提出对偶理论，开创了线性规划的许多新的研究领域，扩大了它的应用范围和解题能力.

1951 年，美国经济学家 T.C.库普曼斯把线性规划应用到经济领域，为此与康托罗维奇一起获 1975 年诺贝尔经济学奖.

20 世纪 50 年代后对线性规划进行大量的理论研究，并涌现出一大批新的算法. 例如，1954 年 C. 莱姆基提出对偶单纯形法，1954 年 S. 加斯和 T. 萨迪等人解决了线性规划的灵敏度分析和参数规划问题，1956 年 A. 塔克提出互补松弛定理，1960 年 G. B. 丹齐克和 P. 沃尔夫提出分解算法等.

线性规划的研究成果还直接推动了其他数学规划问题包括整数规划、随机规划和非线性规划的算法研究. 由于数字电子计算机的发展，出现了许多线性规划软件，如 MPSX，OPHEIE，UMPIRE 等，可以很方便地求解几千个变量的线性规划问题.

1979 年苏联数学家 L. G. Khachian 提出解线性规划问题的椭球算法，并证明它是多项式时间算法.

1984 年美国贝尔电话实验室的印度数学家 N.卡马卡提出解线性规划问题的新的多项式时间算法. 用这种方法求解线性规划问题在变量个数为 5000 时只要单纯形法所用时间的 1/50.

线性规划现已形成多项式算法理论，20 世纪 50 年代后其应用范围不断扩大.

8.1.2 线性规划模型建立及求解

从实际问题中建立数学模型一般有以下三个步骤：

（1）根据影响所要达到目的的因素找到决策变量.

（2）由决策变量和所在达到目的之间的函数关系确定目标函数.

（3）由决策变量所受的限制条件确定决策变量所要满足的约束条件.

所建立的数学模型具有以下特点：

（1）每个模型都有若干个决策变量（x_1，x_2，x_3，…，x_n），其中 n 为决策变量个数. 决策变量的一组值表示一种方案，同时决策变量一般是非负的.

（2）目标函数是决策变量的线性函数，根据具体问题可以是最大化（max）或最小化（min），二者统称为最优化（opt）.

（3）约束条件也是决策变量的线性函数.

当我们得到的数学模型的目标函数为线性函数，约束条件为线性等式或不等式时称此数学模型为线性规划模型.

求解线性规划问题的基本方法是单纯形法，已有单纯形法的标准软件，可在电子计算机上求解约束条件和决策变量数达 10000 个以上的线性规划问题. 为了提高解题速度，又有改进单纯形法、对偶单纯形法、原始对偶方法、分解算法和各种多项式时间算法. 对于只有两个变量的简单的线性规划问题，也可采用图解法求解. 这种方法仅适用于只有两个变量的线性规划问题. 它的特点是直观而易于理解，但实用价值不大. 通过图解法求解可以理解线性规划的一些基本概念. 而在中学教学过程中一般采用数形结合的方法进行线性规划的求解.

8.2　线性规划在实际生活中的应用

在人们的生产实践中，经常会遇到如何利用现有资源来安排生产，以取得最大经济效益的问题. 此类问题构成了运筹学的一个重要分支—数学规划，而线性规划（Linear Programming，LP）则是数学规划的一个重要分支. 自从 1947 年 G. B. Dantzig 提出求解线性规划的单纯形方法以来，线性规划在理论上趋向成熟，在实际应用中日益广泛与深入. 特别是在计算机能处理成千上万个约束条件和决策变量的线性规划问题之后，线性规划的适用领域更为广泛了，已成为现代管理中经常采用的基本方法之一.

在科学研究、工程设计、经济管理等方面，我们经常会碰到最优化决策的实际问题，而解决这类问题的理论基础是线性规划. 利用线性规划研究的问题，大致可归纳为两种类型：第一种类型是给定一定数量的人力、物力资源，问怎样安排动用这些资源，能使完成的任务量最大，收到的效益最大；第二种类型是给定一项任务，问怎样统筹安排，能使完成这项任务的人力、物力资源量最小.

8.2.1　线性规划在广告投放问题中的应用

如今，随着人民生活水平的不断提高，几乎每家都有电视，电视的普及率已经相当高了. 尤其是目前手机、计算机等电子产品的普及更是让人们感受到科技的力量. 鉴于此，很多商家将目光投向了各种应用媒体平台的广告时段，目的就是增加自己的产品在人们视线中的出现频率. 各个广告投资商需要根据具体情况，弄清楚各个媒体平台播放广告的时间及所需资金，以便获得更大的利润. 接下来我们用实际生活中的例子进行举例分析.

例 8-1 某商家在投入资金不超过 80 万元的条件下，需要保证至少有 200 万女性观众观看广告，其中在电视台投入的广告费用不超过 50 万元，电视台在白天至少播出 3 次，在晚上至少播出 2 次，无线电广播和杂志的广告播放次数均不低于 5 次且不超过 10 次，广告市场调查结果如表 8-1 所示，问：要想获得理想的广告效果应该如何安排播放次数.

表 8-1 广告市场调查结果

	电视		无线电广播	杂志
	白天	晚上		
一次广告费用（万元）	4	7.5	3	1.5
每次广告受影响顾客（万人）	50	85	60	15
每次广告影响的女顾客(万人)	30	40	20	10

解： 设 $f(X)$ 为受广告影响顾客的人数（万人），电视台的广告在白天的播放次数为 X_1 次，晚间的播放次数为 X_2，无线电广播播放 X_3 次，杂志的广告刊登为 X_4 次. 则：

$$\max f(X) = 50X_1 + 85X_2 + 60X_3 + 15X_4$$

$$\text{st.}\begin{cases} 4X_1+7.5X_2+3X_3+1.5X_4 \leqslant 80 \\ 30X_1+40X_2+20X_3+10X_4 \geqslant 200 \\ 4X_1+7.5X_2 \leqslant 50 \\ X_1 \geqslant 3, X_2 \geqslant 2 \\ 5 \leqslant X_3 \leqslant 10 \\ 5 \leqslant X_4 \leqslant 10 \end{cases}$$

解得 $X_1 = 3$，$X_2 = 3$，$X_3 = 10$，$X_4 = 10$，此时，总观看人数是 1155 万人，女性观看人数是 510 万人，总支出是 79.5 万元.

8.2.2 线性规划在合理下料问题中的应用

合理下料问题是线性规划模型中的典型问题. 建筑施工中，需要大量各种各样的原材料，比如钢材、木材、铝合金、砂、石、塑钢等建筑材料，而生产厂家只能提供一定规格的原材料，实际施工时要进行裁减才能得到所需要的规格，这样必然会产生残料，造成一定的损失和浪费. 所以，合理下料，尽量减少产生残料，这让建筑企业能够减少成本投入，获得更高的经济效益. 下面，选用一个例子来说明线性规划在下料问题中的实际应用.

例 8-2　要把 20 根 4 m 长和 25 根 5 m 长的同规格钢材，截成 1.5 m 的 50 根，1.2 m 的 80 根，如何下料废料最少？（所有下料方法见表 8-2）

表 8-2　下料方法

序号	下料方法	用料长度/cm	余料/cm
1	120×1 + 150×2	420	80
2	120×2 + 150×1	390	10
3	120×3	360	40
4	120×4	480	20
5	150×3	450	50

解：设用以上五种方法分别各用 X_1，X_2，X_3，X_4，X_5 次，则

$$\min f(X) = 80X_1 + 10X_2 + 40X_3 + 20X_4 + 50X_5$$

$$\text{st.}\begin{cases} 2X_1 + X_2 + 3X_5 = 50 \\ X_1 + 2X_2 + 3X_3 + 4X_4 = 80 \\ X_2 + X_3 \leqslant 20 \\ X_1 + X_4 + X_5 \leqslant 25 \\ X_1, X_2, X_3, X_4, X_5 \geqslant 0 \end{cases}$$

解得 $X_1 = 0$，$X_2 = 20$，$X_3 = 0$，$X_4 = 10$，$X_5 = 10$，即方法 2 用 20 次，方法 4 用 10 次，方法 5 用 10 次，废料最少为 900 cm.

8.2.3　线性规划在集合料问题中的应用

解决集合料问题必须满足一定的条件，如种类、含量等，用数学语言表达各个条件，就是线性规划模型中的约束条件，要求所用的运输费用最省，用数学语言表达，就是线性规划模型中的目标函数. 在集合料问题中，有很

多不同方案可以被选择，优化目的就是从众多方案中选出一个最优方案.

例 8-3 某个筑路工地铺设道路基层，需要 10000 m 集合料，准备从两个弃土堆取混合料，已知弃土堆 A 的材料成分为：砾石含量 70%，砂含量 30%，弃土堆 B 的材料成分为：砾石含量 30%，砂含量 60%，黏土含量 10%，集合料的成分含量要求为：砾石含量不超过 60%，砂含量不少于 50%，黏土含量不超过 8%. 从弃土堆 A 取料的装载运输费为 2 元/m^3，从弃土堆 B 取料的装载运输费为 3.2 元/m^3. 问应如何取料才能使总的运输费用 最少？

解： 设从弃土堆 A、B 取料数量分别为 X_1、X_2 m^3，Z 为总运输费用，则

$$\min Z = 2X_1 + 3.2X_2$$

$$\text{st.}\begin{cases} X_1+X_2=10000 \\ 70\%\,X_1+30\%\,X_2 \leqslant 60\%(X_1+X_2) \\ 30\%\,X_1+60\%\,X_2 \geqslant 50\%(X_1+X_2) \\ 10\%\,X_1 \leqslant 8\%(X_1+X_2) \\ X_1,X_2 \geqslant 0 \end{cases}$$

解得：$X_1 = 3333$ m^3，$X_2 = 6667$ m^3，即从弃土堆 A 取料 3333 m^3，从弃土堆 B 取料 6667 m^3，这样配料装卸运输费用最少为 28000 元.

8.2.4 线性规划在建筑行业选材中的应用

建筑行业在进行相关的建筑工程施工时，最大的资金投入就是在建筑材料这方面. 因为建筑物在其自身的建造使用方面上，需要根据实际的需求进行相应的材料调整——有些建筑主要是以办公为主，在进行选材时我们就需要选用方便办公的建筑材料. 而有些建筑它们最终的目的是住宅，那么在选用建筑材料的时候就需要偏重于保温抗压. 因此，如何在质量与资金两者之间保持平衡是我们在进行建筑工程施工时需要考虑的问题，而这个问题恰恰就是运用线性规划可以解决的问题. 接下来，我们就以建筑行业的建筑材料选用为例，选用一个例子来证明在建筑行业中的线性规划的实际应用.

例 8-4 某一建筑承包商的某一项的建筑材料有甲、乙两种，甲种建筑材料的价格是 8 元/根，乙种建筑材料的价格是 6 元/根. 每根甲种建筑材料

可以分别切割成 A 种规格的 2 个，B 种规格的 1 个，C 种规格的 1 个. 每根乙种建筑材料可以切割成 A 种规格的 1 个，B 种规格的 2 个，C 种规格的 3 个，如表 8-3 所示. 现根据实际情况，需要 A、B、C 三种规格的建筑材料分别是 15、18、27 个. 问：如何选择才可以使得建筑承包商所花费的资金最少？

表 8-3　建筑材料详情

	甲	乙	实际需求/个
A 规格	2	1	15
B 规格	1	2	18
C 规格	1	3	27
单价/元	8	6	

解： 设购买甲、乙两种建筑材料的数量分别为 X_1、X_2 根，$f(X)$ 为购买两种建筑材料所花费的总资金，则

$$\min f(X)=8X_1+6X_2$$

$$\text{st.}\begin{cases}2X_1+X_2\geqslant 15\\X_1+2X_2\geqslant 18\\X_1+3X_2\geqslant 27\\X_1,X_2\geqslant 0\end{cases}$$

解得 $X_1=4$，$X_2=8$，即购买 4 根甲种建筑材料，8 根乙种建筑材料时，建筑承包商所花费的资金最少为 80 元.

8.2.5　线性规划在调度物资中的应用

在生产生活中经常遇到运输问题，比如，一批物资从若干个供应点运送到一些需求点，怎样安排运输方案能使运输费用最省？各种类型的货物装箱，因为受到体积、重量等条件的限制，如何搭配装载，使装箱数量最少？像这样的输送分配规划问题，被称为运输问题. 线性规划在运输问题中的应用是美国学者希奇柯克在 1941 年开始研究的，他在制定交通运输方面的文章中研究和应用了线性规划方法. 此后，越来越多的研究者开始关注和研究各类

线性规划中的运输问题.

例 8-5 某公司生产消毒液的生产地有 A_1 和 A_2 两个地方，其产量分别为 27 t 和 23 t. 公司生产的消毒液供应 B_1，B_2，B_3 三个防疫站，其需求量分别是 17 t、18 t 和 15 t. 从生产地到各防疫站的运费价格（元）见表 8-4，问这个公司如何调度消毒液才能使总运费最少？

表 8-4 从生产地到各防疫站的运费价格 单位：元

生产地	销售地		
	B_1	B_2	B_3
A_1	60	110	160
A_2	50	60	70

解： 总产量 = 27 + 23 = 50（吨），总销量 = 17 + 18 + 15 = 50（吨），这是一个产销平衡问题.

设 X_{ij} 表示从 A_i 到 B_j 的运输量，运输总费用为 f，则线性规划模型为：

目标函数：$\min f = 60X_{11} + 110X_{12} + 160X_{13} + 50X_{21} + 60X_{22} + 70X_{23}$

$$\text{st.}\begin{cases} X_{11} + X_{12} + X_{13} = 27 \\ X_{21} + X_{22} + X_{23} = 23 \\ X_{11} + X_{21} = 17 \\ X_{12} + X_{22} = 18 \\ X_{13} + X_{23} = 15 \\ X_{ij} \geqslant 0，\ i = 1,2;\ j = 1,2,3 \end{cases}$$

解得 $X_{11} = 17$，$X_{12} = 10$，$X_{13} = 0$，$X_{21} = 0$，$X_{22} = 8$，$X_{23} = 15$，即从 A_1 到 B_1 的运输量为 17 t、从 A_1 到 B_2 的运输量为 10 t、从 A_1 到 B_3 的运输量为 0 t、从 A_2 到 B_1 的运输量为 0 t、从 A_2 到 B_2 的运输量为 8 t、从 A_2 到 B_3 的运输量为 15 t，这样调运消毒液的总运费最少，最少运费为 3650 元.

8.2.6 线性规划在金融投资领域中的应用

人们在生产生活当中，经常会遇到如何利用现有资金来安排投资项目的购买，以获取最大投资收益的问题. 这种问题很多时候都能用线性规划方法来完成. 在处理实际的金融投资问题时，我们首先要建立数学模型，这是最关键的一步，模型是否正确，决定求解结果的正确与否. 现实生活中常见的金融投资问题有 2 种：一种情况是所有投资的项目都是一次性的，另一种是所有项目可以进行为期多年的投资. 下面，我们通过一些例子来说明线性规划方法在金融投资的收益和风险问题中的应用.

例 8-6　某人手上有现金 1000 万元，现打算在 5 年之中对 3 个资产进行投资或者购买银行定期理财产品，资产一可以在第 1 到第 4 年的年初进行购买，下一年年末可以收回本利和共计 109%；资产二只可以在第三年的年初进行购买，在第 5 年的年末可以得到本利和共计 115%，但是这种资产的购买金额最多为 400 万元；资产三只能在第二年的年初进行购买，在第 5 年的年末可以得到本利和共计 123%，但是这种资产的购买金额最多为 300 万元；或者 5 年内在每年的年初购买银行定期理财产品，在当年的年末可以得到本利和共计 104%. 问选择怎样的投资方案，才能获得最大收益？

解： 用 X_{ij} 来表示第 i 年买项目 j 的金额（银行定期理财产品当作资产四），因为资产四（银行定期理财产品）可以在每年的年初买入而且在当年的年末能够收回本利和，所以此人手上所有的现金都可以购买资产. 第一年第一个项目和第银行定期理财金额之和为 1000 万元，第二年购买第一、三个项目和银行定期理财的金额之和等于第一年银行定期理财的本息和. 依次类推，建立数学模型如下：

$$\max f = 1.23X_{23} + 1.15X_{32} + 1.09X_{41} + 1.04X_{54} \text{（约束条件略）}$$

编写 LINGO 程序求解得到结果，最优目标函数值为 1254.754 万元. 所对应的投资方案是：第一年购买第一种资产购买 711.5385 万元，银行定期理财产品 288.4615 万元；第二年购买第三种资产购买 300 万元；第三年购买第二种资产购买 400 万元，银行定期理财产品 375.5769 万元；第四年购买第一种资产购买 390.6 万元；此时五年总收益为 254.754 万元.

8.2.7　线性规划在生产计划优化中的应用

当前运输业对货运卡车的需求越来越大，但是制作周期较长，需要得到准确的市场需求、市场订单、确保生产环节能得到最好的利用. 作为重运输的生产制造企业,公司需要保证每月生产的卡车数量至少要达到生产上限的一半,以确保生产过程中的成本以及折损小于所生产产品的市场价值,达到生产成本的最好把握.

例 8-7 已知东莞某工厂产品在不同月份的需求量、单位生产成本和生产能力都不同,如表 8-5 所示. 已知该工厂每月的单位储存成本等于当月单位生产成本的 0.02%,每月的储存成本等于单位储存成本与月平均库存量的乘积. 管理人员要求每月月末都有不少于 2000 件的安全库存量,同时要求每月的生产量既不超过当月的生产能力,又不低于当月生产能力的一半,确保生产产品成本小于生产产品价值. 仓库容量为 8000 件,当前库存量为 3000. 总成本计算等于每月的生产成本(每个月的生产量×单位生产成本 + 月平均库存量×每月单位成本×0.002). 求:每月的最优生产量和 6 个月总成本的最小值.

表 8-5 M 工厂 1—6 月产品需求量、单位生产成本和生产能力

	1 月	2 月	3 月	4 月	5 月	6 月
需求量/件	3500	4000	4500	5000	5500	6000
生产量上限/件	4000	4500	4000	4500	5000	5500
单位生产成本/元	250	240	235	245	255	260

经过多重的数据处理和公式的选取,利用 Excel 的规划求解工具进行的精密验算,我们得到在一月至六月中每月的生产量以及其中所需要的总成本,具体过程这里不详述,如有需要请参考论文《基于线性规划的生产计划优化研究》(黄竣桥、邝凯茵、叶江河). 根据在每个月份接收到的不同订单,调整安全库存,使得货物不会被堆积处理,库存量也不会因为货物堆积而导致要进行增加仓库租赁的其他成本损耗. Excel 的线性规划求解功能,是一个灵活运用数据的功能,每当数据进行调整变动,只要重新点击【规划求解】选项,最终耗用的总成本和所调查的每个月份的生产量数据就会发生变化. 就可以在最短暂的时间内找到最根本的解决问题方法,使得企业总成本降到

最低，企业的理财能力就可以加强.

8.2.8 线性规划在地铁与公交衔接优化中的应用

重庆轨道交通不断建设完善使得重庆的公共交通出行结构将发展为以轨道交通为主要架构，普通公交为补充的良好布局. 在没有轨道交通的地区，公交车是城市交通的主要交通工具，但在轨道交通覆盖的区域，它是分配客流的主要接驳方式. 由于轨道交通在运输方面达不到目的地，要想最大限度发挥其主干效力，则必须使其能够与公交车无缝承接，进而实现乘客的零距离换乘. 可以基于现有地铁车站对公交站点分布的微观调整，设定地铁与公交车衔接时换乘距离最短为目标函数，创建公交站点布局的优化模型. 具体运用详情可参见论文《基于线性规划的西安地铁与公交衔接优化模型》（陈宁宁）.

8.2.9 线性规划在房地产开发业态优化中的应用

在房地产开发过程中，经常涉及在满足容积率要求的情况下，多种业态，如商业、别墅、花园洋房和高层住房等在业态上的分配问题. 一般情况下，基于行业经验，能够得到一个相对理想的分配方案，但通常这种分配是基于行业经验，在某些情况下可能不是满足目标的最优方案. 可将这个问题抽象为一个线性规划模型. 在一定的目标要求情况下，把容积率、总面积要求等抽象为约束条件，通过求解线性规划模型得到使得目标函数最优的各类建筑的最优建筑面积. 具体应用详情可参阅论文《基于线性规划的房地产开发业态优化》（周洪）.

8.2.10 线性规划在水资源配置优化中的应用

Matlab 线性规划算法乃是采用 Matlab 工具箱进行的一种机器求解算法，结合多目标规划与 Matlab 高收敛性特点，可完成多条件、多区间、多解值的函数模型求解分析. 另一方面，该机器算法的收敛性与计算区间有关，水资源规划模型常常需要考虑不同水平年份的丰、枯水季，而 Matlab 线性规划算法可较好适配此类水资源配置模型求解，求解结果反映收敛性较佳. 利用 Matlab 线性规划算法求解水资源目标函数模型，研究各规划年中水资源配置结果，为地区水资源利用、开发及规划配置等提供重要参考. 详情可参考论文《基于 Matlab 线性规划算法下豫西北地区水资源配置优化分析》(王莎娜).

8.2.11 线性规划在煤化工产业智能优化选址中的应用

煤化工是一个高投入、高风险的产业，受煤质、煤炭价格、技术、运输、水资源、国际油气价格、环境保护等多种影响因素作用，其布局选址是否合理至关重要. 以往煤化工产业规划选址决策的方法主要依靠专家经验分析判断，实时性和灵活性较差，迫切需要一种可以降低企业风险的技术手段. 基于线性规划算法的智能选址是一种通过大量煤炭煤质、储量、运输、环境等多元参数，采用 GIS 智能规划软件技术，通过不断迭代选取煤化工选厂位置，循环试错求取生产要素配置最优化配置方案的方法. 详情可参阅论文《基于线性规划算法的我国煤化工产业智能优化选址方法研究与应用》(赵汀，刘超，周凤英，张艳，闫强，闫睿哲，赵海云).

8.2.12 线性规划在电动汽车有序充电调度中的应用

由于社会工业化发展依赖于大量化石能源的使用,致使环境污染问题日益突出. 而电动汽车作为新能源技术产物之一，在政府的支持下得到了全面的推广与应用，有效减少不可再生资源的使用以及有害气体的排放. 但是随着电动汽车使用数量的增加，其无序充电行为给电网带来了一些不可忽视的挑战，如增加电网峰谷落差、配电网的损耗，充电成本过高等一系列问题. 充电站是电动汽车充电的主要场所，而电价又是影响充电行为的一个重要因素. 若充电站根据分时电价信息，对车辆充电过程实施优化调度，实现降低充电成本、减少充电负荷负面影响的目的具有重要的经济和现实意义.

当电动汽车进入充电站连接充电桩后,站内的充电调度系统自动获取车辆的充电信息，包括当前 aSOC、预期 dSOC 以及预期离开时间 dt，再结合实时的充电负荷、电价信息对车辆进行实时有序充电功率调度分配. 在满足用户充电需求下，将一部分充电负荷转移到用电低谷期. 图 8-1 为充电站有序充电调度场景示意图.

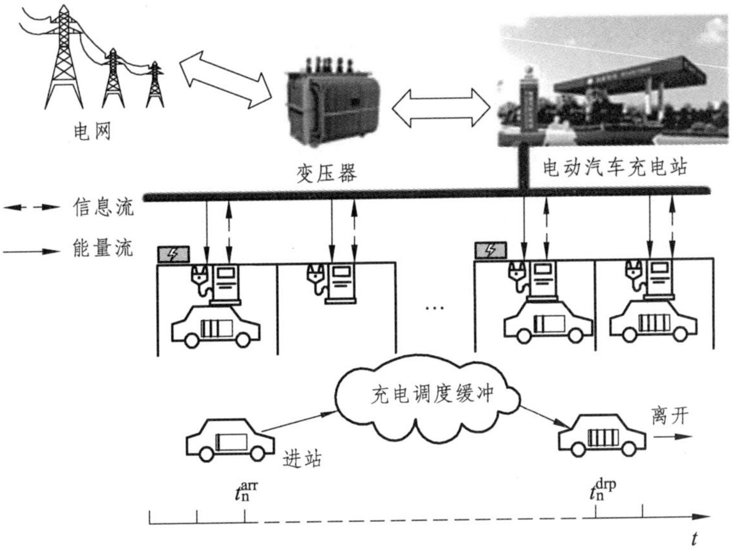

图 8-1

在制定优化调度策略中用离散时间控制模式，将一天划分为 96 个调度时间段，用 t_i（$i=1$，…，96）代表第 i 个充电调度时间段. 充电站内设有 M 个充电桩，因此充电调度系统可根据车辆充电需求信息建立可调度充电矩阵 $D_{M\times t_i}$，矩阵元素 $d_{M\times t_i}$ 的值为 1 或 0，代表与第 M 个充电桩连接的电动汽车在第 i 个时间段内是否接受充电调度，若接收充电调度，$d_{M\times t_i}=1$；否则，$d_{M\times t_i}=0$.

充电调度系统根据可调度充电矩阵 $D_{M\times t_i}$、车辆充电需求信息以及约束条件建立充电站总充电成本最小化的目标函数，以分时电价作为引导信息，利用数学线性规划求解器 LP_SOLVE 求取各个充电时间段的总充电功率 P_τ，然后根据各辆电动汽车的充电优先顺序值 $K_M^{t_i}$ 将总充电功率 P_τ分配到各个充电桩中实施充电工作，达到有序充电调度目的.

累积充电量边界约束和待充电量边界约束是指在确保满足电动汽车充电需求下，对车辆充电过程的充电量进行动态变化约束. 充电功率边界约束则是指瞬时充电功率的可变范围. 因此，每一辆电动汽车的充电过程都可以用累积充电量、待充电量以及充电功率等边界约束进行描述. 累积充电边界约束是指电动汽车从开始充电时刻到当前时刻的充电量变化范围,让后续的充电过程有更多的调度安排.

8.3 线性规划在教学中的应用

"将课堂还给学生，让课堂焕发生命的活力""努力营造学生在教学活动中的独立自主学习的时间和空间,使他们成为课堂教学中重要的参与者和创造者，落实学生的主体地位，促进学生的自主学习和探究". 秉着这样的教学指导思想，在"线性规划在实际生活中的应用"这节课的整个教学流程上，力求充分体现"以学生为本"的教育理念，将教学思路拟定为"建模铺垫—自主探究—巩固内化—拓展延伸"，努力建构探索型的课堂模式. 在设计教学内容时，在用好教材，但不"迷信"教材的基础上，结合学生实际情况，活用教材，有意识地将教材知识与学生的生活实际联系起来.

8.3.1 创设问题情境

老张最近承包了一家具厂，可老张却闷闷不乐，原来家具厂有方木料 900 m^3，五合板 600 m^2，老张准备加工成书桌和书橱出售，他通过调查了解到：生产每张书桌需要方木料 0.1 m^3、五合板 2 m^2，生产每个书橱需要方木料 0.2 m^3、五合板 1 m^2，出售一张书桌可获利润 80 元，出售一个书橱可获利润 120 元. 老张该如何安排?

分析: 将实际问题转化为用数学的语言来描述，即问题转化为：书桌和书橱分别生产多少张时，获得的利润最大?

理清题意，列出表格（见表 8-8）.

表 8-8 列表格

	书桌/张	书橱/张	材料限量
方木板/m^3	0.1	0.2	900
五合板/m^2	2	1	600

解：设生产书桌 x 张，书橱 y 张，利润为 z 元.

显然是一个二元线性规划问题，可用图解法来求解.

列出约束条件 $\begin{cases} 0.1x+0.2y\leqslant 900 \\ 2x+y\leqslant 600 \\ x\geqslant 0 \\ y\geqslant 0 \end{cases}$

即：$\begin{cases} x+2y\leqslant 9000 \\ 2x+y\leqslant 600 \\ x\geqslant 0 \\ y\geqslant 0 \end{cases}$

目标函数 $z=80x+120y$.

求解：将问题转化为几何问题，利用几何画板的动画效果，探索出问题的最优解.

作出可行域（见图 8-2），作直线 $l:80x+120y=0$ 即 $2x+3y=0$，将直线 l 向上方平行移动至 l_1 位置时，直线 l_1 过可行域内的点 $M(0,600)$，与原点距离最大. 所以最优解为 $x=0$，$y=600$，即此时 $z=0\times 80+600\times 120=7200$.

因此，只生产书橱 600 张可获得最大利润，最大利润是 7200 元.

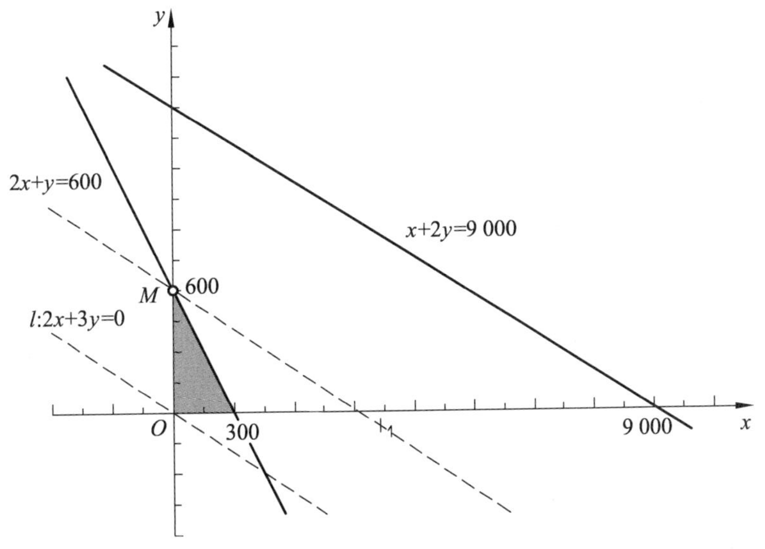

图 8-2

8.3.2 问题的延拓性研究

以上解答是否有现实意义？（为什么会出现只生产书橱可获利最大的情形？）

原因之一，书橱比书桌价格高，因此应该尽可能多生产书橱.

原因之二，生产一张书橱只需要五合板 1 m^2，生产一张书桌却需要五合板 2 m^2，按家具厂五合板的存量 600 m^2，可生产书橱 600 张，若同时生产书桌，则生产一张书桌就要减少两张书橱，显然不合算.

原因之三，生产书橱的另一种材料，即方木料是足够供应的，家具厂方木的存量为 900 m^2，而生产 600 张书橱只需要方木料 300 m^2.

这是特殊的线性规划问题，像这样的问题不用线性规划知识也能解决.

探究：若方木料 90 m^3，其他条件不变怎样安排生产获利最大？

解：设生产书桌 x 张，书橱 y 张，利润为 z 元.

列出约束条件 $\begin{cases} 0.1x+0.2y\leqslant 90 \\ 2x+y\leqslant 600 \\ x\geqslant 0 \\ y\geqslant 0 \end{cases}$

即：$\begin{cases} x+2y\leqslant 900 \\ 2x+y\leqslant 600 \\ x\geqslant 0 \\ y\geqslant 0 \end{cases}$

目标函数 $z=80x+120y$.

作出可行域（见图 8-3），且过可行域内点 $M(100,400)$ 而平行于直线 l：$2x+3y=0$ 的直线 l_1 离原点的距离最远，所以最优解为 $x=100$，$y=400$，

这时 $z=100\times 80+400\times 120=56000$（元）

故生产书桌 100 张、书橱 400 张，可获最大利润 56000 元.

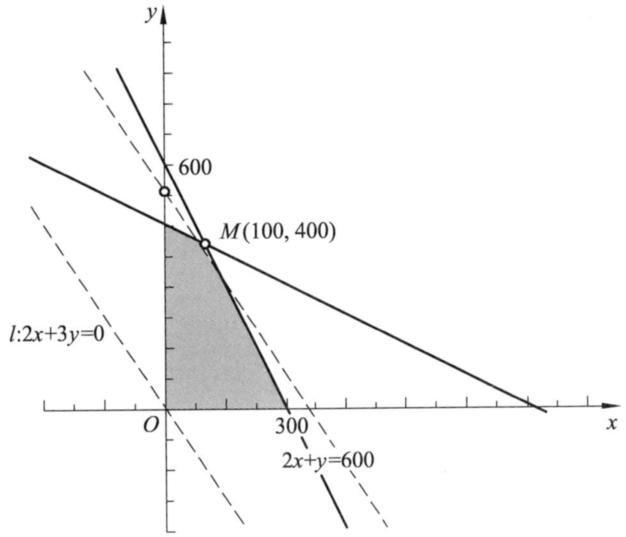

图 8-3

8.3.3　典型例题解析

解线性规划问题的步骤：

（1）画：画出线性约束条件所表示的可行域；

（2）移：在线性目标函数所表示的一组平行线中，利用平移的方法找出与可行域有公共点且纵截距最大或最小的直线；

（3）求：通过解方程组求出最优解；

（4）答：作出答案.

例 8-8　某钢材厂要将两种大小不同的钢板截成 A、B、C 三种规格，每张钢板可同时截得三种规格小钢板的块数如表 8-9：

表 8-9　钢板规格

	A 规格	B 规格	C 规格
第一种钢板	1	2	1
第二种钢板	1	1	3

每张钢板的面积，第一种为 1 m^2，第二种为 2 m^2. 今需要 A、B、C 三种规格的成品各 12、15、27 块，请你们为该厂计划一下，应该分别截这两种钢板多少张，可以得到所需的三种规格成品，而且使所用钢板的面积最小？

解：设选用第一种钢板为 x 张，第二种钢板为 y 张，它们的面积为 $z\ \mathrm{m}^2$，

则 $\begin{cases} x+y\geqslant 12 \\ 2x+y\geqslant 15 \\ x+3y\geqslant 27 \\ x\geqslant 0 \\ y\geqslant 0 \end{cases}$，

$z=x+2y$.

作出可行域（见图 8-4）和直线 $l:x+2y=4$，当直线 l:平移到 l_1 时 z 最小.

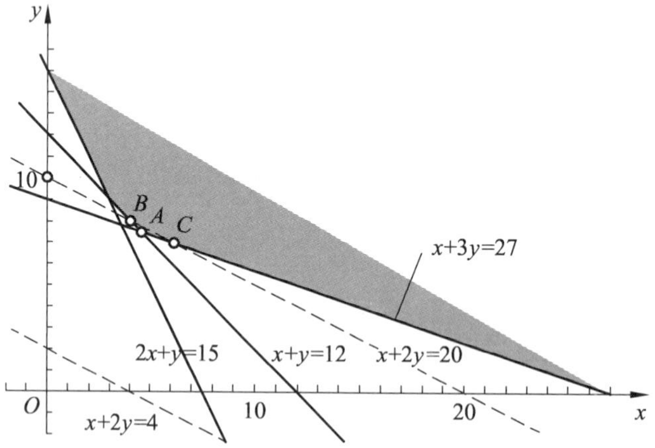

图 8-4

解方程组 $\begin{cases} x+y=12 \\ x+3y=27 \end{cases}$，得 $\begin{cases} x=\dfrac{9}{2} \\ y=\dfrac{15}{2} \end{cases}$，这时 $z=19\dfrac{1}{2}$，所以 $A\left(\dfrac{9}{2},\dfrac{15}{2}\right)$不是最优解.

令 $x+2y=20$，并作出它对应的直线 l_2，解方程组 $\begin{cases} x+y=12 \\ x+2y=20 \end{cases}$，$\begin{cases} x+3y=27 \\ x+2y=20 \end{cases}$分别得：$\begin{cases} x=4 \\ y=8 \end{cases}$和$\begin{cases} x=6 \\ y=7 \end{cases}$，即直线 $x+2y=20$ 落在可行域内的线段两端点为 $B(4,8)$，$C(6,7)$，且 B、C 两点之间没有其他整数解.

答：应分别选用第一种钢板 4 张，第二种钢板 8 张或第一种钢板 6 张，

第二种钢板 7 张，可使所用钢板的面积最小.

例 8-9　某运输公司有 7 辆载重量为 6 t 的 A 型卡车和 4 辆载重量为 10 t 的 B 型卡车，有 9 名驾驶员. 在建筑某段高速公路中，此公司承包了每天至少搬运 360 t 沥青的任务. 已知每辆卡车每天往返的次数为：A 型卡车 8 次，B 型卡车 6 次. 每辆卡车每天往返的成本费为：A 型车 160 元，B 型车 252 元. 每天派出 A 型车与 B 型车各多少辆公司所花成本费用最低？

解：设每天出动 A 型车 x 辆，B 型车 y 辆，公司所花成本为 z 元，

则 $\begin{cases} 0 \leqslant x \leqslant 7 \\ 0 \leqslant y \leqslant 4 \\ x+y \leqslant 9 \\ 6\times 8\times x+10\times 6\times y \geqslant 360 \end{cases}$　　即：$\begin{cases} 0 \leqslant x \leqslant 7 \\ 0 \leqslant y \leqslant 4 \\ x+y \leqslant 9 \\ 4x+5y \geqslant 30 \end{cases}$

作出可行域（见图 8-5），要使 $z=160x+252y$ 取最小值，在可行域内对某个确定的整数 y，x 取最小的整数（也可以先定 x，再定 y 的值），这样，在可行域内可能成为最优解的可行解有 $(7,1),(5,2),(4,3),(3,4)$，分别代入目标函数，点 $(5,2)$ 使 $z=160x+252y$ 取最小值，最小值为 1304 元.

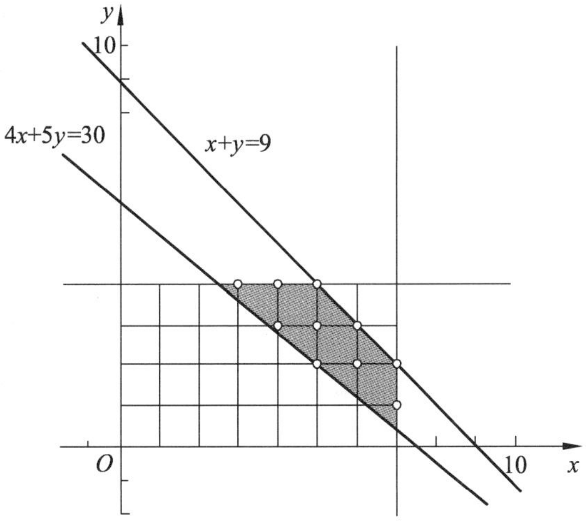

图 8-5

当此小组的发言人解释完其解答过程后，一同学 A 提出：此解答只考虑在保证完成任务的情况下使公司每天的开支达到最小，这与实际不相符，事实上，公司要获取最大利润，应使每吨的成本费最低.（由同学 A 代表这

一小组展示他们的成果）

若将运输每吨沥青支付的费用最少作为优化目标，那么目标函数应为 $\dfrac{160x+252y}{(6\times8)x+(10\times6)y}$，设目标函数为 z，则 $z=\dfrac{40x+63y}{12x+15y}$，当 z 取最小值时为最优解. 这样目标函数就是非线性的，虽然是非线性的，但其求解却反而简单了，我们可以作如下变形：

$$z=\frac{40\frac{x}{y}+63}{12\frac{x}{y}+15}，令\frac{x}{y}=u，则 z=\frac{40u+63}{12u+15}=\frac{10}{3}+\frac{13}{12u+15}，当 u 取最大值时，$$

目标函数 z 取最小值. 由可行域显然可知，当 x 取最大整数值 7，y 取最小整数值 1 时，$u=\dfrac{x}{y}$ 的最大值为 7，此目标函数 z 取最小值，即：$z_{\min}=\dfrac{40\times7+63}{12\times7+15}=\dfrac{343}{99}\approx3.46$（元），而当 $x=5, y=2$ 时，$z=\dfrac{40\times5+63\times2}{12\times5+15\times2}=\dfrac{326}{90}\approx3.62$，因此每天派 A 型车 7 辆，B 型车 1 辆时，每吨的成本费最低.

例 8-10 某运输公司每天至少向某地运送 180 t 物质，该公司有 8 辆载重为 6 t 的 A 型卡车与 4 辆载重为 10 t 的 B 型卡车，有 10 名驾驶员，每辆卡车每天往返的次数为 A 型卡车 4 次，B 型卡车 3 次；每辆卡车每天往返的成本为 A 型卡车 320 元，B 型卡车 504 元，你认为该公司怎样调配车辆，使运费成本最低，最低运费是多少？

分析： 设调配 A 型卡车 x 辆，B 型卡车 y 辆，根据题设条件列出关于 x, y 的不等式组，而费用为 $z=320x+504y$，画出不等式组对应的可行域，平移动直线 $320x+504y-z=0$ 可得 z 何时取最小值.

解： 设调配 A 型卡车 x 辆，B 型卡车 y 辆，则 x, y 满足

$$\begin{cases}0\leqslant x\leqslant 8\\0\leqslant y\leqslant 4\\x+y\leqslant 10\\4\times6\times x+3\times10\times y\geqslant 180\\x, y\in\mathbf{N}\end{cases},$$

整理得到$\begin{cases}0\leqslant x\leqslant 8\\0\leqslant y\leqslant 4\\x+y\leqslant 10\\4x+5y\geqslant 30\\x,y\in\mathbf{N}\end{cases}$.

设费用为z，则$z=320x+504y$，不等组对应的可行域如图 8-6 所示：

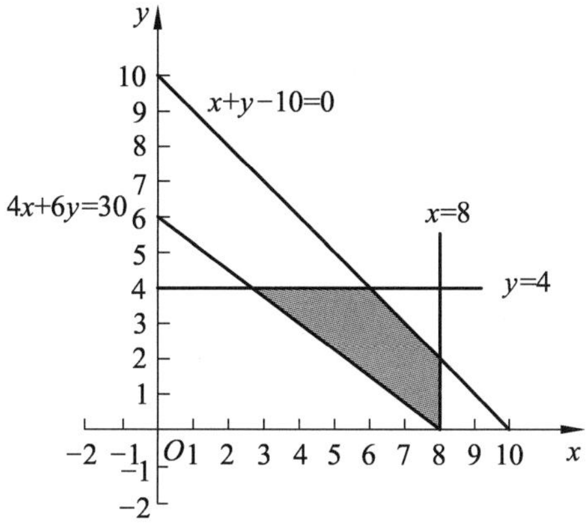

图 8-6

考虑动直线$320x+504y-z=0$，其斜率为$k=-\frac{40}{63}>-\frac{2}{3}$，

因为$4x+6y=30$与x轴的交点为$(7.5,0)$，

故当动直线$320x+504y-z=0$过$(7.5,0)$附近的整点$(7,1)$或$(8,0)$时可取最小值.

当$x=7,y=1$时，$z=2744$；当$x=8,y=0$时，$z=2560$.

故调配 A 型卡车 8 辆，B 型卡车 0 辆时，费用最低且最低费用为 2560 元.

例 8-11　某企业生产 A、B 两种产品，生产每 1 t 产品所需的劳动力、煤和电消耗如表 8-10 所示.

表 8-10　生产 1 t 产品所需劳动力、煤和电

产品品种	劳动力/个	煤/t	电/（kW·h）
A	3	9	4
B	10	4	5

已知生产 1 t A 产品的利润是 7 万元，生产 1 t B 产品的利润是12万元.现因条件限制，企业仅有劳动力 300 个，煤 360 t，并且供电局只能供电 200 kW・h，则企业生产 A、B 两种产品各多少吨，才能获得最大利润？

分析：生产 A 种产品 x t，B 种产品 y t，获得的利润为 z 万元，根据题意列出关于 x 、y 的约束条件以及线性目标函数，利用平移直线法得出线性目标函数取得最大值的最优解,并将最优解代入线性目标函数即可得出该企业所获利润的最大值.

解：设该企业生产 A 种产品 x t，B 种产品 y t，获得的利润为 z 万元，目标函数为 $z=7x+12y$.

则变量 x 、y 所满足的约束条件为 $\begin{cases}3x+10y\leqslant 300\\9x+4y\leqslant 360\\4x+5y\leqslant 200\\x\geqslant 0, y\geqslant 0\end{cases}$ ，作出可行域如图 8-7 所示.

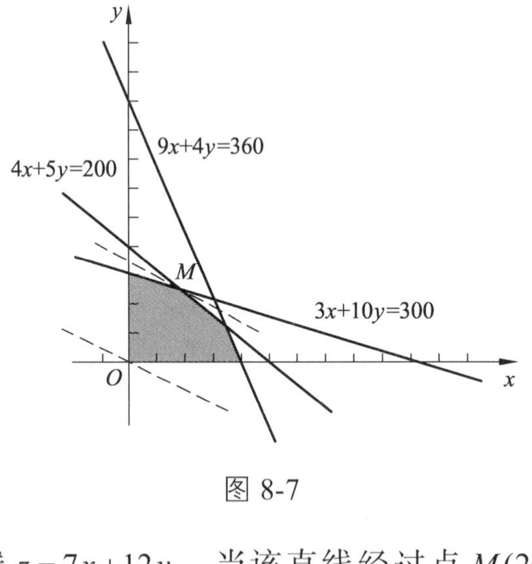

图 8-7

作出一组平行直线 $z=7x+12y$ ，当该直线经过点 $M(20,24)$ 时，直线 $z=7x+12y$ 在 x 轴上的截距最大，此时 z 取最大值，即 $z_{\max}=7\times 20+12\times 24=428$（万元）.

答：当生产 A 种产品 20 t，B 种产品 24 t 时，企业获得最大利润，且最大利润为 428 万元.

8.3.4　线性规划在教学中应用的其他案例

例 8-12　央视为改版后的“非常 6 + 1”栏目播放两套宣传片. 其中宣传片甲播映时间为 3 min 30 s，广告时间为 30 s，收视观众为 60 万；宣传片乙播映时间为 1 min，广告时间为 1 min，收视观众为 20 万. 广告公司规定每周至少有 3.5 min 广告，而电视台每周只能为该栏目宣传片提供不多于 16 min 的节目时间. 电视台每周应播映两套宣传片各多少次，才能使得收视观众最多？

利用央视的名牌栏目“非常 6+1”和主持人作为引入和切入点设计一道电视台播放节目和广告的例题. 影像生动，贴近生活，调动学生的新鲜感和好奇心. 使枯燥无味的应用题显出生趣盎然. 从学生日常生活中看得见、摸得着的事例开始，积极创设可操作的教学内容，寓数学知识于学生喜闻乐见的活动中，增强学生对数学内容的亲切感，激发学生对数学的求知欲. 从现实情境中使学生体验数学在日常生活中的应用，体会数学与生活的密切联系，从而激发学生学习数学的兴趣，增强他们学习数学的信心，培养学生的数学应用意识和实践能力，让数学成为学生发展的重要动力源泉，从创设情境到问题探究，都具有趣味性，富有挑战性. 数学应用题的建模必须让学生逐个消化条件，理清思路. 引导学生通过一个表格分析比较，通过填表进一步理解题意和学会列表，使学生循序渐进，主动思考. 经过学生思考，讨论交流，寻找目标函数和约束条件，师生合作，共同得出该题的解. 多媒体演示图解法求解过程，作可行域，平移直线，寻找最优解. 启发诱导学生归纳总结简单线性规划应用问题的求解步骤. 在教学活动中遵循由特殊到一般，从现象到本质的认知规律，引导学生以运动变化的观点揭示知识的内在联系，以联系的观点揭示问题的本质规律. 放手让学生探讨身边的数学问题. 让学生感受数学来源实践，贴近生活，使学生在掌握数学知识和方法的同时，享受学习数学带来的情感体验和成功的喜悦.

例 8-13　2021 年北京冬奥会期间，清华大学计划安排 480 名志愿者前往国家体育场（“鸟巢”）进行志愿活动. 清华后勤集团有 7 辆小巴，4 辆大巴，其中小巴能载 16 人，大巴能载 32 人. 前往过程中，每辆客车最多往返次数小巴为 5 次，大巴为 3 次，每次运输成本小巴为 48 元，大巴为 60 元. 请问应派小巴大巴各多少辆，能使总费用最少？

学生分组讨论，探索解法. 思考片刻后，安排学生练习，用实物投影仪将学生的练习结果投影给大家，有针对性的讲解，纠正错误. 在整点最优解的讲解过程中，引导学生从图形中观察一个可能的结果，然后提出问题，设置悬念. 学生在自己的思考结果和教师提出的疑问之中徘徊、突破，在两种思想碰撞的火花中掌握网格法处理整点最优解问题，体会学习数学的乐趣.

例 8-14 2021 年新冠疫情期间，某制药厂生产甲、乙两种药品，每生产 1 t 药品的电耗、所需劳动力、产值如表 8-11 所示.

表 8-11 每生产 1 t 药品的电耗、所需劳动力、产值

产品	电耗/（kW · h）	劳动力/人	产值/万元
甲	4	3	1
乙	5	10	2

已知该厂有劳动力 300 人，按计划电耗每天不超过 200 kW · h，每天应生产多少吨产品甲和多少吨产品乙，可使产值最大？

在此之前，学生遇到的求最值问题中，当表达式中含有两个变量时，解决方法都是将其中一个变量替换成另外一个变量，再求最值. 但是这里，x、y 之间满足的不再是等量关系，已经无法进行代数替换了，如何让学生理解解决此类问题的办法—数形结合法呢？教师在教学过程中使用多媒体设备辅助教学，运用几何画板进行动态演示.

首先，让点沿着一条直线在可行域内移动，发现在 z 值不变. 此时，学生自然而然地意识到，要使 z 值变化，必须让直线动起来. 这样，很快就找到了 z 的最大值，但是，对于数学学习而言，这远远不够. 那么，原因究竟是什么呢？联想到直线动时变化的量有倾斜角、截距等等，学生很快意识到要将目标函数进行变形，而 $y = -1/2x + z/2$ 表示斜率为$-1/2$ 的一束平行直线，$z/2$ 表示直线的截距，只需观察直线与可行域有交点时截距的变化情况

即可. 问题至此被彻底解决. 借助几何画板演示寻找最值的过程，既直观又清晰，不仅帮助学生迅速得到结论，还引发了学生的好奇心，进而指引其“执果索因”探究过程符合学生的认知规律，注重知识的形成过程，有利于学生完整地构建知识结构体系. 教学引入中的实际问题，从建模到找准可行域，再到求解最值，最终问题得以解决，环环相扣. 整个过程既让学生感受了数学的应用价值，也增强学生分析问题和解决问题的能力.

第 9 章 排列组合及其在生活中的应用

随着对高中数学知识学习的深入，运用不断重新建构的数学知识与思维方式去观察和思考生活中的问题时有更多维化的视角. 排列组合问题作为一种数学理论方法，是高中数学课程学习中的重中之重，而且其灵活和多变的特性导致了其难度较高. 不过由于排列组合问题在生活中有着广泛的应用，所以如果在掌握排列组合这一重要的数学理论工具后，将其与概率论和统计学知识相结合，多将排列组合问题融入实际生活中去并加以探讨研究，对貌似不相关的事物根据某种特质进行分类并建立起数学分析模型，势必可以帮助我们更为深入理解排列组合知识，从而更好地解决该类型问题. 解决排列组合问题的基础是通过数学计数、算术和逻辑. 该类知识要求学生养成发散思维和逻辑创新能力. 相对枯燥无味的数学计算，其问题的解决需要独特且巧妙的解题思维和思想方法. 本章就以讨论高中数学中排列组合问题的实际应用来进一步加强巩固和理解排列组合知识. 同时，借此来提高排列组合知识的实际运用能力.

9.1 排列组合简介

9.1.1 排列组合的概念

顾名思义，排列组合分为排列和组合. 其中排列是指从 m 个互不相同的元素中，按照顺序对取出的 n 个元素进行排列；而组合是任取 n 个元素组成一组. 最简单的解释就是：与顺序有关的为排列问题，与顺序无关的为组合问题. 即 1，2 和 2，1 是两个排列；而 1，2 和 2，1 只为一个组合. 其中排列的计算公式为 $A_n^m = n(n-1)(n-2)\cdots(n-m+1) = \dfrac{n!}{(n-m)!}$；组合的计算公式为$C_n^m = \frac{A_n^m}{A_m^m} = \frac{n!}{m!(n-m)!}$. 从排列组合的基础知识可以发现，要想解决这类问题必须具有对知识的综合运用能力和缜密的分析计算能力.

9.1.2　排列组合问题的解决技巧

排列组问题的解决技巧主要有插空法、捆绑法、排除法、转化法、分类法. 其中插空法主要是解决两个及以上元素要求不相邻的情况，将有限制条件的元素按规定插入排列好的元素当中. 捆绑法是处理几个相近元素排在一起的情况，先处理相邻元素再排列其他元素. 排除法是应对一些正面直接考虑复杂但从反而容易解决的情况. 转化法是利用转化思想化归为简单的、直白且具体的问题来解决. 分类法是当元素种类多、选取情况多时，按照要求进行分类讨论，最后汇总的方法.

由于解决排列组合的技巧较多，因此，要对各个方法了然于心，这样在处理排列组合问题时能够做到运筹帷幄、得心应手. 在应对不同类型问题时，要做到快速反应，运用相应技巧对症下药. 在处理复杂排列组合时可以结合多种技巧进行解决.

9.2　排列组合问题在生活中的应用

在日常生活中人们通常意识不到自身所做的选择中蕴含的排列组合思维元素. 例如人们选择穿衣搭配、出行路线以及选购日常用品时，头脑中都会闪过一些筛选条件，例如服装或配饰的颜色、出行路上有多少可支配的时间以及一共有多少种潜在选择等. 而在学习排列组合理论知识后，面对这些日常行为时就有了不一样的思考方向. 在工农业生产中，排列组合的思想也是经常困扰着人们，如各种农作物的相互套种，各种机械设备的相互搭配，各种最优化方案的选择，各种投资合理性的选择，各种收益和产出的效率分析……排列组合的思维不仅仅是选 A 或者选 B 这么简单，而是根据需要选择最优、最佳方案，指导实际生活和生产活动；或者是根据离散片段的共同特点，选择其统一的规律，根据这种规律得出相应结论的思维方式.

9.2.1 排列组合知识在城市绿化中的运用

在城市绿化过程中，不仅要保证城市的植被覆盖率，还要让市民感受到不同植物合理排列营造出来的美景氛围. 这就需要运用排列组合方法来对不同的植物进行合理的分配，避免出现观赏单一的植物造成的审美疲劳，我们可以将其抽象成数学中的涂色问题.

例如，在一块正方形的草坪上被垂直交错的人行道分成四个部分，要求把 5 种不同颜色的花朵种植到草坪上，并且为了体现植物的多彩缤纷，相邻的两块草坪种植的花朵颜色不同，且在同一草坪上只能种植一种颜色的花朵. 求市政绿化部门有多少个可选栽种方案.

可以假设四块草坪编号分别为 1，2，3，4. 其中 1，3 和 2，4 是相对的，颜色可以相同或者不同. 但 1 与 2，2 与 3，3 与 4，4 与 1 颜色不能相似. 因此，可以从相对的两块草坪入手进行分类，再进行分步就可以解决该问题了. 通过计算就可知共有180种可能方法. 市政绿化部门只要多加利用组合排列知识就能对城市的绿化工程有创新性的布置，避免出现重复绿化问题.

1. 按区域分步涂色计数法

例 9-1 如图 9-1 所示，要给地图 A、B、C、D 四个区域分别涂上 3 种不同颜色中的某一种，允许同一种颜色使用多次，但相邻区域必须涂不同的颜色，不同的涂色方案有多少种？

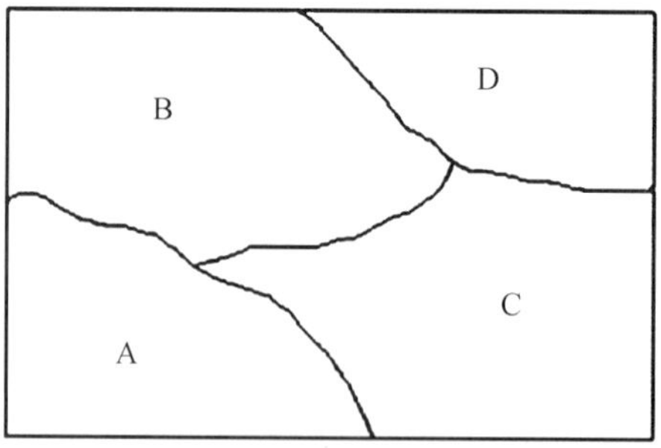

图 9-1

解： 根据题意，由于要用 3 种颜色来给四块地涂色，则可以先给 A 涂色有 3 种，再给 B 涂色有 2 种，由于 A、D 相同时，则 C、D 的涂法有 1 种，根据分布乘法计数原理可知共有 $3\times2\times1\times1=6$ 故答案为 6.

跟踪练习 1：如图 9-2 所示，要给①②③④四块区域分别涂上 5 种颜色中的某一种，允许同一颜色使用多次，但相邻区域必须涂不同颜色，则不同涂色方法种数为（　　）.

A. 180　　B. 160　　C. 96　　D. 60

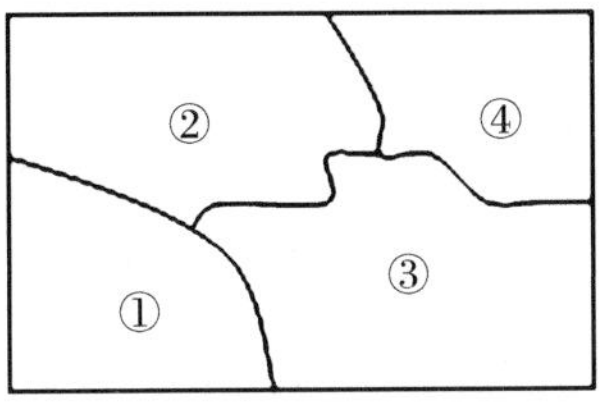

图 9-2

2. 按颜色分类涂色计数法

例 9-2　如图 9-3，一个地区分为 5 个行政区域，现给地图着色，要求相邻区域不得使用同一颜色，现有 4 种颜色可供选择，则不同的着色方法共有（　　）种.（以数字作答）

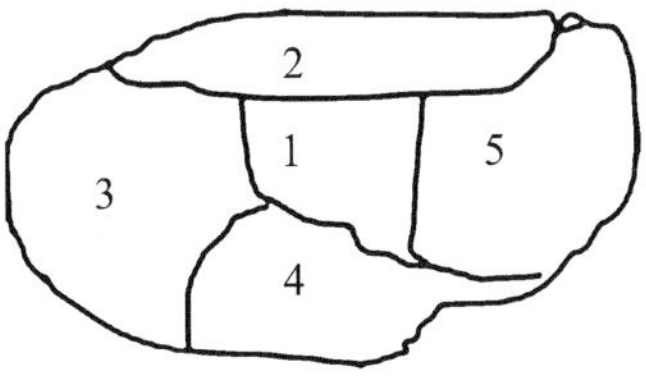

图 9-3

试题分析：由题意，选用 3 种颜色时，必须是②④同色，③⑤同色，与①进行全排列，涂色方法有 $C_4^3 \cdot A_3^3 = 24$ 种；4 色全用时涂色方法：是②④同色或③⑤同色，有 2 种情况，涂色方法有 $C_2^1 \cdot A_4^4 = 48$ 种，所以共 72 种.

跟踪练习 2：如图 9-4，用红、黄、蓝、白、黑 5 种颜色涂在“田”字形的 4 个小方格内，每格涂一种颜色，相邻的两格涂不同的颜色，如果颜色可以反复使用，共有多少种不同的涂色方法？

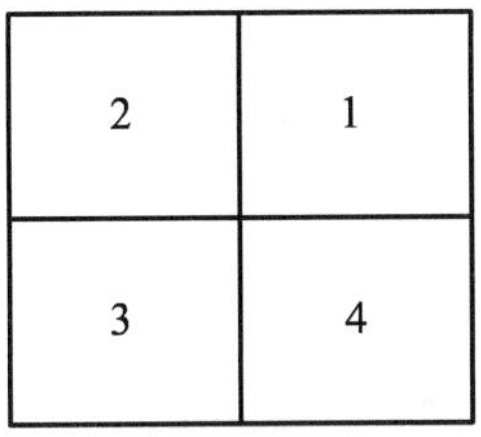

图 9-4

9.2.2 排列组合在物品分配中的应用

物品分配也是生活中常见的问题，例如：食品分配、工资分配和证件分配等，如果没有按照一定的方法进行合理分配，可能会导致矛盾的发生. 因此，人们应该将分配问题与排列组合相联系，利用排列组合相关知识解决分配问题. 以苹果分配为例子，将 8 个大小不一的苹果分配给 4 个人，如果按照正常分配，每个人可以得到 2 个苹果，但是由于苹果大小不一，有的人可能得到两个较大的苹果，与之相反，有的人则会得到两个稍小的苹果，这就有可能导致矛盾的产生. 所以人们在分配苹果的过程中，应利用排列组合对每种分配方式进行解析，在解析的过程中，人们可以从实际出发，对每一种分配方法进行具体的分析，分析每种方法的优势和不足，并以此为基础对分配方法进行完善，从而计算出合理的结果. 分配问题是生活上的常见问题，也是非常诱发矛盾的问题，为此人们一定要提高对分配问题的重视，应用排列组合知识，科学制定分配方法，合理地进行物品分配，避免因分配不均引发矛盾问题的发生.

例 9-3 某班团支部已经买了 5 种不同的礼品，准备送给敬老院的三位老人，问有多少种不同的礼品派送方法？

分析：根据题意，只需从 5 件不同的礼物中顺序选出 3 件，对应送给 3 位老人即可，是排列问题，由排列数公式可得答案.

解：根据题意，只需从 5 件不同的礼物中顺序选出 3 件，对应送给 3 位老人即可，有 A_5^3种方法，即 60 种.

例 9-4 现有 5 本书和 3 位同学，将书全部分给这三位同学.

（1）若 5 本书完全相同，每个同学至少有一本书，共有多少种分法？

（2）若 5 本书都不相同，共有多少种分法？

（3）若 5 本书都不相同，每个同学至少有一本书，共有多少种分法？

解析：（1）利用挡板法，将 5 本书分成三堆，即有 C_4^3 种.

（2）根据排列组合知识，有 A_5^3种.

（3）先将书分成 113 或者 122，再分配给三位同学，有$\left(\dfrac{C_5^2C_3^2}{A_2^2}+\dfrac{C_5^3C_2^1}{A_2^2}\right)A_3^3$种.

9.2.3 “捆绑法”“插空法”和“隔板法”的应用

捆绑法和插空法是解排列组合问题的重要方法之一，主要用于解决“相邻问题”及“不邻问题”. 总的解题原则是“相邻问题捆绑法，不邻问题插空法”.

1.“相邻问题”捆绑法

在解决对于某几个元素要求相邻的问题时，先将其“捆绑”后整体考虑，也就是将相邻元素视作“一个”大元素进行排序，然后再考虑大元素内部各元素间排列顺序的解题策略.

例 9-5 若有 A、B、C、D、E 五个人排队，要求 A 和 B 两个人必须站在相邻位置，则有多少排队方法?

解析: 题目要求 A 和 B 两个人必须排在一起，首先将 A 和 B 两个人“捆绑”，视其为“一个人”，也即对“A，B”、C、D、E“四个人”进行排列，有 A_4^4 种排法. 又因为捆绑在一起的 A、B 两人也要排序，有 A_2^2 种排法. 根据分步乘法原理，总的排法有 $A_4^4 \cdot A_2^2 = 48$ 种.

跟踪练习 3: 有 8 本不同的书，其中数学书 3 本，外语书 2 本，其他学科书 3 本. 若将这些书排成一列放在书架上，让数学书排在一起，外语书也恰好排在一起的排法共有多少种?

2.“不邻问题”插空法

在解决对于某几个元素要求不相邻的问题时，先将其他元素排好，再将指定的不相邻的元素插入已排好元素的间隙或两端位置，从而将问题解决的策略.

例 9-6 若有 A、B、C、D、E 五个人排队，要求 A 和 B 两个人必须不站在一起，则有多少排队方法?

解析: 题目要求 A 和 B 两个人必须隔开. 首先将 C、D、E 三个人排列，有 A_3^3 种排法；若排成 D C E，则 D、C、E“中间”和“两端”共有四个空位置，也即是：$\smile$ D $\smile$ C $\smile$ E $\smile$，此时可将 A、B 两人插到四个空位置中的任意两个位置，有 A_4^2 种插法. 由乘法原理，共有 $A_3^3 \cdot A_4^2 = 72$ 种排队方法.

跟踪练习 5：在一张节目单中原有 6 个节目，若保持这些节目相对顺序不变，再添加进去 3 个节目，则所有不同的添加方法共有多少种？

3. 隔板法

隔板法是将相同的球放入不同的盒子，每盒放入球的个数不限，求不同方法种数的一种解题方法．利用隔板法能够巧解许多排列、组合问题．

例 9-7　把 8 个相同的球放入 4 个不同的盒子，有多少种不同方法？

解：取 3 块相同隔板，连同 8 个相同的小球排成一排，共 11 个位置．由隔板法知，在 11 个位置中任取 3 个位置排上隔板，共有 $C_{11}^{3}=165$ 种排法．

相同的球放入不同的盒子，每个盒子放球数不限，适合隔板法．隔板的块数要比盒子数少 1．

跟踪练习 6：某校召开学生会议，要将 10 个学生代表名额，分配到某年级的 6 个班中，若每班至少 1 个名额，又有多少种不同分法？

第 10 章　圆锥曲线及其在生活中的应用

10.1　圆锥曲线简介

圆锥曲线中含有圆、椭圆、双曲线与抛物线，通过直角坐标系可与二次方程作联系，所以圆锥曲线也可成为二次曲线. 历史上第一个研究圆锥曲线的是梅纳库莫斯，而圆锥曲线最早的系统研究是由古希腊科学家阿波罗尼所进行的. 阿波罗尼在圆锥曲线上获得的成就也是最突出的. 他对欧几里得的成果进行系统归纳总结，将所有规律充分解析使后人受益无穷. 圆锥曲线大到可以用来探索光学、探索地球宇宙基本形式，小到可以在生活把它运用到望远镜、台灯灯罩、热电站冷凝塔的结构中去，圆锥曲线所拥有特质的光学性能、科学性质能够在生活中的运用大放光彩.

圆锥曲线在天文学上的应用是广泛的，在行星的运动轨迹中，就包括了曲线运动、椭圆轨道以及抛物线的轨迹. 以椭圆轨道为模型可以计算行星绕日运动时间，牛顿通过平方反比定律，证明了行星的轨道是一个椭圆. 以天体运动为载体的研究方向将成为我们学习圆锥曲线的重要意义.

10.2　圆在生活中的应用

10.2.1　圆周率的运用

圆周率在数学领域中的应用圆周率作为数学学科中的一种数学常数，其应用价值首先体现在数学领域中. 圆周率的近似数值虽然目前已被明确，同时在计算机的帮助下，圆周率的数值也已精确到 4.8 亿位以上，但在计算过程中所采用的计算方法与公式却是完全不同的. 不同计算方法和公式所得数值的精确度也有所不同，计算效率也不同，自然会存在优劣之分. 因而，很多人也开始习惯于通过对圆周率的计算来反证公式的优劣. 例如，在进行工程软件的设计时，通过计算机计算圆周率至固定位数之后，再将不同公式下计算机完成计算所耗费的时间记录下来，这样耗时越短的公式自然更具优越性；而采用更加优越的公式计算，工程软件的计算效率与性能也会得到很大的提升. 另外，使用不同方法对圆周率进行计算也推动了数学学科的发展. 例如，18 世纪后期，由法国科学家布丰提出的投针试验就突破了传统圆周率算法的模式，首次通过几何公式来表达概率问题，并利用随机性的方法对确定性的问题进行了有效处理，这在整个数学史上都是一个巨大的进步.

在计算机领域中应用圆周率的计算不仅能够确定数学公式的优越性，同时也能用于衡量计算机的性能. 众所周知，最初的计算机只具备单一的计算功能，经过近些年来的发展，计算机的性能虽然变得更加多样，但高性能计算机所具备的强大计算能力仍发挥着重要作用. 而要想判断计算机的性能，确定其计算速度、精确度及准确性，则通常采用对 π 数值进行计算的方法. π 本身属于无限不循环小数，在计算中并不具备特定规律，只能依靠单纯的计算来确定数值，因而可以真实体现计算机的计算性能. 如果在同样的时间内，计算机所计算出的圆周率数值位数更多，且不存在误差，或是计算同一位数的圆周率数值所用时间更短，那么显然就意味着其性能更高. 目前，这一简单便捷的方法已在全世界范围内得到了广泛应用，很多高性能计算机在投 入使用前都会运用这种方法进行检测，而圆周率也在计算机的性能改进方面做出了重要贡献.

在密码学领域中圆周率的应用密码学属于数学学科的一个分支，但随着近年来的信息科学的不断发展，目前已逐渐成了一门独立的学科. 在现代密码学中，圆周率在密码编制方面所发挥的作用也同样十分关键. 圆周率本身无限不循环的特性使得其数值不仅毫无规律，同时也是不满足任何整 系数代数方程的实数（即超越数），这就使得圆周率具备了作为密码源的基本要求. 同时，无线不循环意味着这一密码源是由无数个数字组成的，源文的提取只受当前计算机计算性能的限制，其本身是不会对密码产生限制的. 因此，借助圆周率的数值，我们就能够得到无数个密码的密码源文，并据此编制出常规统计学方法根本无法破译的密码.

圆周率在人类记忆力锻炼中的应用、在现实生活中，虽然将圆周率的近似数值定义为 3.14，但也常常会看到很多人表演小数点后 100 位，甚至是 1000 位的圆周率的背诵. 看到这些表演，我们在对表演者感到敬佩的同时，往往也会产生疑问，即这种看似毫无意义的背诵为什么会受到如此推崇呢？科学研究表明，人类的记忆力通过特殊的锻炼方法，能够得到有效增强，而通过对多位圆周率数值的记忆与背诵，则是锻炼记忆力的一种有效方法. 首先，圆周率本身是毫无规律的，因而记忆起来更具难度；同时，由于圆周率数值是无穷无尽的，因而也适合不同记忆力水平的人群. 另外，近年来关于圆周率记忆方法已形成了一个体系，如故事记忆法、诗歌记忆法等，各种方法层出不穷.

10.2.2　圆的运用

圆形，是一个看来简单，实际上是十分奇妙的形状. 古代人最早是从太阳、阴历十五的月亮得到圆的概念的. 一万八千年前的山顶洞人曾经在兽牙、砾石和石珠上钻孔，那些孔有的就很像圆. 到了陶器时代，许多陶器都是圆的. 圆的陶器是将泥土放在一个转盘上制成的.

当人们开始纺线，又制出了圆形的石纺锤或陶纺锤. 古代人还发现搬运圆的木头时滚着走比较省劲. 后来他们在搬运重物的时候，就把几段圆木垫在大树、大石头下面滚着走，这样当然比扛着走省力得多.

约在 6000 年前，美索不达米亚人，做出了世界上第一个轮子——圆形的木盘. 大约在 4000 多年前，人们将圆的木盘固定在木架下，这就成了最初的车子. 会作圆，但不一定就懂得圆的性质. 古代埃及人就认为：圆，是神赐给人的神圣图形. 一直到两千多年前我国的墨子（约公元前 468—前 376 年）才给圆下了一个定义：圆，一中同长也. 意思是说：圆有一个圆心，圆心到圆周的长都相等. 这个定义比希腊数学家欧几里得（约公元前 330—前 275 年）给圆下定义要早 100 年.

（1）车轮

车轮是介于轮胎和车轴之间所承受负荷的旋转组件，通常由两个主要部件轮辋和轮辐组成. 轮辋是在车轮上安装和支承轮胎的部件，轮辐是在车轮上介于车轴和轮辋之间的支承部件. 车轮除上述部件外，有时还包含轮毂.

（2）杯子

杯子从古至今其主要功能都是用来饮酒或饮茶. 基本器型大多是直口或敞口，口沿直径与杯高近乎相等. 有平底、圈足或高足.

（3）风扇

电风扇的主要部件是交流电动机. 其工作原理是：通电线圈在磁场中受力而转动. 能量的转化形式是：电能主要转化为机械能，同时由于线圈有电阻，所以不可避免地有一部分电能要转化为热能.

（4）方向盘

120 多年前，汽车发明人最初在蒸汽汽车上安置的方向盘是装在垂直的转向柱上，其缺陷是不利于驾车者的操纵和妨碍视线.

（5）放大镜

放大镜定义：放大镜（英文名称：magnifier）是用来观察物体微小细节的简单目视光学器件，是焦距比眼的明视距离小得多的会聚透镜. 物体在人眼视网膜上所成像的大小正比于物对眼所张的角（视角）.

（6）蒙古包

根据几何学，周长相同时，圆的面积比其他任何形状的面积都大，相同数量的材料要做成容积最大的东西，就是做成圆柱形. 自来水管、煤气管、下水道井盖、草原蒙古包等，就是这一原理的应用.

从蒙古包上的结构上看，它是圆形的（见图 10-1），比其他形状建筑相比利用面积是最大的，因为当周长一定时，所有图形中圆的面积最大. 圆形可以减少大风对建筑物直接作用，风可以顺利地从蒙古包的两旁通过.

图 10-1

从力学角度讲，圆形四周受力是一样的. 蒙古包就是应用这个原理，蒙古包的顶是天穹式，呈圆形，木架外边用白羊毛毡覆盖，因为它是圆形，立在草原上，大风雪阻力小，地震也不容易变形.

（7）硬币

硬币是圆的，古代史有刀币等各种图形的，后来只有圆形流通下来的原因如下：古代人认为天圆地方，这就是为什么古代钱币中间有个正方形. 圆形硬币易于铸造，节约成本；没有棱角，便于携带，可以尽量减少流通过程中的磨损.

钱币作为商品交换的媒介手段，其存在形式是随着社会生产力的发展和社会演化而变化的. 目前，我国流通的硬币有壹元、伍角和壹角三种，流通量非常大，承载着辅币的重要作用. 硬币作为钱币的一种形式，其本质同样是一种记号，需要高度重视其外观设计和形式的内涵. 圆形方孔样式的钱币设计在中国古代社会流通了几千年，经历了时间、实践的检验，必然有其合理的一面. 随着国际化时代的到来，中国需要通过钱币向世界彰显自己的国家形象，圆形方孔样式的币形设计是重要的选择方案.

人民币硬币应采用圆形方孔样式的设计，有以下 6 点好处：

① 圆形方孔样式的钱币在中华大地上延续使用了 2000 多年. 今天，采用圆形方孔样式的钱币设计和中华文明是一脉相承的. 这种币形在世界货币中绝无仅有，体现出强烈的中国风格和国家形象，清楚地展现了超越国家表象层面，对我们国家悠久的历史和文化的理解.

② 人民币硬币主要采用镍、铜、铝合金材料制成，材料贵重，如果采用圆形方孔设计，可以合情合理地为我国节省数额可观的材料费用.

③ 中国古代的圆形方孔钱币是世界收藏爱好者收藏的目标. 如果人民币硬币采用方孔圆形钱币的设计，也会吸引全世界对人民币硬币收藏热潮.

④ 以圆形方孔样式设计的钱币，在形式上符合现代平面设计中的对称、均衡、对立统一的设计原理. 这种形式也包含丰富的哲理和美好的寓意，体现了中国古人朴素的天文宇宙观.

⑤ 目前，乘公交车、购买饮料的自动投币机等公共场合，需要投币的情况很多. 然而，数目繁多的硬币不便于携带. 如果采用圆形方孔样式的钱

币，易于携带保存.

总的来说，圆在我们的生活中无处不在. 圆充满了奥秘，地球是圆的，交通工具的轮胎也是圆的，比如：汽车的轮子、公交车、出租车的车轮全部是由圆组成的，生活中的硬币是圆的，玩具熊上的眼睛也是圆的.

例 10-1 一个小岛的周围有环岛暗礁，暗礁分布在以小岛中心为圆心，半径为 20 km 的圆形区域内，已知小岛中心位于轮船 A 正西 40 km 处，港口位于小岛 B 中心正北 30 km 处. 如果轮船沿直线返港，那么它是否会有触礁的危险？

解： 以小岛中心为圆点，东西方向为 x 轴，建立如图的坐标系（见图 10-2）. 为了运算简便，取 10 km 为一个单位长度，则有：

圆的方程可为：$x^2+y^2=4$，直线 AB 的方程为：$3x+4y-12=0$.

联立直线与圆的方程，则有：$\begin{cases}x^2+y^2=4\\3x+4y-12=0\end{cases}$

化简消去 y 可得一个一元二次方程：$225x^2-72x+80=0$

由 $\Delta=(-72)^2-4\times25\times80=-2816<0$

可知，此方程无解.

故不会触礁.

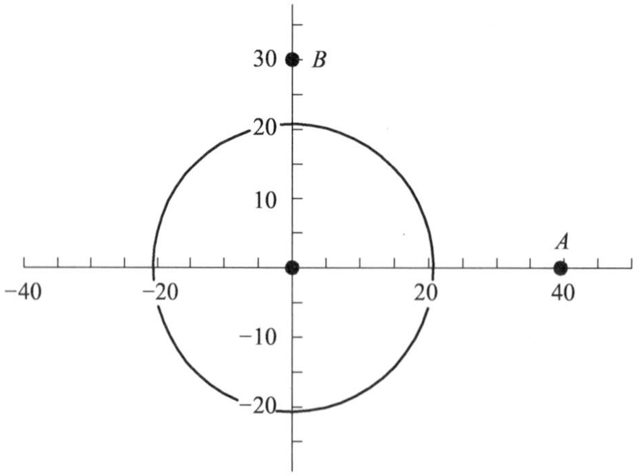

图 10-2

10.3　椭圆在生活中的应用

椭圆是平面内到定点 F_1、F_2 的距离之和等于常数（大于$|F_1F_2|$）的动点 P 的轨迹，F_1、F_2 称为椭圆的两个焦点. 其数学表达式为：$|PF_1| + |PF_2| = 2a$（$2a>|F_1F_2|$）.

椭圆是圆锥曲线的一种，即圆锥与平面的截线，椭圆的周长等于特定的正弦曲线在一个周期内的长度.

第一定义：平面内与两定点 F_1、F_2 的距离的和等于常数 $2a(2a\geqslant|F_1F_2|)$ 的动点 P 的轨迹叫作椭圆. 即：其中两定点 F_1、F_2 叫作椭圆的焦点，两焦点的距离$|F_1F_2|= 2c\leqslant 2a$ 叫作椭圆的焦距. P 为椭圆的动点.

第二定义：椭圆平面内到定点 $F(c, 0)$的距离和到定直线 l：$x = a^2/c$（F 不在 l 上）的距离之比为常数从 C/A，（即离心率，$0<e<1$）的点的轨迹是椭圆.

10.3.1　行星运行轨道

行星是恒星星系形成时物质聚合形成的，由于有初始速度，而且受到恒星的引力作用，最终运动中的行星会在离心力和恒星引力下达到平衡，从而稳定的以一个轨迹绕恒星旋转，这就是行星轨道的形成. 椭圆的轨道是地球对附近的天体引力的折中. 仅有一个行星和一个恒星的系统是没有任何意义的. 早期的太阳系在形成过程中，原始的行星受到了小行星的撞击和其他一系列扰动，才导致椭圆轨道的形成. 这叫行星徙动理论. 太阳在带着太阳系的所有行星，在宇宙中进行着运动. 而任何物体都是有惯性的，这就导致了原本从理论上来说应该是圆形的轨道发生了变形，形成了所谓的椭圆形轨道. 在行星运动时人们发现了行星运动的规律，即开普勒定律.

开普勒定律也称开普勒“三大定律”，是开普勒发现的关于行星运动的规律. 这三条行星运动规律对天文学意义非凡，不仅彻底击毁了托勒密复杂的宇宙体系，还完善了哥白尼的日心说. 其中第一规律，也称椭圆定律、轨道定律，即行星绕太阳公转的轨道不是正圆的而是椭圆的，太阳位于椭圆的一个焦点上.

10.3.2 嵌套椭圆时空管道

椭圆时空采样，会根据不同宽高比的视频序列，自适应地产生内切于视频帧的椭圆采样线，当运动目标进入或退出监视区域时，会跨越椭圆采样线，通过计算图中椭圆采样线的周长可以得出，其周长明显小于边界采样线的周长，因此该采样方式可以兼顾来自各个方向的运动目标并且需要处理的数据量更小. 对于现实监控场景来说，运动目标的轨迹多抽象为直线、拐角及其组合，因此不会导致漏检. 提取视频序列每一帧的采样像素，按照时间轴 T 依次向后排列，形成椭圆时空管道，有目标跨越椭圆采样线时，会在椭圆时空管道上留下运动痕迹.

为了全面检测监视区域内的运动目标，采用递进椭圆时空采样的方式来划分监视区域，对给定区域给出了 3 条椭圆采样线的划分示例，对应形成了如图 10-3（a）所示的 3 个子监视区域. 同理，采用 n 条椭圆采样线时，视频将被划分为 n 个子监视区域，椭圆采样线条数越多，运动目标的漏检率越低. 不同的子监视区域对应不同周长的椭圆时空管道，将各椭圆时空管道按时间轴 T 排列，周长越短的排列越靠后，形成如图 10-3（b）所示的嵌套椭圆时空管道.

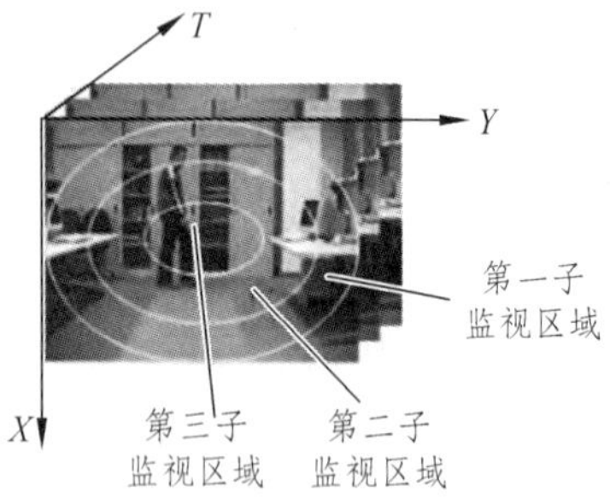

（a）

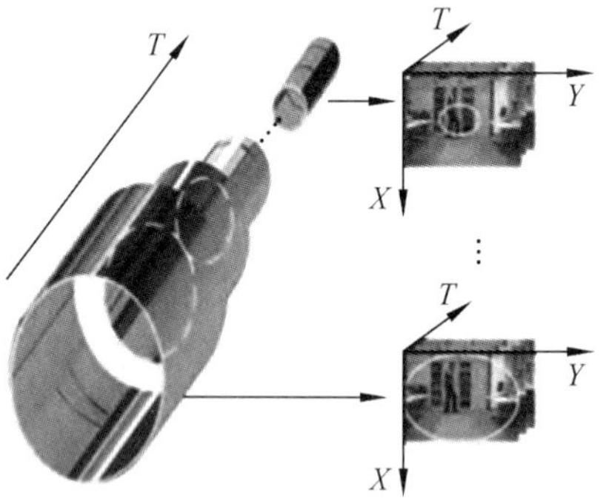

（b）

图 10-3

10.3.3 油罐车的横截面

油罐车是椭圆形的原因：可以降低分散液体对罐壁的压力，在同体积下，椭圆形设计上可以缩小壁厚，减少材料. 同时，也提高行车平衡能力，而且也便于清洗. 如果是方形，就没办法把罐底的油放干净，而且行车时油对壁的冲击很大.

如果是做成圆形呢？那车的平衡性就会大大削弱，在车转弯时可以用物理的合力来解释. 容器的大小是要配合汽车的，虽然车的着地面积越大，车高越低，平衡度就越高，即椭圆长轴越长，短轴越短，对车的平衡就越有帮助，但是考虑到车的体积，最大容水量，就不能做成圆的.

10.3.4　椭圆眼

（1）椭圆眼的定义

椭圆眼的概念是随着汽车产业的工程能力发展而被提出的，是汽车工程师们为了保证大多数汽车驾驶员拥有良好的视野特性，而发展出来的. 椭圆眼是指不同身材的乘员以正常姿势坐在车内时，其眼睛位置的统计分布图形. 由于人的身材大小不同，不同的驾驶员以正常驾驶姿态坐在驾驶座椅上，他们的眼睛位置显然是不同的. 运用统计的观点和方法研究驾驶员的视点分布规律，发现车辆驾驶员的视点分布图形是呈椭圆状，故称为驾驶员椭圆眼.

椭圆眼是“驾驶员眼睛位置”的一种统计表示法，身高与眼睛位置没有特别明确的对应关系. 另外从统计学意义上来说男女眼椭圆倾角大小不一定一样，也不一定符合相同的正态分布，应该要对男女眼椭圆分别进行处理，得到男性及女性椭圆眼. 但为了工程上使用的便利，采用男女眼点混合的方式进行椭圆眼的处理，因此椭圆眼可能不会精准地满足统计学相关的定义，但在工程上应用是足够的.

（2）椭圆眼应用场景

椭圆眼广泛应用于人机视野相关的设计校核中，例如前视野、仪表视野、侧视野等. 近年来随着汽车内饰设计的不断改进升级，在 HUD 设计、中控大屏防眩目设计校核上椭圆眼也发挥了重要作用.

10.3.5　椭圆的应用

例 10-2　1970 年 4 月 24 日，我国发射了自己的第一颗人造地球卫星

“东方红一号”，从此我国开启了人造卫星的新篇章. 人造地球卫星绕地球运行遵循开普勒行星运动定律：卫星在以地球为一个焦点的椭圆轨道上绕地球运行时（见图 10-4），其运行速度是变化的，速度的变化服从面积守恒规律，即卫星的向径（卫星与地球的连线）在相同的时间内扫过的面积相等. 设椭圆的轴长、焦距分别为 $2a$，$2c$，下列结论正确的是（　　）.

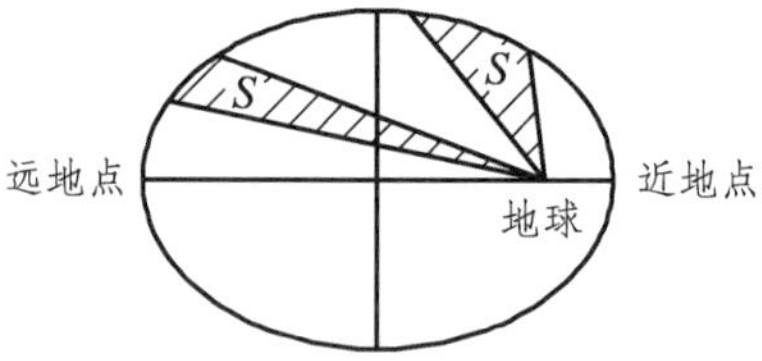

图 10-4

A. 卫星向径的取值范围是$[a-c,\ a+c]$

B. 卫星在左半椭圆弧上的运行时间大于其在右半椭圆弧上的运行时间

C. 卫星向径的最小值与最大值的比值越大，椭圆轨道越扁

D. 卫星运行速度在近地点时最大，在远地点时最小

答案：ABD

例 10-3　如图 10-5 所示，某隧道设计为双向四车道，车道总宽 22 m，要求通行车辆限高 4.5 m，隧道全长 2.5 km，隧道的拱线近似地看成半个椭圆形状.

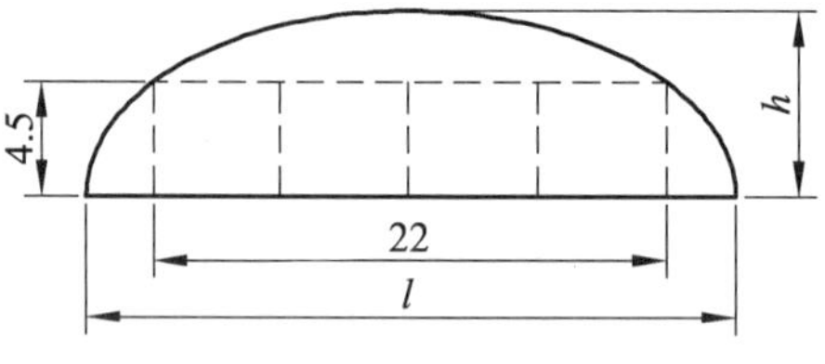

图 10-5

（1）若最大拱高 h 为 6 m，则隧道设计的拱宽 l 是多少？

（2）若最大拱高 h 不小于 6 m，则应如何设计拱高 h 和拱宽 l，才能使半个椭圆形隧道的土方工程量最小？（半个椭圆的面积公式为 $S=\dfrac{\pi}{4}lh$，柱体体积为：底面积×高. 本题结果均精确到 0.1 m）

分析：首先要建立坐标系，此椭圆中已知短半轴长和椭圆上一点，可以确定椭圆方程，从而拱宽 $l=2a$，即长轴长. 第（2）问中求椭圆形隧道的体积最小值.

因为隧道截面面积 $S=\frac{\pi}{4}lh=\frac{\pi ab}{2}$，只需求 ab 的最小值即可，把点（11，4.5）代入 $\frac{x^2}{a^2}+\frac{y^2}{b^2}=1$，利用均值不等式求解就很容易了.

解：（1）如图 10-6 所示，建立直角坐标系，则点 P（11，4.5），椭圆方程为 $\frac{x^2}{a^2}+\frac{y^2}{b^2}=1$.

将 $b=h=6$ 与点 P 坐标代入椭圆方程，得 $a=\frac{44\sqrt{7}}{7}$，此时 $l=2a=\frac{88\sqrt{7}}{7}\approx 33.3$. 因此，隧道的拱宽约为 33.3 m.

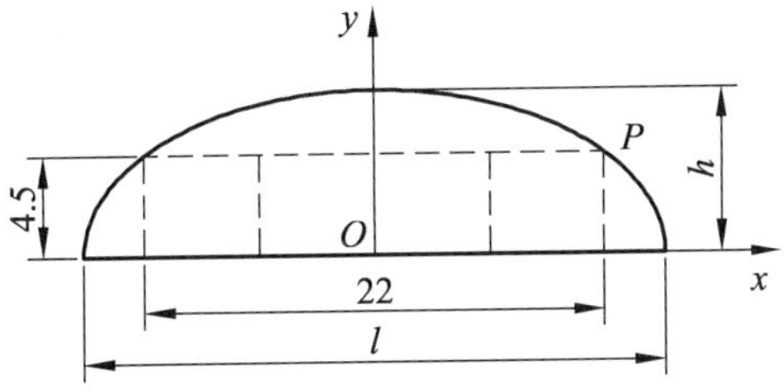

图 10-6

（2）由椭圆方程 $\frac{x^2}{a^2}+\frac{y^2}{b^2}=1$，得 $\frac{11^2}{a^2}+\frac{4.5^2}{b^2}=1$.

因为 $\frac{11^2}{a^2}+\frac{4.5^2}{b^2}=1\geqslant\frac{2\times 11\times 4.5}{ab}$，即 $ab\geqslant 99$，且 $l=2a, h=b$，

所以 $S=\frac{\pi}{4}lh=\frac{\pi ab}{2}\geqslant\frac{99\pi}{2}$.

当 S 取最小值时，有 $\frac{11^2}{a^2}=\frac{4.5^2}{b^2}=\frac{1}{2}$，得 $a=11\sqrt{2}, b=\frac{9\sqrt{2}}{2}$，

此时，$l=2a=22\sqrt{2}\approx 31.1, h=b\approx 6.4$，

故当拱高约为 6.4 m，拱宽约为 31.1 m 时，土方工程量最小.

点评：本题主要考查椭圆的有关知识，考查把椭圆曲线的基本知识应用到实际问题中的能力. 在做此类问题时，要建好坐标系确定圆锥曲线的标准

方程，利用其定义和有关性质就能顺利地解答问题.

10.4 双曲线在生活中的应用

双曲线是一平面截一圆锥面，当截面与圆锥面的母线不平行，且与圆锥面的两个圆锥都相交时，我们把交线称之为双曲线. 双曲线的定义：平面内，到两个定点的距离之差的绝对值为常数（小于这两个定点间的距离）的点的轨迹称为双曲线. 定点叫双曲线的焦点. 或者平面内，到给定一点及一直线的距离之比为常数 e（$e=c/a$（$e>1$），即为双曲线的离心率）的点的轨迹称为双曲线. 定点叫双曲线的焦点，定直线叫双曲线的准线. 双曲线准线的方程为 $x=\pm a^2/c$（焦点在 x 轴上）或 $y=\pm a^2/c$（焦点在 y 轴上）.

双曲线在图形学上叫贝塞尔曲线，它是最利于流体流动的一种曲线. 备受关注的北京中央商务核心区建造的“中国尊”，建成后与全球已建成的摩天大厦相比，其高度仅次于阿联酋的迪拜塔. 其外形自下而上自然缩小，形成稳重大气的形象，同时顶部逐渐放大，形成双曲线建筑造型. 2012 年伦敦奥运会自行车赛车场以其独特的双曲线型屋顶设计成为标志性建筑.

10.4.1 双曲线型冷却塔

火电厂、核电站的循环水自然通风冷却的一种构筑物，建在水源不十分充足的地区的电厂，为了节约用水，需设置冷却构筑物，以使从冷却器排出的热水在其中冷却后可重复使用. 大型电厂采用的冷却构筑物多为双曲线型冷却塔（见图 10-7）. 英国最早使用这种冷却塔. 20 世纪 30 年代以来在各国广泛应用，20 世纪 40 年代在中国东北抚顺电厂、阜新电厂先后建成双曲线型冷却塔群. 冷却塔由集水池、支柱、塔身和淋水装置组成. 集水池多为在地面下约 2 m 深的圆形水池. 塔身为有利于自然通风的双曲线形无肋无梁柱的薄壁空间结构，多用钢筋混凝土制造，塔高一般为 75 ~ 110 m，底边直径 65 ~ 100 m. 塔内上部为风筒，标高 10 m 以下为配水槽和淋水装置. 淋水装置是使水蒸发散热的主要设备. 运行时，水从配水槽向下流淋滴溅，空气从塔底侧面进入，与水充分接触后带着热量向上排出. 冷却过程以蒸发散热为主，一小部分为对流散热. 双曲线型冷却塔比水池式冷却构筑物占地面积小，布置紧凑，水量损失小，且冷却效果不受风力影响；它又比机力通风冷却塔维护简便，节约电能；但体形高大，施工复杂，造价较高. 大型中央空调和火电厂的冷却塔常用的外形之一就是旋转单叶双曲面，它的优点是对流快，散热效果好.

图 10-7

因为冷却塔一般会造得很高，这样重心就很高受到水平力比如风、地震的作用，重心线很容易移动. 如果底面不够大，当重心线偏出底面后，冷却塔就倒了. 一般的高层建筑和冷却塔一样按下面大上面小设计的，都是为了降低重心，增强整体稳定性.

10.4.2　双曲线型建筑

（1）埃菲尔铁塔

埃菲尔铁塔（见图 10-8）是世界上最高的铁塔，它耸立在法国巴黎市内塞纳河畔上. 这是一座巨大的矩形锥体建筑. 它的侧面形如双曲线，它四脚立地，拔地而起，直插云天. 塔身全部是钢架铆钉结构. 全塔共分三层，第一层和第二层的平台面积分别为 4200 m^2 和 1650 m^2，设有大型餐厅和咖啡馆及小型商店. 第三层的高度为 276 m，平台面积也有 300 m^2，相当于一个篮球场的面积，这里设有休息室和瞭望台. 铁塔自重 9000 t，是一座著名的轻型建筑. 一百多年来，埃菲尔铁塔建成后名扬天下，但也引起争论. 1909 年，巴黎市议员认为铁塔无实用价值，甚至提出过拆毁铁塔的建议，可是这一年无线电通信的发明，给铁塔带来了生机，使铁塔成了最理想的天线塔. 现在，埃菲尔铁塔又成了电视广播发射塔，尖顶离地面有 320 m，高度相当于 100 层的大楼.

关于这座著名的铁塔还有一段来历. 1884 年，法兰西第三共和国决定筹备万国博览会，以庆祝即将到来的 1789 年资产阶级革命一百周年. 政府号召发明家和幻想家们大胆地提出方案，在博览会上能一鸣惊人，为共和国增添光彩. 为此，科学家、艺术家和名人匠师争相献策，提出了七百个竞选方案. 结果，著名的铁路桥梁工程师古斯塔夫·艾菲尔提出的建筑铁塔的方案被选中. 因此才有了今天一座为世人所知晓的铁塔. 这座塔充分体现了双曲线的美.

图 10-8

（2）广州塔

广州塔（见图 10-9）位于广州市中心，城市新中轴线与珠江景观轴交汇处，与海心沙岛和广州市 21 世纪中央商务区珠江新城隔江相望. 广州塔属于单一体型，主塔体为高耸结构，外观各面基本等高，平面呈椭圆形. 其造型简洁、统一，轮廓分明，整个塔身盘旋而上. 塔体整体上小下大，建筑腰部较为密集的区段则可提供相对私密的体验，顶部更开放的结构产生了透明的效果可供瞭望.

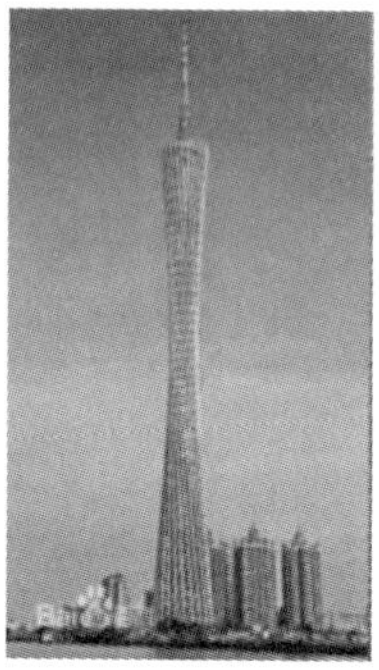

图 10-9

广州塔上下两个椭圆扭转在腰部收缩变细，中部最细处的面积与底面和顶部的对比差异突出. 腰部形如双曲线，格子式结构底部比较疏松，向上到腰部则比较密集，腰部较收紧固定，再向上格子式结构放开，由逐渐变细的管状结构柱支撑. 平面尺寸和结构密度是由控制结构设计的两个椭圆控制的，它们同时产生了不同效果的范围. 整个塔身从不同的方向看都不会出现相同的造型.

广州塔整个塔身是镂空的钢结构框架，24 根钢柱自下而上呈逆时针扭转，每一个构件截面都在变化. 钢结构外框筒的立柱、横梁和斜撑都处于三维倾斜状态，再加上扭转的钢结构外框筒上下粗、中间细，这对钢结构件加工、制作、安装以及施工测量、变形控制都带来了挑战. 仅钢结构外框筒就有 24 根钢柱、46 组环梁、1104 根斜撑各不一样. 由于广州塔中间混凝土核心筒与钢结构外框筒材料上的差异，导致楼层梁和外框筒的沉降不一致. 为了调整钢构件与主体结构的相对位置的正确性，许多节点都通过三维坐标来控制钢柱本体相对位置的精确度.

广州塔通过耐用和可持续性建筑技术的应用和实施，在节能、节地、节材、节水等方面取得良好效果. 地下空间中建筑面积与建筑占地面积之比为 69%，节约了土地资源. 光伏系统预计的年发电量 12660 千瓦时. 风力发电机年发电量约为 41472 千瓦时. 回收用水每年可节水量约为 1.2 万吨. 可再循环建筑材料比重达到 18%.

例 10-4　双曲线冷却塔的外形，是双曲线的一部分绕其虚轴转成的曲面（见图 10-10），它的最小半径为 12 m，上口半径为 13 m，下口半径为 25 m，高为 55 m.试选择适当的坐标系，求此双曲线的方程.（精确到 1 m）

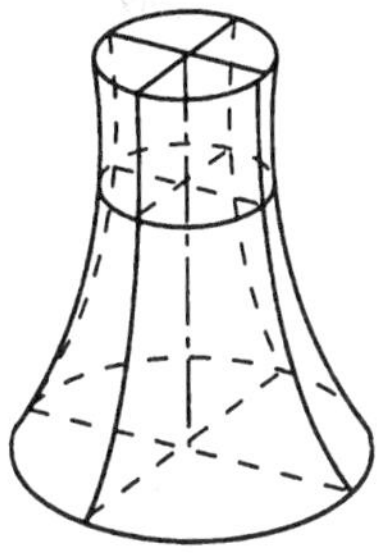

图 10-10

解：根据双曲线的对称性，在冷却塔的轴截面所在平面建立如图 10-11 所示的直角坐标系 Oxy，使小圆的直径 AA'，在 x 轴上，圆心与原点重合. 这时，上下口的直径 CC'，BB'都平行于 x 轴，且$|CC'| = 26$，$|BB'| = 50$.

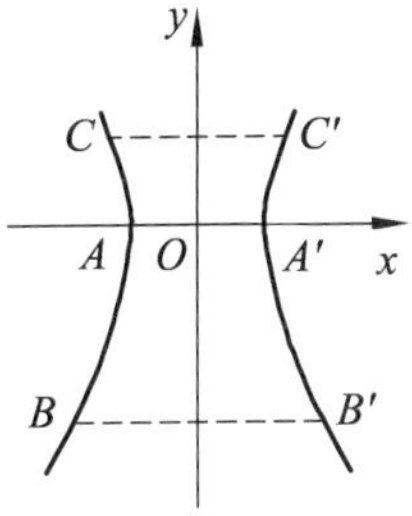

图 10-11

设双曲线的方程为 $\dfrac{x^2}{a^2}-\dfrac{y^2}{b^2}=1(a>0,b>0)$，点 C 的坐标为（13，y)，点 B 的坐标为（25，$y-55$）.

因为直径 AA' 是实轴，所以 $a = 12$，又因为 B、C 两点都在双曲线上，所以

$$\begin{cases}\dfrac{25^2}{12^2}-\dfrac{(y-55)^2}{b^2}=1, & (1)\\[2ex] \dfrac{13^2}{12^2}-\dfrac{y^2}{b^2}=1. & (2)\end{cases}$$

由方程（2）得 $y=\dfrac{5b}{12}$（舍去负值），代入方程（1），得

$$19b^2+275b-18150=0$$

解得 $b\approx25$（舍去负值）.

因此所求双曲线的方程为 $\dfrac{x^2}{144}-\dfrac{y^2}{625}=1$.

例 10-5 A，B，C 为红军部队的三个炮兵营，A 营的位置在 B 营的正东方向 6 km 处，C 营的位置在 B 营的正北偏西 30°处，二营相距 4 km，P 是蓝军的炮兵营. 一天，在 A 营处截获蓝军炮兵营的信号，因 B、V 两营比 A 营距 P 地远，所以又过了 4 s，B、C 两营才在同一时间发现了这一信号. 假设蓝军炮兵营信号传播速度为 1 km/s，若 A 营炮击 P 地，试求其方位角.

解：以 AB 所在的直线为 x 轴，AB 的中垂线为 y 轴，建立图 10-12 所示的直角坐标系，则 $B(-3,0),A(3,0),C(-5.2\sqrt{3})$.

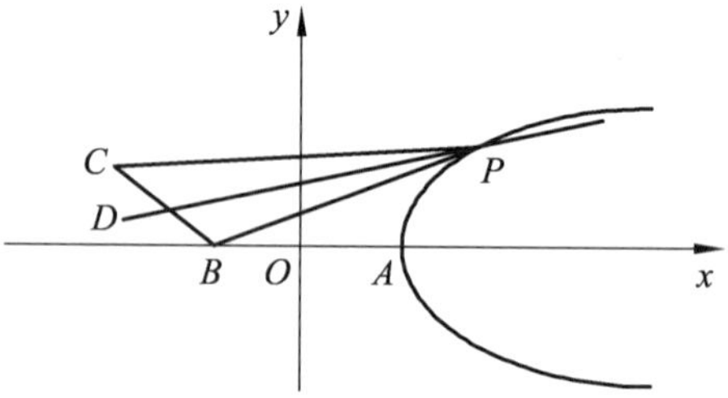

图 10-12

由$|PB|=|PC|$可得出，P 点位于 BC 的垂直平分线上. 从 $k_{BC}=-\sqrt{3}$，能够得出 BC 的中点是 $D(-4,\sqrt{3})$，故直线 PD 的方程是 $y-\sqrt{3}=\dfrac{1}{\sqrt{3}}(x+4)$.

又$|PB|-|PA|=4$，故 P 在以 A、B 为焦点的双曲线右支上.

设 $P(x,y)$，则双曲线方程为 $\dfrac{x^2}{4}-\dfrac{y^2}{5}=1(x\geqslant0)$. 联立直线 PD 与双曲线方程，解得 $x=8,y=5\sqrt{3}$.

所以点 P 的坐标为 $(8,5\sqrt{3})$，此时 $k_{PA}=\dfrac{5\sqrt{3}}{8-3}=\sqrt{3}$.

故炮击的方位为北偏东 30°.

例 10-6 已知 A，B 两地相距 800 m，在 A 地听到炮弹爆炸声比在 B 地

晚 2 s，且声速为 340 m/s，求炮弹炸点的轨迹方程.

分析：根据题意，判断轨迹的形状. 由声速及在 A 地听到炮弹爆炸声比在 B 点晚 2 s，可知 A 地与爆炸点的距离比 B 地与爆炸点的距离远 680 m. 因为$|AB|>680$，所以爆炸点的轨迹是以 A，B 为焦点的双曲线在靠近 B 处的一支上.

解：如图 10-13 所示，建立直角坐标系 xOy，设爆炸点 P 的坐标为 (x, y)，

则 $|PA|-|PB|=340\times 2=680$，即 $2a=680, a=340$.

因为 $|AB|=800$，所以 $2c=800, c=400, b^2=c^2-a^2=44400$.

因为 $800>|PA|-|PB|=680>0$，所以 $x>0$.

因此炮弹爆炸点的轨迹方程为 $\dfrac{x^2}{115600}-\dfrac{y^2}{44400}=1$（$x>0$）.

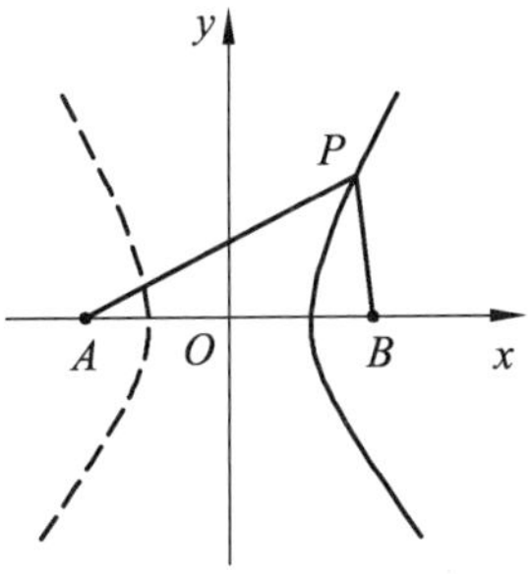

图 10-13

思考 1：若在两地同时听到炮弹爆炸声，则炮弹炸点的轨迹是什么？

思考 2：怎样才能确定爆炸点的准确位置呢？

例 10-7　如图 10-14 所示，某农场在 P 处有一堆肥料，今要把肥料沿道路 PA 或 PB 送到庄稼地 $ABCD$ 中去，已知 $PA=100$ m，$PB=150$ m，$\angle APB=60°$，问能否在田地 $ABCD$ 中确定一条界线，使位于界线一侧的点，沿道路 PA 送较近，而另一侧的点，沿 PB 送较近？如果能，请说出这条界线是一条什么曲线，并求出其方程；如果不能，说明理由.

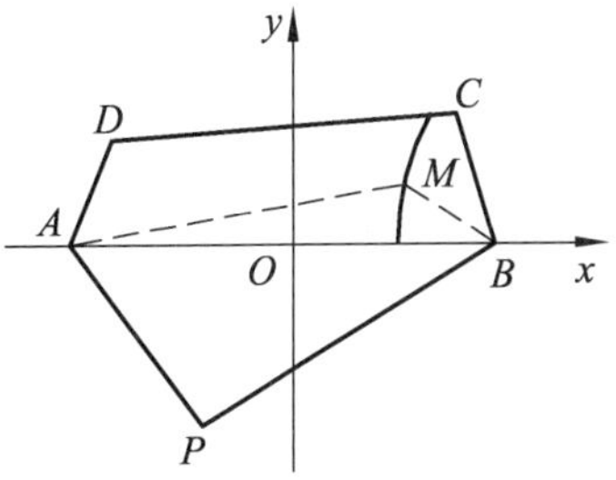

图 10-14

分析：假设界限存在，首先建立以 AB 所在直线 x 轴，AB 的中心垂线为 y 轴的坐标系．如图 10-14 所示，设 $M(x,y)$ 是这条界限上的任意一点，由题意，若往界限上送肥料，沿 PA、PB 两条道路相等，则 $|MA|+|PA|=|MB|+|PB|$，即 $|MA|-|MB|=|PB|-|PA|$，符合双曲线的定义，从而找到了解决问题的关键．

解：建立如图 10-14 所示坐标系，以 AB 为 x 轴，以 AB 中垂线为 y 轴，设 $M(x,y)$．

因为 $|PA|=100, |PB|=150, \angle APB=60°$，

由余弦定理得

$|AB|^2=|PA|^2+|PB|^2-2|PA|\cdot|PB|\cos 60°=17500$．

由题意知 $|MA|+|PA|=|MB|+|PB|$，即 $|MA|-|MB|=|PB|-|PA|=50$，

所以 M 的轨迹是以 A、B 为焦点的双曲线的右支，

则 $2a=50$，所以 $a^2=625$，而 $4c^2=17500$，所以 $c^2=4375$，所以 $b^2=c^2-$
$-a^2=3750$．

所以方程为 $\frac{x^2}{625}-\frac{y^2}{3750}=1$，

所以运肥的界限是双曲线 $\frac{x^2}{625}-\frac{y^2}{3750}=1$ 在 $x\geqslant 25$，$y\geqslant 0$ 至田地边界的部分．

点评：本题是双曲线的实际应用问题，主要考查用双曲线来解决问题的应用能力．解此题要注意联想，通过阅读题目挖掘已知条件的“言外之意”，可假设存在，通过推理论证，求出则存在，求不出则不存在．

10.5 抛物线在生活中的应用

抛物线的定义：平面内，到定点与定直线的距离相等的点的轨迹叫做抛物线，其中定点叫抛物线的焦点，定直线叫抛物线的准线．抛物线是指平面内到一个定点 F（焦点）和一条定直线 l（准线）距离相等的点的轨迹．它的开口方向分为上、下、左、右四种，生活中用到比较多的是开口向下的抛物线．它在几何光学，力学及生活中有重要的用处．

在足球比赛时，射门，足球沿着一条美丽的弧线，球进了，那将是激动人心的事. 看到引以为骄傲的赵州桥时，你一定会惊叹在当时条件下，怎会有这样的杰作. 仰望天空，看见一道美丽的彩虹，你一定会联想翩翩. 当你看到运动员投篮正中篮心时你一定会惊讶他的准确率. 这一切的一切，如果抽取出来，就是抛物线. 只要我们细心观察生活，会发现生活中有很多与抛物线有联系的事物，农田或草地灌溉器，甚至导弹轨迹也与抛物线有一定的联系.

10.5.1　运动中的抛物线

人类的祖先在早期的狩猎活动中，就已经开始投射标枪. 远程制服猎物，这种活动展示了速度和力量，以及对抛物线运动轨迹的预测.

标枪是田径运动的投掷项目之一，对核心力量与大腿手臂力量要求严格，但是实际上，标枪运动并不是一项只靠身体素质就能取得好成绩的运动，除了与选手的比赛状态有关外，还与选手所采用的技术有关. 我们在不考虑阻力的情况下，设标枪初速度为 v，出手高度为 h，出手角度为α（与地面夹角），建立投掷距离与 v，h，α的关系式，计算在确定的 v，h、α下，最佳的出手角度. 并通过一定的训练使力量增加进而提升成绩. 图 10-15 为标枪掷远模型，其表达式为

$$y=-\frac{g}{2v^2\cos^2\alpha}x^2+\tan\alpha\cdot x+h$$

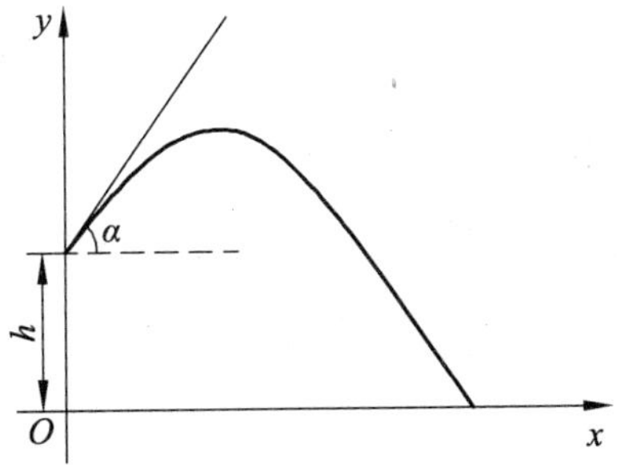

图 10-15

10.5.2 建筑中的抛物线

抛物线在建筑中的应用最典型的莫过于桥梁. 举世闻名的赵州桥正是抛物线的设计，所用材料精简，却坚固稳定. 1400 多年间历经 10 次水灾和多次地震，赵州桥仍能巍然屹立，成为举世瞩目的奇迹. 这就是抛物线的典型应用.

赵州桥由著名匠师李春设计建造. 赵州桥又称安济桥，坐落在河北省赵县洨河上，横跨 37 m 多宽的河面，因桥体全部用石料建成，所以赵州桥俗称“大石桥”. 赵州桥是世界上现存年代久远、跨度最大、保存最完整的单孔坦弧敞肩石拱桥，其建造工艺独特，在世界桥梁史上首创“敞肩拱”结构形式，具有较高的科学研究价值. 其拱形就是抛物线的实际应用. 整座桥不仅坚实牢固，而且造型美观. 早在 1300 多年前，我国劳动人民就想到了把赵州桥筑成拱桥，这是中国劳动人民的智慧和才干的充分体现.

赵州桥设计成拱形（见图 10-16），便利桥下行船是一个原因，但最重要的原因是为了增加桥梁的跨度和强度. 如果用一块石板做桥梁，桥梁的跨度一定很小，因为石板的长度和厚度都是有限的，而当时赵县的河跨度大，桥梁上的负荷就大，那么要求桥梁的强度就高，所以必须用很多块石板拼成桥梁，这桥梁必须是向上弯曲的，使石块与石块之间都有压力，彼此挤紧不动，形成拱形形状. 能用石块拼成小拱，也就能拼成大拱. 因而赵州桥便用了多块石板拼成了大拱桥，从而加大了桥梁的跨度和强度，使其至今仍能屹立在河上. 桥梁向上弯曲，桥下行船就非常便利. 赵州桥还设有 4 个小拱，一方面减轻桥身重量，减少桥面的负荷；另一方面在发洪水的时候，河水除了从大桥洞流过外，还可以从 4 个小洞流过，以减弱流水对桥身的冲击力，使桥不易被洪水冲毁；同时，这种设计更增添了它的造型美.

韩国的永宗大桥、南海大桥，美国的金门大桥，都是用绳缆连接起来的悬索桥，而悬垂的绳索产生的曲线就是抛物线.

图 10-16

例 10-8 中国古代桥梁的建筑艺术，有不少是世界桥梁史上的创举，充分显示了中国劳动人民的非凡智慧．一个抛物线型拱桥，当水面离拱顶 2 m 时，水面宽 8 m．若水面下降 1 m，则水面宽度为（　　）．

A. $2\sqrt{6}$ m　　B. $4\sqrt{6}$ m　　C. $4\sqrt{2}$ m　　D. 12 m

解析： 由题意，以拱桥顶点为原点，建立平面直角坐标系（见图 10-17）．

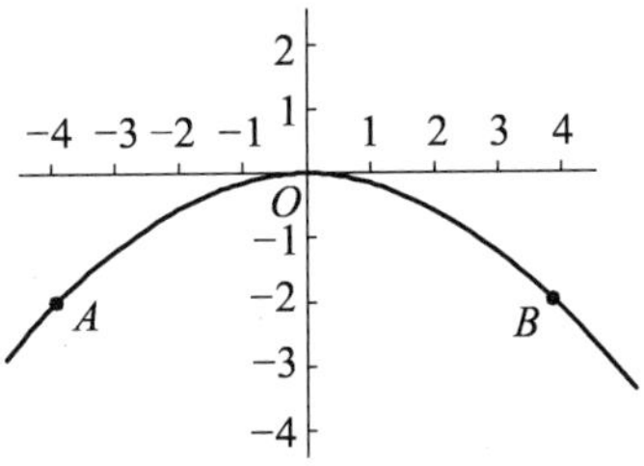

图 10-17

设抛物线方程为 $x^2=-2py(p>0)$，

由题意知，抛物线经过点 $A(-4, -2)$ 和点 $B(4, -2)$，

代入抛物线方程解得 $p=4$，

所以抛物线方程为 $x^2=-8y$，

水面下降 1 m，即 $y=-3$，解得 $x_1=2\sqrt{6}$，$x_2=-2\sqrt{6}$，

所以此时水面宽度 $d=2x_1=4\sqrt{6}$．

例 10-9 图 10-18 所示为一座拱桥，呈抛物线型，当河水水位到达线段 AB 所在的水平面时，河面宽度 AB 为 14 m，若河水再上涨 4 m，河面达

到警戒水位 CD 时，河面宽 10 m. 某天上午 7 时，洪水上涨，到达警戒水位 CD，并且以 0.5 m/h 的速度持续上涨. 已知有一艘航船需要从该桥的拱洞经过，且这一航船露出水面部分的横截面为矩形，1.5 m 高，2 m 宽. 航船若要通过该拱洞，需赶在几时几分前？

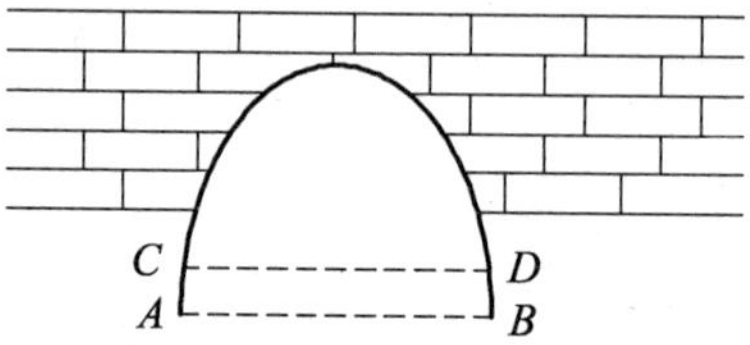

图 10-18

解： 用该桥拱洞顶点作为坐标原点，以与 AB 平行的直线作 x 轴，建立图 10-19 所示的直角坐标系.

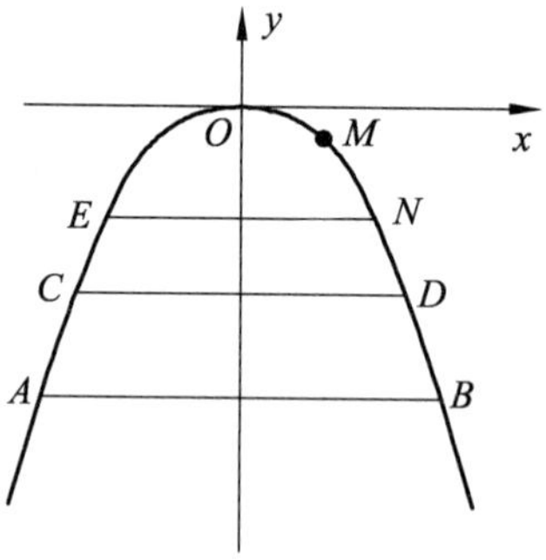

图 10-19

通过已知条件可得出抛物线的对称轴是 y 轴，设点 $B(7, m)$，点 $D(5, m+4)$.

设抛物线的解析式为 $y=ax^2$，则有

$$\begin{cases}49a=m\\25a=m+4\end{cases}$$

解得

$$\begin{cases}a=-\dfrac{1}{6}\\m=-\dfrac{49}{6}\end{cases}$$

即抛物线解析式为 $y=-\frac{1}{6}x^2$.

假设洪水上涨，水位到达水平线 EN 时，航船刚好能够通过该桥拱洞，那么可以在抛物线上取横坐标为 1 的点 M，应该可求得：点 $M\left(1,-\frac{1}{6}\right)$，$D\left(5,-\frac{25}{6}\right)$. 因航船出水部分呈矩形，1.5 m 高，即 M 到 EN 距离为 1.5 m. 所以 CD 到 EN 的距离为 $\frac{25}{6}-\frac{1}{6}-1.5=2.5$（m）.

所以洪水从警戒水位 CD 涨到 EN 需要的时间为 $2.5\div0.5=5$（h）.

因此，小船在当日 12 时以前可以通过该拱洞.

通过上面的实例，我们可以得出：运用圆锥曲线解决生活问题，首先要从宏观层面上把握，直击问题的实质，能够准确构建数学模型；接着剖析入微，从数量关系方面进行思考，化繁为简，将实际生活问题换成数学问题；之后，紧扣圆锥曲线的概念，探索其几何性质，顺藤摸瓜，运用数形结合法来解决实际问题.

10.5.3　光学中的抛物线

探照灯的反光镜呈旋转抛物面，这种独特的设计匠心独运：旋转抛物面的焦点就在该抛物面，也就是抛物线的轴上，过焦点的任何一条直线经过反射后，都会变得与轴平行. 探照灯是抛物线原理的创新应用.

卫星天线是由旋转抛物线得来的抛物面构成的，所以又常称为球面天线. 古希腊数学家阿基米德在战争期间，利用这一原理，用抛物面镜子聚集起太阳光，烧毁了敌军的木船. 在以色列国家太阳能中心，就设立着一个这样迄今为止世界上规模最大的抛物面镜子. 太阳能发电站是利用抛物线焦点有效聚焦太阳热量，并将其转化为动能使用的. 跟太阳能发电站情况相反，如果把光源放到抛物面的焦点上，被镜面反射的光线将平行射向前方. 手电筒和汽车前灯就是利用这个原理制作的.

在日常的生活来说，彩虹是我们都见过的. 彩虹的形状是弯弯的，类似拱形，也是抛物线，开口向下的抛物线．严格来说，彩虹并不是弯的，而是圆形．因为看的人在地面上，彩虹的另一半被大地遮挡，所以只能看到半个环．那到底是什么原因使彩虹呈弧形的形状呢？

原因一：光的波长决定光的弯曲程度．事实上如果条件合适的话，可以看到整圈圆形的彩虹．彩虹的形成是太阳光射向空中的水珠经过折射→反射→折射后射向我们的眼睛所形成．不同颜色的太阳光束经过上述过程形成彩虹的光束与原来光束的偏折角约 $180°-42°=138°$．也就是说，若太阳光与地面水平，则观看彩虹的仰角约为 42°．想象你看着东边的彩虹，太阳在从背后的西边落下．白色的阳光（彩虹中所有颜色的组合）穿越了大气，向东通过了你的头顶，碰到了从暴风雨落下的水滴．当一道光束碰到了水滴，会有两种可能：一是光可能直接穿透过去，或者更有趣的是，它可能碰到水滴的前缘，在进入时水滴内部产生弯曲，接着从水滴后端反射回来，再从水滴前端离开，往我们这里折射出来．这就是形成彩虹的光．光穿越水滴时弯曲的程度，视光的波长（即颜色）而定——红色光的弯曲度最大，橙色光与黄色光次之，依此类推，弯曲最少的是紫色光．

每种颜色各有特定的弯曲角度，阳光中的红色光，折射的角度是 42°，蓝色光的折射角度只有 40°，所以每种颜色在天空中出现的位置都不同．

假如你自己用一条假想的线，来连接你的后脑勺和太阳，那么与这条线呈 42°夹角的地方，就是红色所在的位置．这些不同的位置勾勒出一个弧．既然蓝色与假想线只呈 40°夹角，所以彩虹上的蓝弧总是在红色的下面．

原因二：与地球的形状有很大的关系．由于地球表面是一个曲面并且被厚厚的大气所覆盖，雨后空气中的水含量比平时高，当阳光照射入空气中的小水滴时就形成了折射．同时由于地球表面的大气层为一弧面从而导致了阳光在表面折射形成了我们所见到的弧形彩虹．

例 10-10 图 10-20 中的物体是用以食物和水加热的太阳灶，其上部位置安装有能够旋转的反光镜，且这个反光镜的镜面是抛物形状，其中镜体的轴截面属于抛物线的组成部分，抛物线的焦点位置则是放置盛食物和水的容器的位置．该容器是由多根长度相等的铁筋焊接而成的架子支撑，一般镜深达 2 m，镜口直径达 12 m，创建合理的坐标系，求出抛物线方程与抛物线焦点位置.

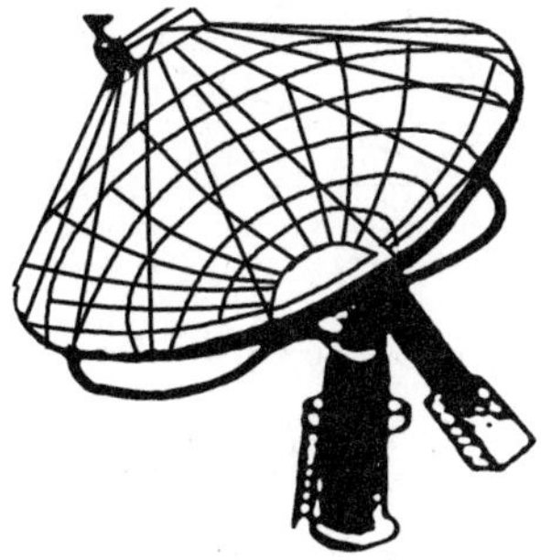

图 10-20

分析：求抛物线方程的核心环节就是创建坐标系，通过坐标系可以就可求出方程.

解：如图 10-21，在反光镜轴截面的内部创建一个直角坐标系，促使抛物线的顶点和原点重合，并且 x 轴和镜口直径相互垂直. 根据已知条件可得 A 点的坐标为（2，6），设抛物线的方程为 $y^2=2px(p>0)$则 $36=2p\times2$，$p=9$，所以，抛物线的方程为 $y^2=18x$，焦点的坐标为 F（9/2，0）.

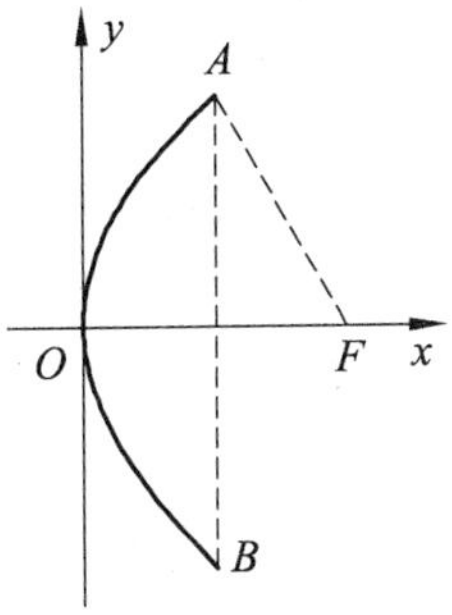

图 10-21

10.5.4　生产中的抛物线

例 10-11　新疆某一地区的农场为了防风治沙，选择在一个山坡上大面积种植树苗，并配备了能够自动灌溉的自动喷灌设备，且只要打开该设备则从喷水头中喷出的水就会呈抛物线状运行. 如图 10-22 所示，根据已知条件创建一个直角坐标系，喷头与地面距离为 1.5 m，山坡与喷水管所构成的角 $\angle AOB$ 大约为 63°，点 C 作为水流的最高点其坐标为（2，3.5）.

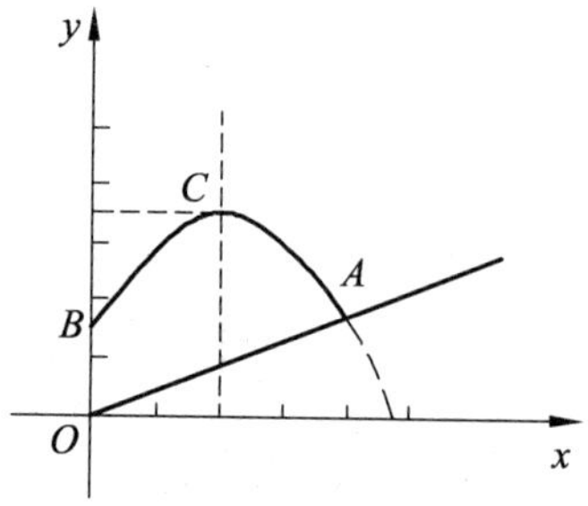

图 10-22

（1）试求喷水头所喷水流的抛物线解析式；

（2）试求山坡所处的直线 OA 的方程解析式（要求解析式的系数必须精确到 0.1）;

（3）计算出水流落在山坡的最远距离 OA（要求精确到 0.1）.

分析：因为自动灌溉设备的喷水头所喷出的水流为抛物线运行轨迹，所以，要计算出水流在山坡上落地的最远位置 OA，就必须应用到数学中的抛物线知识，而当求出山坡线与抛物线的解析式后就能求出 A 点的坐标，然后再应用勾股定理求出 OA. 结合实际问题求出函数解析式可以说是本题解题思路的重点. 日常生活中经常见到的人工喷泉，其中绝大多数喷出的水流都是向四周呈抛物线轨迹落下的设计.

解：（1）根据已知条件可得抛物线的解析式为 $y=-\frac{1}{2}x^2+2x+\frac{3}{2}$.

（2）根据以上分析可得 $90°-63°=27°$，$\frac{y}{x}=\tan 27°\approx 0.5095$，进而求得山坡面 OA 所在直线的方程为 $y=\frac{1}{2}x$，由 $y=\frac{1}{2}x$，$y=-\frac{1}{2}x^2+2x+\frac{3}{2}$ 可得：$x\approx 3.8$，$y\approx 1.9$

所以，$OA=\sqrt{3.8^2+1.9^2}\approx 4.2$（m）.

PART TWO

下　篇

第 11 章　数学与实验（一）基础篇

实验 11.1　四等分三角形

[1.1 问题引入] 已知一个三角形，如何将它分成四个面积相等的小三角形？

[1.2 量身定做] 图 11-1 的制作：

（1）启动“几何画板”，用工具箱中的线段工具画一个三角形.

（2）鼠标同时选中三角形的三边，用“构造”菜单的“中点”命令作三边中点.

（3）用工具箱中的文本工具依图 11-1 单击一下各点，贴上 A、B、C、D、E、F 标签.

（4）同时选中 $\triangle AEF$ 的三个顶点，用“构造”菜单的“三角形内部”命令作三角形内部，选中内部，用“度量”菜单的“面积”命令求 $\triangle AEF$ 的面积.

（5）同法得 $\triangle BDF$、$\triangle CDE$、$\triangle DEF$ 的面积，用“显示”菜单的“颜色”命令改 $\triangle DEF$ 的内部为红色.

（6）保存为“ex1.01”（地址：gsp 习作）.

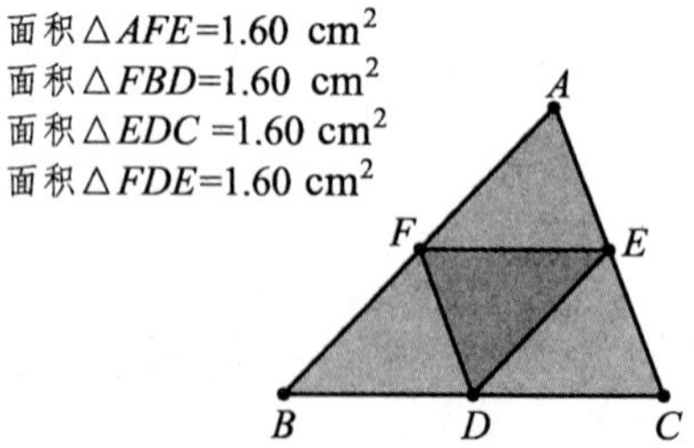

图 11-1

[1.3 验证实验] 拖动点 A（或点 B、C），以上两个三角形形变而面积总相等.

[2.1 工具打造] 图 11-2 的制作：

（1）继 1.2 所作，用“文件”菜单的“文档选项”命令，打开“文档选项”对话框，选择“页面”“增加页”“复制”“1”.

（2）选中四个三角形的内部，键盘按“Delete”键删除三角形的内部，同法删除 DE、DF.

（3）作边 EF 的中点，选中此中点和边 AB，用“构造”菜单的“平行线”命令作直线，鼠标点击一下此直线与 BC 的相交处，得交点，贴标签，双击此标签，改标签为 G，同法改点 D 的标签为 H.

（4）同法作点 I.

（5）同时选中两平行线和线段 EF 及其上三点，用“显示”菜单的“隐藏对象”命令隐藏所选.

（6）用线段工具连结 AG、AH、AI.

（7）同 1.2 的第（4）步作四个三角形的内部，求面积，改颜色.

（8）保存.

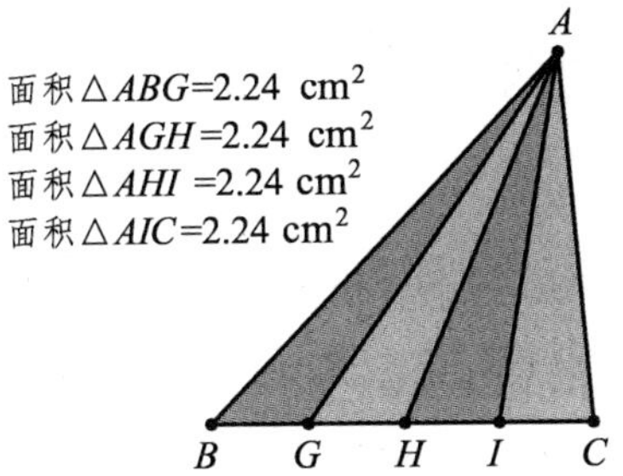

图 11-2

[3.1 尝试研究] 我们还可以用其他一些方法来得到图 11-2 中线段 BC 的四等分点，请你再构想一种四等分线段方法，并把它推广到任意 n 等分的情况.

若要将一块表面均匀涂满奶油的三角形蛋糕平均分为四等分、五等分……，你将怎样解决这些问题？

[4.1 实验后记] 通过本实验，我们应该掌握利用构造菜单等分线段的方法，了解度量菜单的一些基本功能，会设置图形的颜色.

实验 11.2　四边形的分割

[1.1 问题引入] 已知一个四边形，若将其一组对边三等分（或四等分），并将这两边的对应等分点连结起来，正中一分（或两分）的面积是四边形的面积的几分之几？

[1.2 量身定做] 图 11-3 的制作：

（1）启动“几何画板”，按图 11-3 顺次作 A、B、D、C 四点，依次选中这四点，用“构造”菜单的“线段”命令作四边形 $ABDC$，或用快捷键“Ctrl + L”作四边形 $ABDC$.

（2）双击点 A（以后叫标记点 A），选中 C，使用“变换”菜单的“缩放”命令，在弹出的“缩放”对话框中改缩放参数为 1∶3，得点 C'.

（3）再次选中 C，使用“变换”菜单的“缩放”命令，在弹出的“缩放”对话框中改缩放参数为 2∶3，得点 C'.

（4）标记点 B，同法得两个点 D'.

（5）分别连结两对对应点 $C'D'$，把四边形 $ABDC$ 分成三部分.

（6）顺次选中 $ABDC$ 四点作内部，求出其面积.

（7）顺次选中中间四边形的四顶点内部，改颜色为红色，求出其面积.

（8）用“度量”菜单的“计算”命令，求出四边形 $ABDC$ 与中间四边形的面积之比.

（9）保存为“ex1.02”（地址：gsp 习作）.

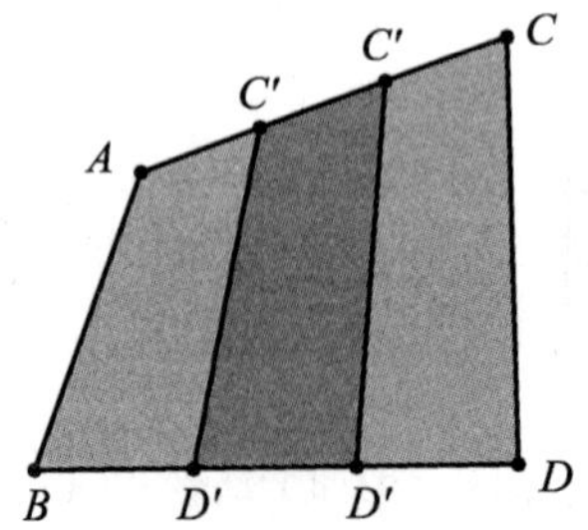

图 11-3

[1.3 验证实验] 拖动点 A（或 B、D、C），无论四边形的形状怎样变化，这个面积比为定值 3.

[2.1 工具打造] 图 11-4 的制作：

（1）继上面所作，选中四边形 $ABDC$ 的四边、内部和面积，用“编辑”菜单的“复制”“粘贴”命令，复制一个四边形 $CDEF$ 及其面积.

（2）将个四边形 $CDEF$ 分割成如图 11-4 的四分，并作中间两分所成四边形的内部，改颜色为红色，求出其面积.

（3）计算出四边形 $ABDC$ 与中间四边形的面积之比.

（4）保存.

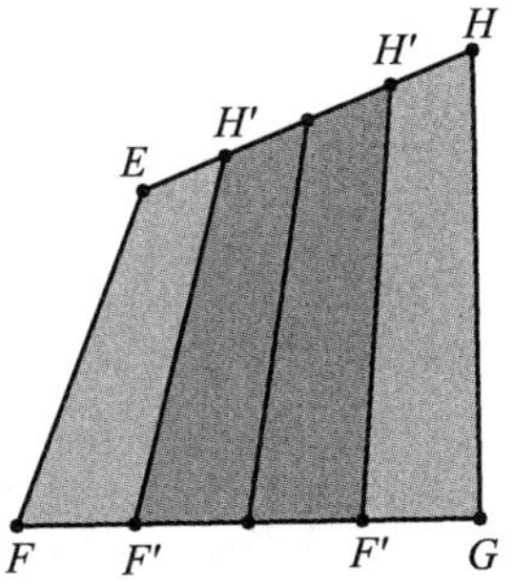

图 11-4

[2.2 验证实验] 拖动点 C（或 D、E、F），无论四边形的形状怎样变化，这个面积比为定值 2.

[3.1 尝试研究] 若将四边形的两组对边都三等分、四等分（见图 11-5、图 11-6），你能得到怎样的结论？

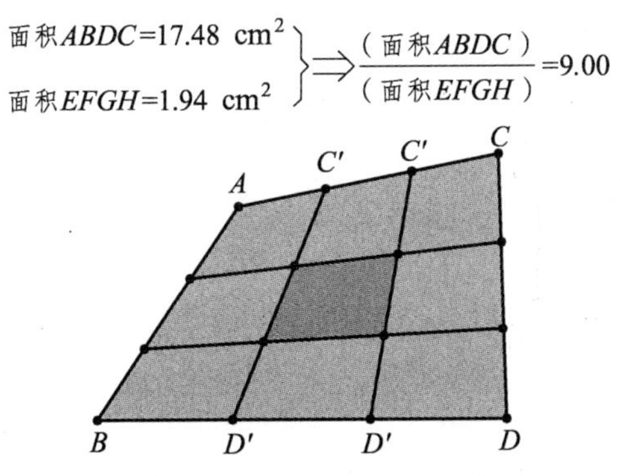

图 11-5

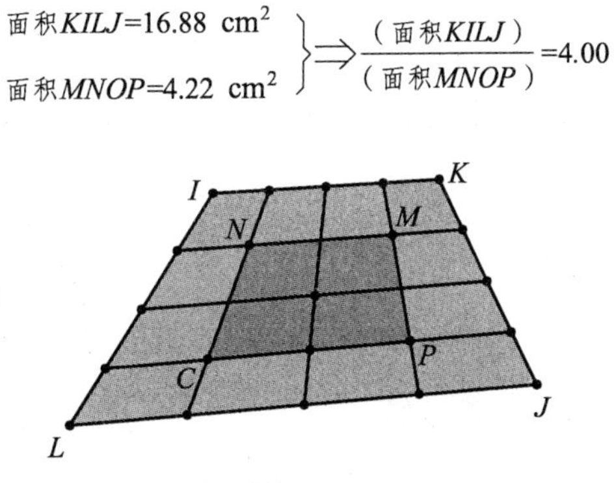

图 11-6

[4.1 实验后记] 通过本实验，我们应该掌握利用“变换”菜单等分线段的方法，会用“度量”菜单求图形的长度、面积及进行一些简单的计算.

实验 11.3　三角形的旁心

[1.1 问题引入] 我们熟知，三角形的三条角平分线交于一点（见图 11-7），它是三角形内切圆的圆心，且 $AB/AC = BD/CD$. 那么三角形的一个角的角平分线与另两个角的外角平分线（见图 11-8）也交于一点吗？圆 O 是否也与三角形的三边相切？$AB/AC = BD/CD$ 仍成立吗？

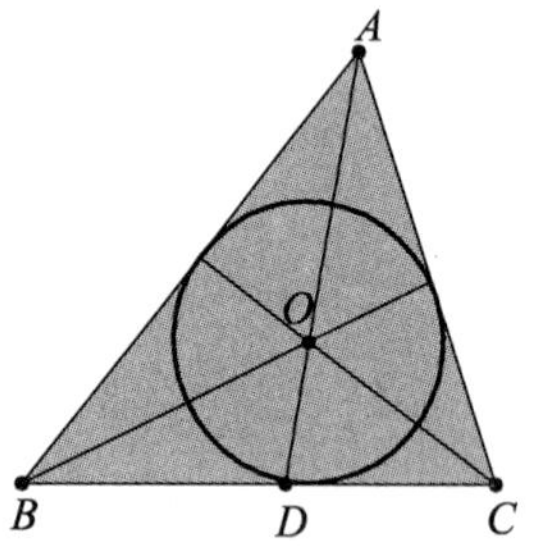

图 11-7

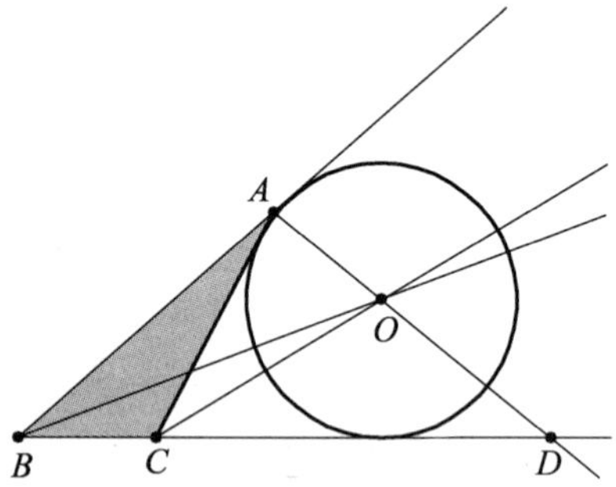

图 11-8

[1.2 量身定做] 图 11-7 的制作：

（1）启动“几何画板”，作三角形 ABC.

（2）依次选中点 B、A、C，用“构造”菜单的“角平分线”命令，得 $\angle BAC$ 的平分线.

（3）选取“线段工具”，将鼠标在点 A 和 $\angle BAC$ 的平分线与线段 BC 相交处分别点击一次，得线段 AD，取消 AD 的选中状态，隐藏射线 AD.

（4）同法作另两条角平分线，鼠标点击一次三线交会处（及“取交点”），得点 O.

（5）选中点 O 和边 BC，用“构造”菜单的“垂线”命令作垂线，取交点，隐藏垂线.

（6）以点 O 为圆心，过此交点画圆，隐藏交点，选中此圆，用“显示”菜单的“线型”命令改线型为“粗”.

（7）选中 AB、AC，“度量”其长度，选中点 B、D“度量”距离，选中点 C、D“度量”距离.

（8）计算 AB/AC 与 BD/CD 的值.

（9）保存为“ex1.03”（地址：gsp 习作）.

[1.3 验证实验] 拖动点 A（或 B、C），无论三角形的形状怎样变化，三角形的三条角平分线交于一点，圆 O 与三角形的三边都相切，且 $AB/AC = BD/CD$.

[2.1 工具打造] 图 11-8 的制作：

（1）选取“自定义工具”，利用“工具选项”打开“文档选项”对话框，选择“页面”类型，“增加页”“空白页面”.

（2）作三角形 ABC 和 $\angle ABC$ 的平分线.

（3）分别以点 B 为端点，过点 A、C 作射线，在线段 BA 的延长线上取一点，作 $\angle BAC$ 的外角平分线，交射线 BC 于点 D.

（4）同法作 $\angle ACB$ 的外角平分线，取交点 O.

（5）过点 O 作边 BC 的垂线，取垂足，以点 O 为圆心，过垂足画圆，隐藏无标签的点.

（6）同[量身定做]的第 7～8 步，求 AB/AC 与 BD/CD 的值.

（7）保存.

[3.1 尝试研究] 拖动点 A（或 B、C），无论三角形的形状怎样变化，三角形的三条角平分线交于一点，圆 O 与三角形的三边都相切，且 $AB/AC = BD/CD$.

[4.1 实验后记] 通过本实验，我们应该掌握利用“构造”菜单作线段的垂直平分线、角平分线，会利用“度量”菜单的计算器进行一些简单的运算.

实验 11.4　莫勒（Morley）三角形

[1.1 问题引入] 将 $\triangle ABC$ 的三个内角三等分，分别与 AB、CA、BC 相

邻的每两等分线相交于点 D、E、F，则中间 $\triangle DEF$ 是什么三角形？

[1.2 量身定做]（1）启动“几何画板”，画三角形 ABC.

（2）依次选中点 A、B、C，用“度量”菜单的“角度”求 $\angle ABC$ 的度数，计算 $\angle ABC$ 的度数的 1/3.

（3）同法求 $\angle BCA$、$\angle CAB$ 的度数的 1/3，隐藏 $\angle ABC$、$\angle BCA$、$\angle CAB$ 的度数.

（4）右键单击 $\angle ABC/3$ 的度量值，用右键菜单的“标记角度”命令标记度量值，双击点 B 标记为旋转中心，选中边 BC，用“变换”菜单的“旋转”命令得 BC 的旋转象，接着又作旋转象的旋转象，将 $\angle ABC$ 三等分.

（5）同法将 $\angle BCA$、$\angle CAB$ 三等分.

（6）作 $\triangle DEF$（见图 11-9）.

（7）保存为“ex1.04”（地址：gsp 习作）.

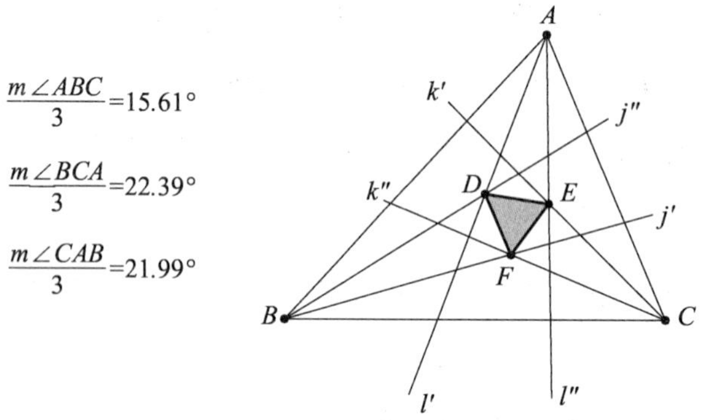

图 11-9

[1.3 验证实验]“度量”边 DE、EF、FD，无论怎样拖动点 A（或 B、C），DE、EF、FD 的长度始终相等，即 $\triangle DEF$ 为正三角形. 这个三角形称为莫勒（Morley）三角形.

[2.1 引申思考] 莫勒三角形最早是英国数学家莫勒于 1904 年发现的. 莫勒曾对他的剑桥大学同学提到过这个三角形，后来就称关于这个三角形的结论为“莫勒定理”. 这个定理莫勒虽然早就发现了，但他一直没有发表，过了 20 年才在日本正式发表. 在这 20 年中，别的数学家也发现了这个定理.《教育时报》曾把这个定理作为问题提出来，公开征求解答，后来收到两种

不同的证法. 莫勒三角形具有许多有趣的性质,下面我们继续研究它的性质.

[2.2 工具打造]（1）取射线 BD 与 CE、CF 与 AD、AE 与 BF 分别交于点 I、H、G，连结 DG、EH、FI.

（2）选中点 D、I，用“度量”菜单的“距离”命令求六边形 $DHFGEI$ 的边 DI 的长，同法求其余五边的长度，选中线段 DG、EH、FI，观察图形有什么特点?

（3）分别求 $\angle IFD$、$\angle HED$、$\angle GDF$ 的度数.

（4）选中上述各度量值、点 G、H、I、线段 DG、EH、FI，用“编辑”菜单的“操作类按钮”命令，作“显示/隐藏”按钮，右键单击此按钮，改标签为“引申（1）”（见图 11-10）.

（5）保存.

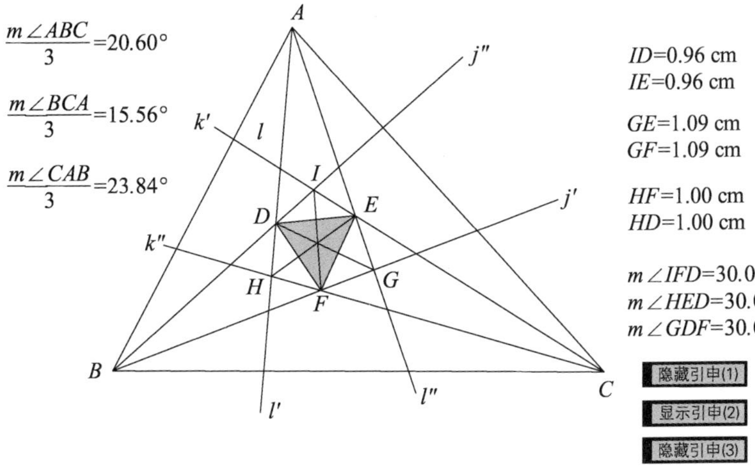

图 11-10

[2.3 验证实验] 拖动点 A（或 B、C），你能发现一些什么结论?

[3.1 尝试研究] 按下列要求进行画板制作，研究发现莫勒三角形的其他性质:

（1）连结 AF、BE、CD，观察图形又有什么特点?

（2）设 $\angle A$、$\angle B$、$\angle C$ 的平分线分别交 DE、FD、EF 于点 J、K、L，连结 FJ、EK、DL，观察图形又有什么特点?

[4.1 实验后记] 通过本实验，我们应该掌握利用“度量”菜单求角的度

数和利用“变换”菜单等分角的方法.

实验 11.5　西姆松线、欧拉线和九点圆

[1.1 问题引入] 在任何一个三角形中，都有 9 个很特别、很有趣的点，那就是三角形各边的中点、三条高的垂足、各顶点与垂心所连线段的中点. 这九个点是特别容易理解的，为什么说它们有趣呢？

[1.2 量身定做] 先作出三角形的上述九点及外心、重心、垂心.

（1）启动“几何画板”，画圆 A，用“直线工具”画圆内接三角形△BCD.

（2）分别过点 B、C、D 作对边的垂线，得垂足 E、F、G，三条垂线的公共点 H.

（3）作直线 BC、CD、DB 的“隐藏/显示”按钮：“直线”，又作三高线的“隐藏/显示”按钮：“高线”.

（4）用“高线”按钮隐藏三高线后，改用“线段工具”连结 BC、CD、DB，取三边的中点 I、J、K，分别过点 I、J、K 作三边的中垂线，作三边中垂线的“隐藏/显示”按钮：“中垂线”.

（5）用“中垂线”按钮隐藏三条中垂线后，作三角形的三条中线，得公共点 L，作三条中线的“隐藏/显示”按钮：“中线”.

（6）标记点 H，同时选中点 A、B、C、D，按 1∶2 的比“缩放”为点 A'、B'、C'、D'.

（7）选中三条边上的垂足 E、F、G，中点 I、J、K 和点 B'、C'、D'，改颜色为“绿色”，选中点 A'，改颜色为“黄色”.

（8）保存为“ex1.05”（地址：gsp 习作）.

[1.3 验证实验]

实验 1：按下“高线”按钮，拖动点 B 或 C、D，观察三角形的三条高线是否始终过同一点？（如图 11-11）——垂心.

实验 2：按下“中垂线”按钮，拖动点 B 或 C、D，观察三角形的三条

边的中垂线有怎样的位置关系？（如图 11-12）——外心.

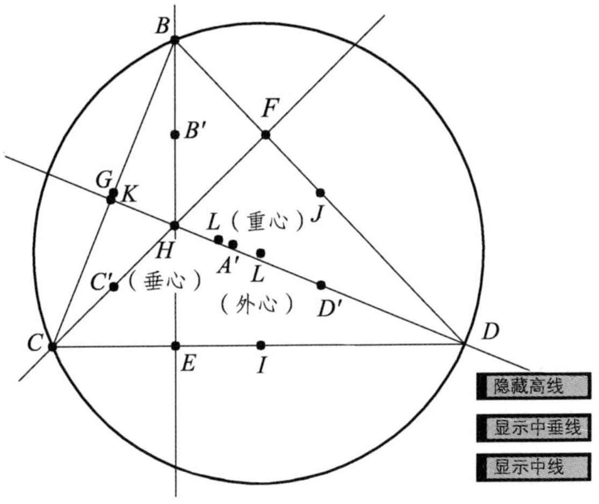

图 11-11

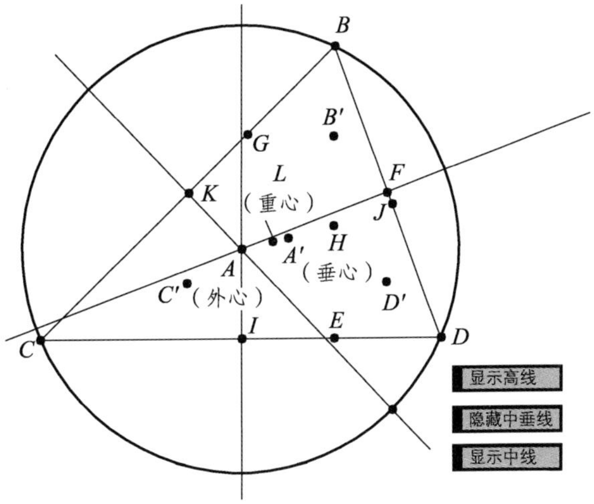

图 11-12

实验 3：按下“中线”按钮，拖动点 B 或 C、D，观察三角形的三条中线又有怎样的位置关系？（如图 11-13）——重心.

实验 4：按下“直线”按钮，在⊙A 上任取一点 M，过点 M 作直线 BC、CD、DB 的垂线，标垂足为 N、O、P，作直线 NO，拖动点 M，观察 N、O、P 有怎样的位置关系？（如图 11-14）——西姆松（Simson）线.

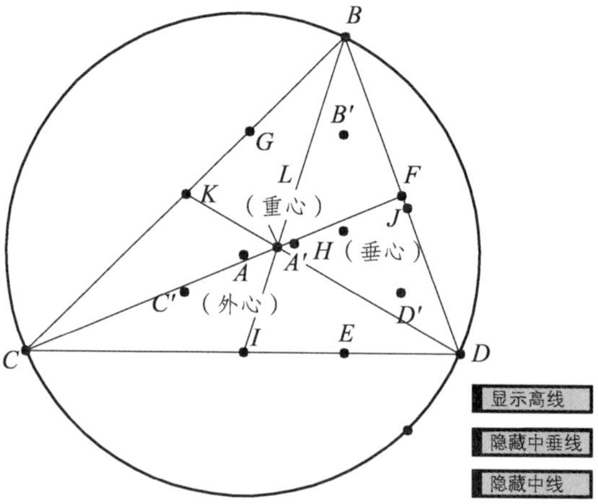

图 11-13

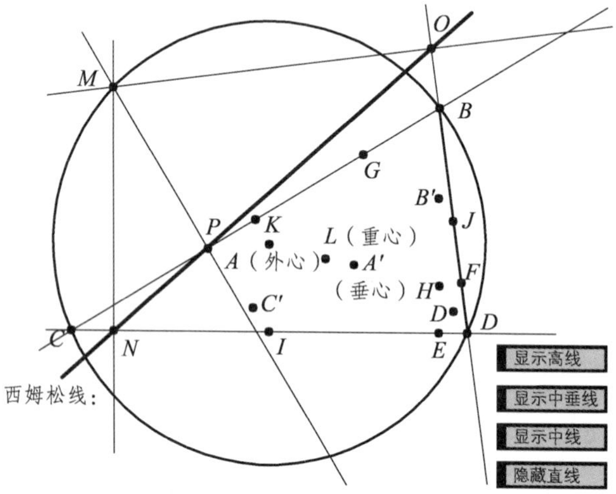

图 11-14

实验 5：作直线 AH，拖动点 B，观察 A（外心）、A' 、H（垂心）、L（重心）四点有怎样的位置关系？（如图 11-15）——欧拉（Euler）线.

实验 6：以点 A' 为圆心，过点 B 偭圆，拖动点 B，观察垂足 E、F、G，中点 I、J、K 和点 B' 、C' 、D' 九点有怎样的位置关系？（如图 11-16）——九点（Euler）圆.

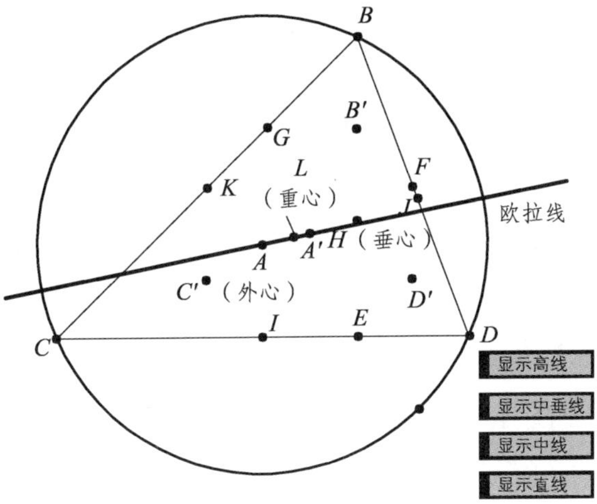

图 11-15

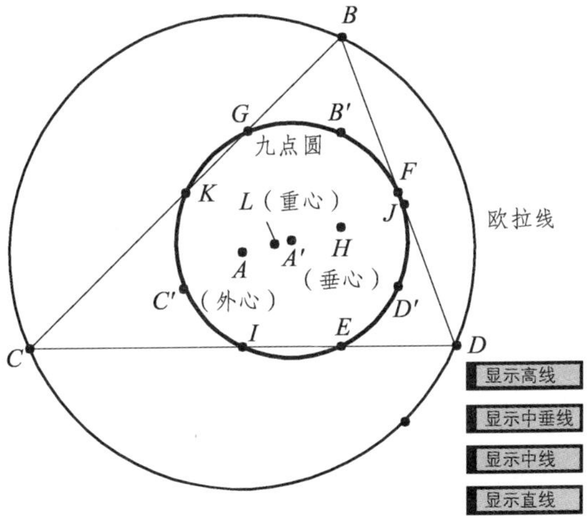

图 11-16

[2.1 尝试研究] 九点圆，又叫 Euler 圆、Feuerbach 圆，被誉为“几何学中的小明珠”，在数学史上倍受智者青睐，人们还发现了它的许多性质，例如：

“九点圆的半径等于三角形外接圆半径的一半.”

“九点圆的圆心为三角形的垂心与外接圆圆心连线的中点.”

“三角形的九点圆与三角形的内切圆、旁切圆都相切.”

你有没有兴趣去探究九点圆的奥妙？如果有兴趣的话，你不妨试一试，或许你能发现一些新的美妙性质呢！

[3.1 实验后记] 通过本实验，应该掌握求一条直线与含有子线段的另一条直线的交点的方法，会作“显示/隐藏”按钮并能进行编辑.

实验 11.6　正五边形的尺规画法

[1.1 问题引入] 初中“平面几何”中，我们可以通过尺规三等分、四等分、六等分圆周来得到正三角形、正四边形、正六边形，那么怎样用尺规作正五边形呢？下面介绍以下四种尺规作图法.

[1.2 量身定做] 图 11-17 的作法：

（1）启动“几何画板”，用“圆规工具”画一个圆，作任意半径，取此半径的中点 A，过圆心作此半径的垂线 j，交圆于 B、C 两点.

（2）以点 A 为圆心，过点 J 作圆，连结 AB，交此圆于一点 D.

（3）以点 B 为圆心，过点 D 作圆，交第一圆于 E、F 两点.

（4）分别以点 E、F 为圆心，过点 F、E 作圆，交第一圆于点 G、H.

（5）依次连结点 E、F、H、C、G 得一个五边形，并作五边形的内部（见图 11-17）.

（6）选中第一个圆的外端点，用“编辑”菜单的“操作类按钮”命令制作“动画”按钮.

（7）保存为“ex1.06”（地址：gsp 习作）.

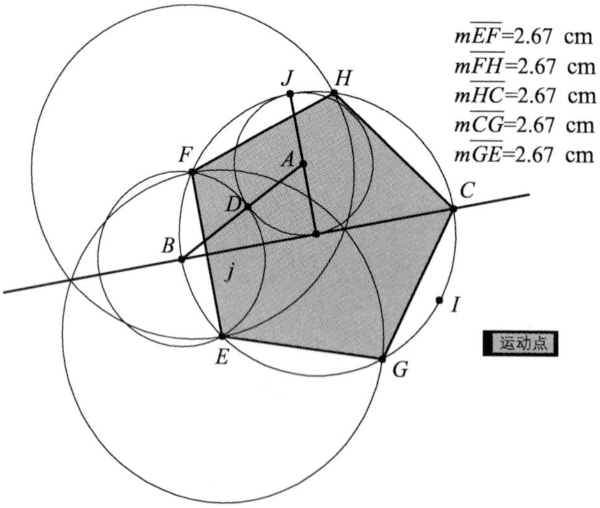

图 11-17

[1.3 验证实验]“度量”五边形的边长，按下按钮，拖动点 J，观察五条边的长度是否恒相等.

[2.1 工具打造] 图 11-18 的作法：

（1）增加第 2 页画板，先作图.

（2）以点 A 为圆心，过点 J 作圆，作直线 AB，交此圆于一点 D、E.

（3）分别以点 B 为圆心，过点 D、E 作圆，交第一个圆于点 F 和 G、H 和 I.

（4）以下作法同[量身定做]步骤 5 ~ 6（见图 11-18）.

（5）保存.

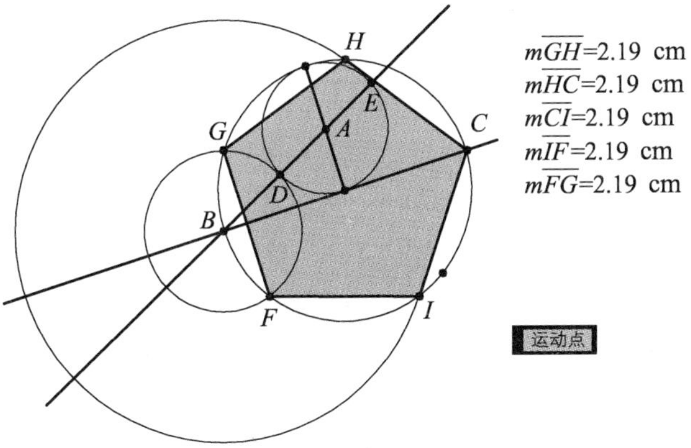

图 11-18

图 11-19 的作法：

（1）增加第 3 页画板，画一圆，过圆心和圆上一点作直线 AB，线段 AB 为直径，过圆心作直线 AB 的垂线，得直径 CD.

（2）分别过点 A、B 作 CD 的平行线 j、k，过点 D 作 CD 的垂线 l，取 k 与 l 的交点 E.

（3）依次选中点 E、B，用“变换”菜单的“标记向量”，选中点 A，“平移”成点 A'，选中点 A'“平移”成点 A''，连续平移三次，得点 A''''.

（4）连结 EA''''，交圆于点 F、G，连结 AF、AG，交 CD 于点 H、I.

（5）分别过点 H、I 作 CD 的垂线，交圆于 J、K、L、M 四点.

（6）依次连结点 J、D、K、I、M 得一个五边形，并作五边形的内部（见图 11-19）.

（7）保存.

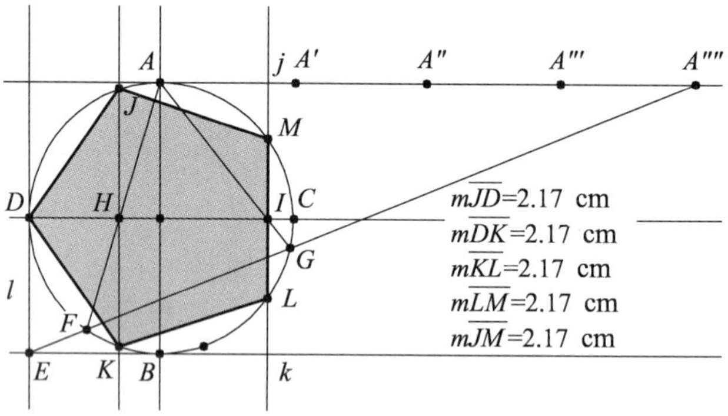

图 11-19

图 11-20 的作法：

（1）增加第 4 页画板，画⊙A，作任意半径 AB，过点 A 作 AB 的垂线，交圆于点 C、D，选中圆 A，用“度量”菜单的“半径”命令求⊙A 的半径.

（2）“计算”⊙A 的半径的 1/2，以 B 为圆心，⊙A 半径的 1/2 为半径作⊙B.

（3）“标记中心”A，以 1/2 的比例“缩放”点 C 得点 C'，连结 BC'，交⊙B 于点 F，以 C'为圆心，过点 F 作圆，交射线 AC 于点 G，交半径 AB 于点 H.

（4）双击直线 AB（即“变换”菜单的“标记镜面”），选中点 H，用“变换”菜单的“反射”命令得点 H'.

（5）以点 H 为圆心，过点 H'作圆，交⊙C'于点 I，

（6）用“反射”命令作点 I 的反射点 I'，

（7）依次连结点 D、K、I'、H'、H 得一个五边形，并作五边形的内部（见图 11-20）.

（8）保存.

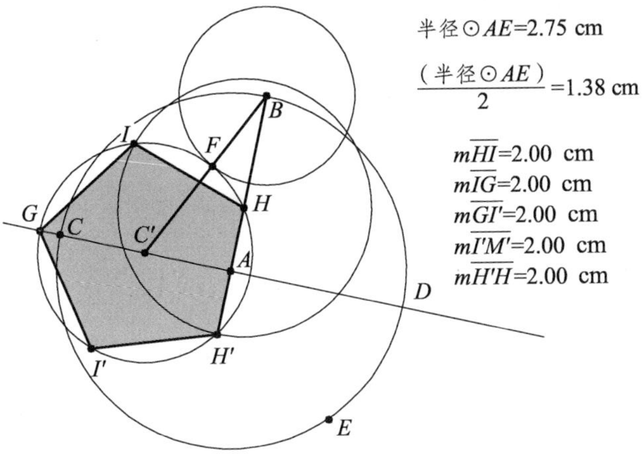

图 11-20

[3.1 实验后记] 在本实验中，我们学习了页面的增加、“动画”按钮的制作、画圆的三种方法、按向量“平移”“反射”等常用方法，这些都必须很好地掌握.

实验 11.7　圆周率与正多边形

[1.1 问题引入] 三国魏晋时代，我国杰出的数学家刘徽提出了一个计算圆周率的方法——“割圆术”. 所谓“割圆术”，是用圆内接正多边形的周长去无限逼近圆周并以此求取圆周率的方法. 按照这样的思路，刘徽把圆内接正多边形的面积一直算到了正 3 072 边形，并由此而求得了圆周率为 3.14 和 3.1416 这两个近似数值. 这个结果是当时世界上圆周率计算的最精确的数据. 刘徽还把“割圆术”它推广到有关圆形计算的各个方面，从而使汉代以来的数学发展大大向前推进了一步. 以后到了南北朝时期，祖冲之在刘徽“割圆术”的基础上继续努力，一直算到圆内接正 24 576 边形，终于求得了圆周率为：$3.1415926<\pi<3.1415927$，精确到了小数点以后的第七位. 在西方，这个成绩是由法国数学家韦达于 1593 年取得的，比祖冲之晚了一千一百多年. 刘徽所创立的“割圆术”方法对中国古代数学发展的重大贡献，历史是永远不会忘记的.

下面我们利用刘徽的“割圆术”，借助于现代技术，重新研究圆周率的近似值，以此缅怀先辈的辉煌业绩.

刘徽的“割圆术”算法是：如图 11-21，设半径 $OA=1$，因为 $S_{OACB}=OC\cdot AB\div 2$，

所以 $S_{12}=6(a_6\cdot 1\cdot 1/2)=3a_6$，$S_{24}=12(a_{12}\cdot 1\cdot 1/2)=6a_6$，….

一般地，$S_{2n}=p_n/2\approx\pi$. ……………………………………（*）

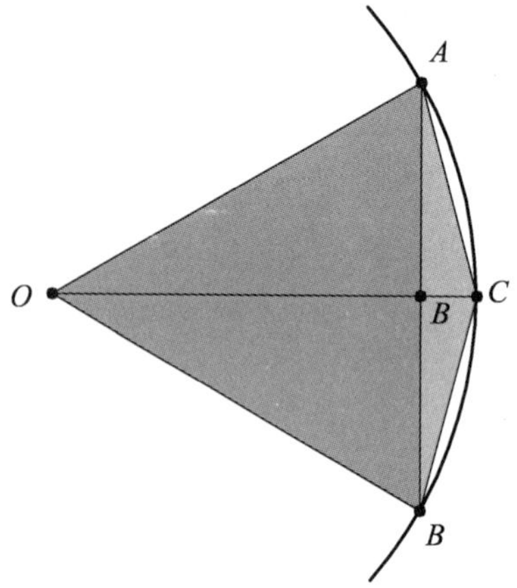

图 11-21

[1.2 量身定做]（1）启动“几何画板”，按下“Shift”键，用“编辑”菜单的“高级参数选项”命令，在“参数选项”对话框的“单位”选项卡中设置“距离”“其他”为：十万分之一，画⊙O，取任意半径 AB.

（2）用“图表”菜单的“新建参数”命令打开“新建参数”对话框，改“名称”为 n，“值”为 3，右键单击参数 n 的值，用右键菜单的“属性”命令打开“参数 n 的属性”对话框，改“值”选项卡中的“精确度”为：单位.

（3）计算“360°/n”的值并用右键菜单“标记角度”，标记点 A 为中心，选中点 B，用“变换”菜单的“旋转”命令得点 B'，连结 BB'，改颜色为：红色.

（4）依次选中线段 BB'、AB，用“度量”菜单的“比”命令求值，改标签为“a_n”（以此作为正 n 边形的边长），隐藏线段 AB（不含端点），作△ABB' 的内部.

（5）计算“$1000na_n/2$”的值，改标签为“$1000S_{2n}$”，由公式（*）知，此即 1000π 的值.

（6）依次选中点 B 和参数 n 的值，按下“Shift”键，用“变换”菜单的“带参数的迭代”命令，打开“迭代”对话框后，单击点 B'，得正多边形（如图 11-22）.

（7）保存为“ex1.07”（地址：gsp 习作）.

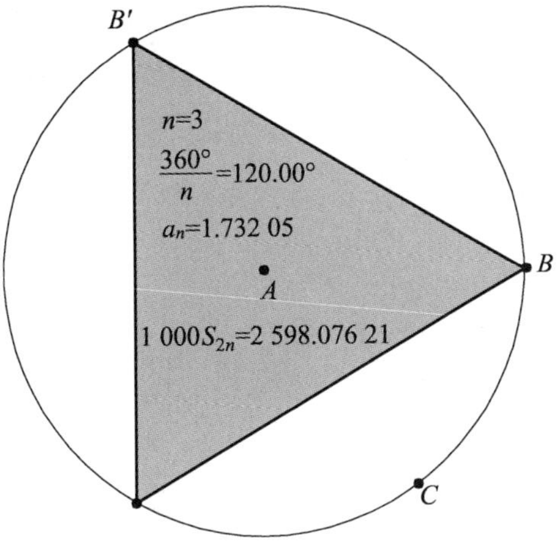

图 11-22

[1.3 验证实验] 选中参数 n 的值，每按一下小键盘的“+”键（或“−”键），n 的值就增加（或减少）一个单位，单位圆的内接正 $2n$ 边形的面积就更接近于单位圆的面积 π. 当 $2n = 3072$ 时，$\pi \approx 3.14159$，接近于刘徽的 3.1416；当 $2n = 24576$ 时，$\pi \approx 3.14159262$，这个值夹在南北朝人祖冲之的 3.1415926 和 3.1415927 之间（图 11-23 ~ 图 11-28）.

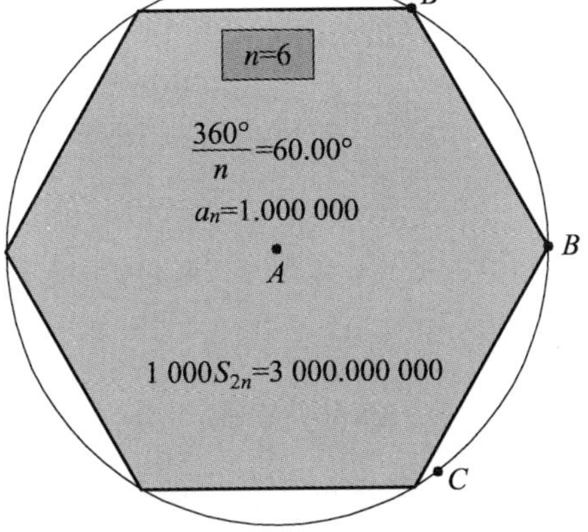

图 11-23

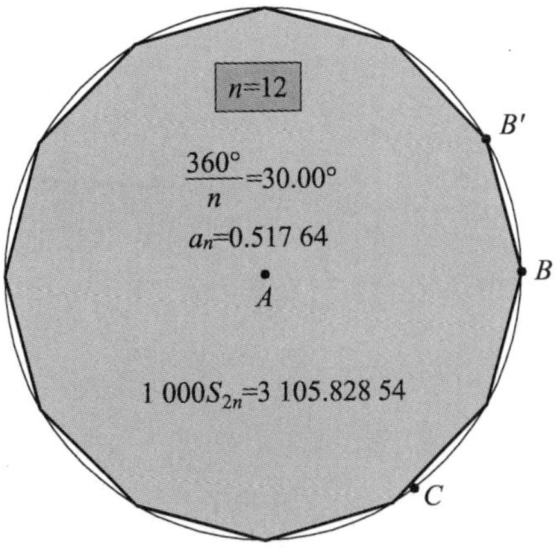

图 11-24

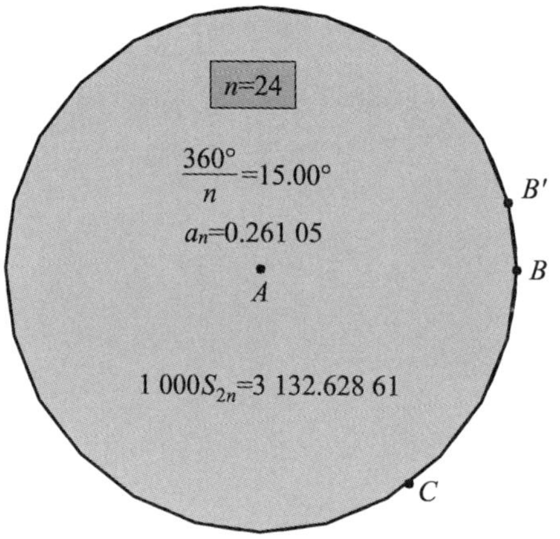

图 11-25

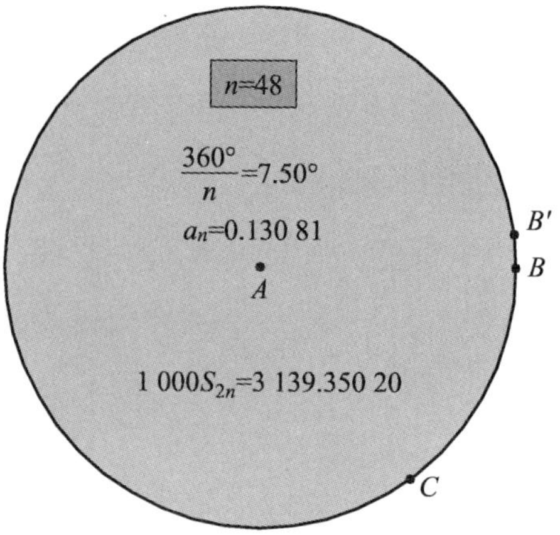

图 11-26

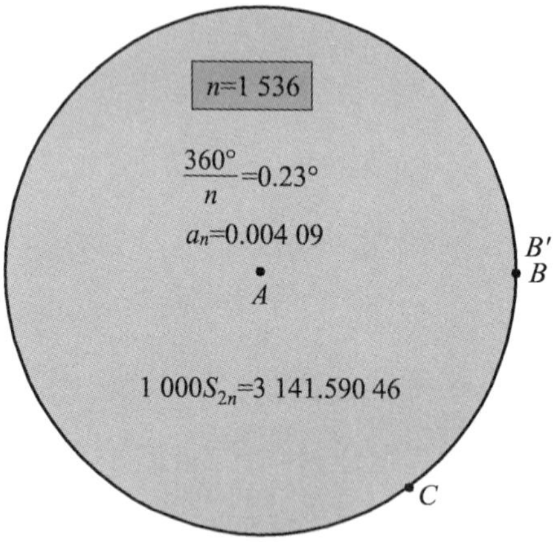

图 11-27

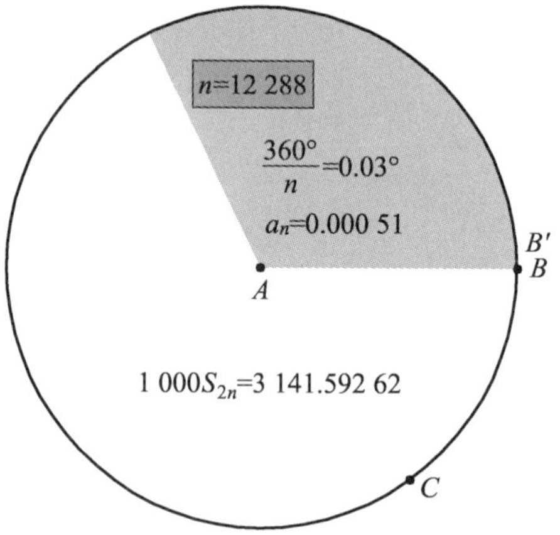

图 11-28

[2.1 实验后记] 通过本实验，应该掌握如何编辑高级参数选项、按标记角度和中心旋转、求两条线段的比值、迭代和参数迭代等方法.

实验 11.8　巴布士（Pappus）定理和巴斯卡（Pascal）定理

[1.1 问题引入]“数学，如果正确地看，不但拥有真理，而且也具有至高的美.”——罗素

“数学内部及外部的应用包含两个方面:一是数学作为科学方法的效力，一是数学作为科学所应有的统一与美.”——C. 罗伯特

我们来验证一下数学史上两个著名定理的惊人貌似,想必你会为数学的统一美赞叹不已.

大约公元 1 世纪，亚历山大的 Pappus 发现了下面的几何定理：

"若 A、B、C 是直线 l 上的三点，A'、B'、C'是直线 m 上的三点，则 AB' 与 $A'B$、BC'与 $B'C$、AC'与 $A'C$ 之交点共线（见图 11-29）."

17 世纪初法国的 Pascal 发现又一个定理：

"圆内接六边形，每两条对边延长线交点共线（见图 11-30）."

同时，这个结论可以推广到一般的圆锥曲线的情形，即对内接于圆锥曲线的六边形定理也成立.

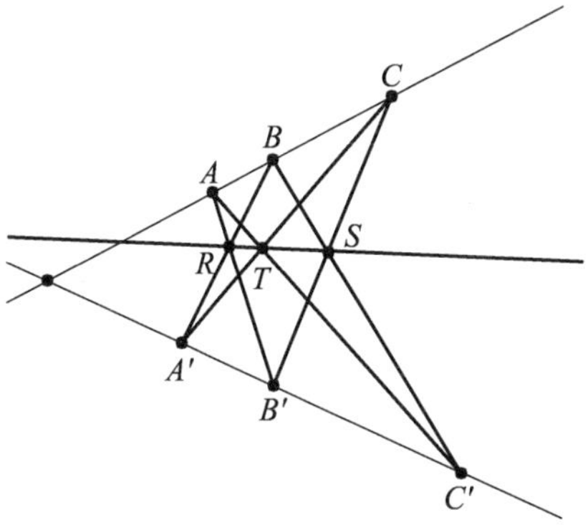

图 11-29

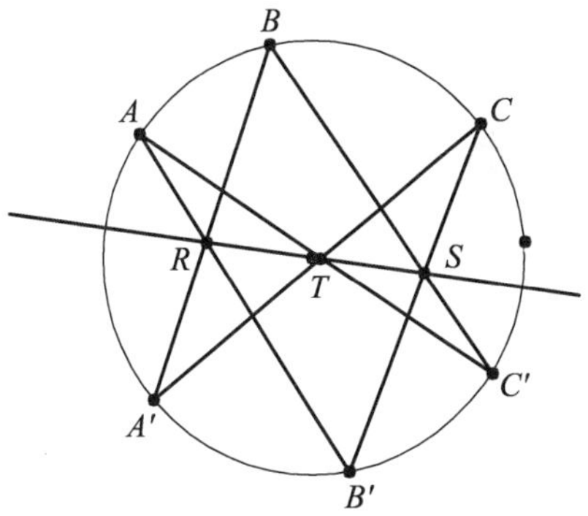

图 11-30

[1.2 量身定做]（1）启动"几何画板"，作直线 j、k.

（2）分别在直线 j、k 上取点 A、B、C 和点 A'、B'、C'.

（3）作直线 AB'与 $A'B$、BC'与 $B'C$、AC'与 $A'C$ 及其交点 R、S、T，隐藏这六条直线.

（4）作线段 AR、RB'、BS、SC'、CT、TA'，改为粗线、红色，作线段 $C'T$、TA、$A'R$、RB、$B'S$、SC，改为蓝色，作直线 RT，改为棕色（见图 11-29）.

（5）保存为"ex1.08"（地址：gsp 习作）.

[1.3 验证实验]任意改变直线 j、k 及点 A、B、C、A'、B'、C'的位置，观察点 R、S、T 是否始终在同一条直线上.

[2.1 工具打造]（1）用"文件"菜单命令，打开"文档选项"对话框，选"页面\增加页\复制页：1"，得第 2 页.

（2）选中点 A，用"编辑\从直线中分离点"命令将点 A 与直线 j 分离，同法将点 B、C、A'、B'、C'从直线 j、k 中分离出来，删除直线 j、k,（注：

拖动点 A、B、C、A'、B'、C'，观察点 R、S、T 是否仍然在一直线上）.

（3）画一个圆，改为细线.

（4）选中点 A 和圆，用“编辑\合并到圆”命令将点 A 合并到圆，同法将点 B、C、A'、B'、C'也合并到圆（见图 11-30）.

（5）保存.

[2.2 验证实验] 拖动点 A、B、C、A'、B'、C'，观察观察点 R、S、T 是否始终在同一条直线上.

[3.1 工具打造]（1）打开“文档选项”对话框，复制第 2 页，得第 3 页.

（2）将点 A、B、C、A'、B'、C'从圆中分离出来.

（3）作圆的直径所在的直线，在圆上任取点 P，作 P 关于直径的对称点 P'，连结 PP'，取 PP'上任意点 Q.

（4）选中 P、Q，作点 Q 的轨迹（椭圆），隐藏直径，线段 PP'，圆，点 Q、P、P'.

（5）将点 A、B、C、A'、B'、C'合并到椭圆上（见图 11-31）.

（6）保存.

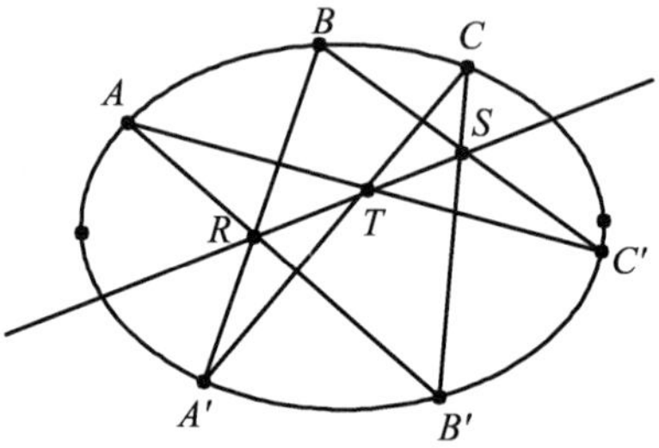

图 11-31

[3.2 验证实验] 拖动点 A、B、C、A'、B'、C'，观察点 R、S、T 是否始终在同一条直线上.

[4.1 尝试研究] 在圆上，

（1）将点 A 与 B'重合，拖动其他各点（见图 11-32），点 R、S、T 是否始终在同一条直线上？

（2）将点 A 与 B'、A'与 C 重合，拖动其他各点（见图 11-33），R、S、T 是否在同一条直线上？

（3）将点 A 与 B'、A'与 C、C'与 B 重合（见图 11-34），点 R、S、T 是否在同一条直线上？

（4）如果将圆换成椭圆，重复上述探究，是否有相同的结论？

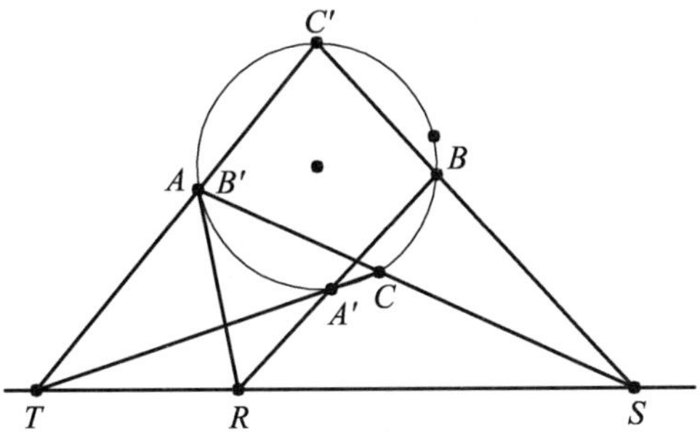

图 11-32

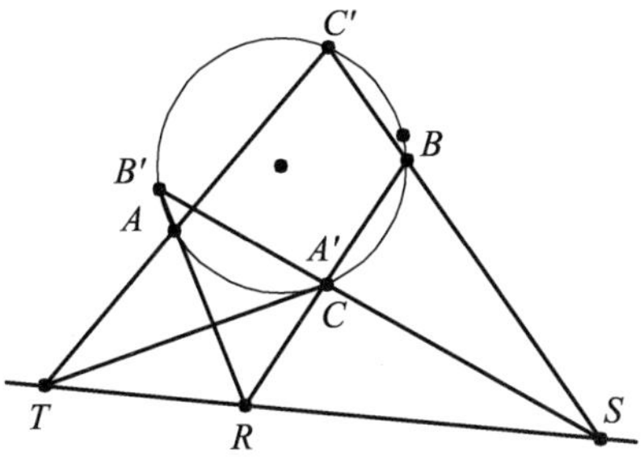

图 11-33

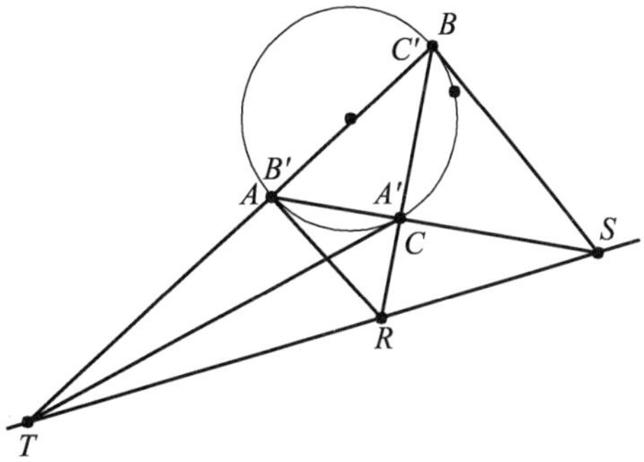

图 11-34

[5.1 实验后记] 通过本讲的学习，应该掌握从对象上分离点和将点合并到对象上的方法，会用压缩法绘制椭圆.

实验 11.9　含参方程的解的讨论

[1.1 问题引入] 讨论方程 $\lg x + \lg(4 - x) = \lg(a + 2x)$，（$a$ 为参数）的根的情况，可以转化为方程：

$x^2 - 2x + a = 0$，（$0 < x < 4$）

的解的讨论，重组方程：$-x^2 + 2x = a$

建立函数：　　　　　$y = -x^2 + 2x$，（$0<x<4$）和 $y = a$

于是我们将问题转化为讨论函数图像的交点的个数的问题.

[1.2 量身定做]（1）启动“几何画板”，用“图表\定义坐标系”命令建立坐标系，隐藏网络，改两坐标轴为浅灰色.

（2）用“图表\绘点\直角坐标：4、0，绘制，完成”命令，作点 A，连结点 A 与原点 B，改线型为：粗.

（3）在线段 AB 上任取一点 C，用“图表\横坐标”命令求 C 的横坐标 x_C.

（4）用“度量\计算：$-x_C$^2 + $2x_C$”命令求 $x = x_C$ 时的函数值，依次选中 x_C 和函数值，用“图表\绘制（x，y）”命令作点 D，依次选中点 C、D，用“构造\轨迹”命令作函数 $y = -x^2 + 2x$,（$0<x<4$）的图像，改颜色为红色，拖动单位点，适当增大单位长度，使屏幕显示完整图像.

（5）在 y 轴上任取一点 E，过点 E 作 x 轴的平行线 $y = a$，用“图表\纵坐标”命令求 E 的纵坐标，改标签为 a（见图 11-35）.

（6）保存为“ex1.09”（地址：gsp 习作）.

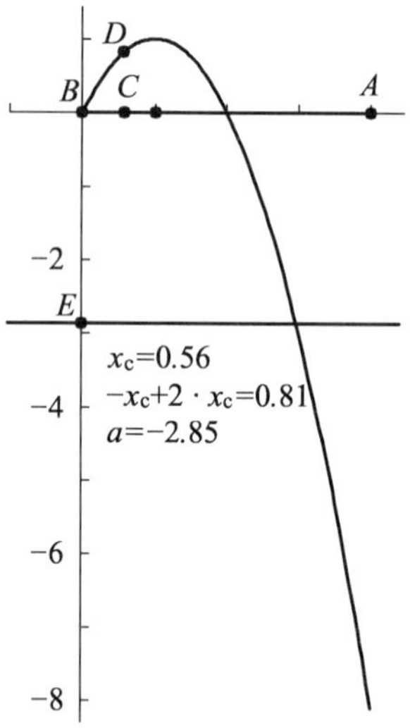

图 11-35

[1.3 验证实验] 上下拖动直线 $y = a$，观察直线与曲线的位置关系及 a 的值的变化范围，探索问题的结论.

[2.1 尝试研究] 方程 $x^2-(2+k)x+(1-k)=0$ 有两根，其中一根在（0，1）之间，一根在（2，3）之间（见图 11-36、图 11-37），求 k 的取值范围.

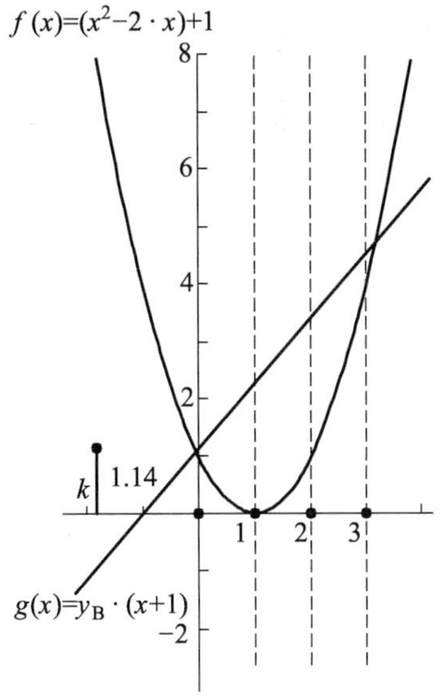

图 11-36

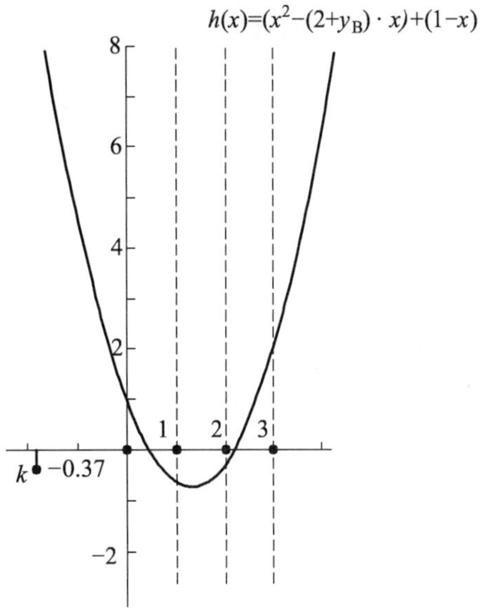

图 11-37

[3.1 实验后记] 通过本实验，应该掌握求点的坐标，用图表菜单作点、作函数图像的方法，会作动点的轨迹.

实验 11.10　二次函数的最值

[1.1 问题引入] 我们知道，给定一个二次函数（自变量取值范围是全体实数），如果二次项的系数为正，其图像开口向上，函数有最小值，没有最大值；反之，函数有最大值，没有最小值；最值是在抛物线的顶点取得的. 然而如何求出二次函数在某个给定的闭区间内的最大值或最小值呢？比如：

（1）当 $x\in[3, 4]$时，求函数 $y=x^2-2ax+a^2-a+1$ 的最大值和最小值；

（2）求函数 $y=2x^2-8x+1$ 在区间$[n, n+1]$内的最值；

（3）a 为何值时，函数 $y=x^2-2ax+a^2-a+1$ 在 $x\in[3, 4]$时的值恒大于 0？

[1.2 量身定做]（1）启动“几何画板”，用“图表\定义坐标系”命令定义坐标系，隐藏网络.

（2）在 x 轴上取点 A，过点 A 作 x 轴的垂线 j，选中垂线 j，连续两次用

“变换\平移：直角坐标、水平方向 0.5 厘米”命令，得直线 j'、j''.

（3）分别在直线 j、j'、j''上以它们与 x 轴的交点为一个端点作线段，记另一个端点为 B、C、D，依次记三线段为 a、b、c，隐藏直线 j、j'、j''及其与 x 轴的交点.

（4）选中 B、C、D，用“度量\纵坐标”命令，得三点的纵坐标，依次改纵坐标标签为参数 a、b、c.

（5）用“度量\计算\函数：sgn(a)*0.5 厘米”命令，得一计算结果，选中此结果，用“变换\标记距离”命令标记此结果后，隐藏此结果；选中 B，用“变换\平移：极坐标、固定角度 90°”命令，得一点，同时选中此点和 B 的纵坐标 a，按下“Shift”键，用“编辑\合并文本到点”命令，得参数 a 的活动标签，隐藏 B 的标签及其平移点.

（6）同法作参数 b 与 c 的活动标签.

（7）用“图表\绘制新函数：$a*x$^2 + $b*x + c$”命令，得二次函数 $f(x)$的图像，又用“绘制新函数：方程：$x = f(y)$，$-b/2a$”命令，得对称轴 $g(y)$的图像，改用虚线表示，如图 11-38 所示.

（8）保存为“ex1.10”（地址：gsp 习作）.

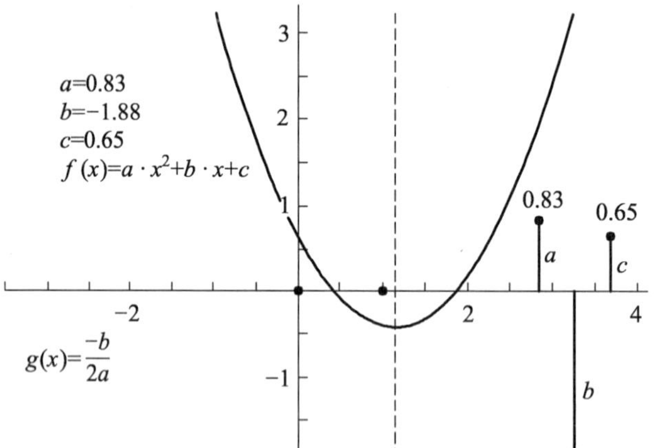

图 11-38

[1.3 验证实验] 分别拖动线段 a、b、c 的端点，改变参数 a、b、c，验证二次函数的一般性质.

[2.1 工具打造] 二次函数在给定闭区间内的图像的制作：

（1）用“文件\文档选项：页面，增加页\复制 1”命令复制第 1 页，得第 2 页.

（2）分别选中 x 轴、y 轴、二次函数 $f(x)$的图像，用右键菜单改颜色为浅灰色，隐藏对称轴方程.

（3）在 x 轴上作线段 EF，用右键菜单改颜色为深绿色、粗线型.

（4）选中点 E、F，用“度量\横坐标”命令求横坐标，又选中点 E、F，用“变换\平移：极坐标、固定距离为 0.5 cm、固定角度为−90°”命令平移 E、F 两点；选中点 E 的平移点和 E 横坐标值，按下“Shift”键，用“编辑\合并文本到点”命令，得点 E 的活动标签；同法作点 F 的活动标签，隐藏 E、F 的平移点；分别改点 E 及其横坐标值的标签为 m，改点 F 及其横坐标值的标签为 n.

（5）在画布上任取一点 G，度量其横坐标，改其横坐标的标签为 x.

（6）用“度量\计算：a*x^2 + b*x + c”命令得计算结果，依次选中横坐标值 x、此计算结果，用“图表\绘制（x，y）”命令作点 H，改此计算结果的标签为 y.

（7）选中二次函数 $f(x)$的解析式，用“图表\导数”命令得导函数 $f'(x)$，用“度量\计算\函数：sgn(x)”命令，得符号函数值，同时选中符号函数值和点 H，用“显示\颜色\参数：颜色、参数范围‘从−1.2 到 0’、颜色范围‘不要循环’”命令定义点 H 的可变颜色，隐藏导函数 $f'(x)$、符号函数值.

（8）依次选中点 G、线段 mn、点 H，用“构造\轨迹”命令作定义在闭区间[m，n]上的二次函数的图像.

（9）用文本工具作三个文本：“[”、“,”、“]”，依次选中“[”、x 的值、“,”、y 的值、“]”，用“编辑\合并文本”命令，得动态定义区间，如图 11-39 所示.

（10）保存.

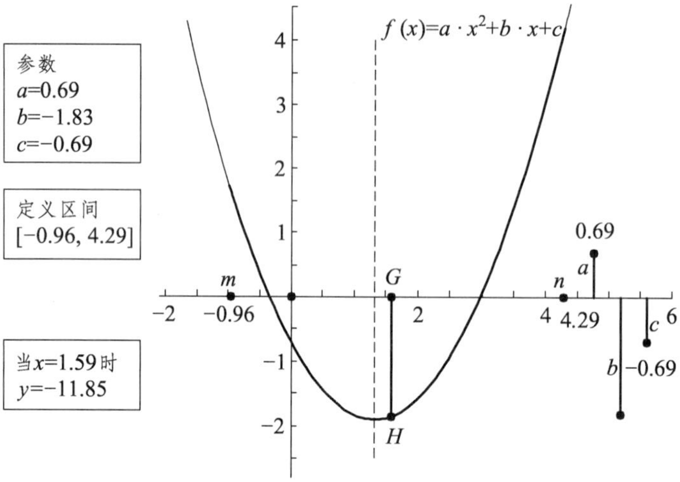

图 11-39

[3.1 尝试研究] 拖动点 G、定义区间线段或它的端点，研讨[问题引入]中提出的三个问题.

[4.1 实验后记] 通过本讲的学习，我们应该掌握绘制动态函数图像、动态标签、动态文本的方法，会用函数 sgn 的变号功能定义方向和动态颜色.

第 12 章　数学与实验（二）进阶篇

实验 12.1　指数函数与其反函数图像交点个数

[1.1 问题引入]　我们知道函数 $y=a^x$ 与函数 $y=\log_a x$（$a>0$，且 $a\neq1$）互为反函数，它们的图像有交点吗？若有，有几个？

[1.2 量身定做]（1）启动“几何画板”，由“图表”定义坐标系，隐藏网络，新建参数，“编辑”属性\标签为 a、值精确度：百分之一、参数值为 2、参数键盘调节 0.01.

（2）用“图表”绘制新函数 $y=a^2$、$y=\log_a x$，分别“显示”颜色：大红与深绿，“编辑”属性\图像 10000 像素，绘制新函数 $y=x$（见图 12-1）.

（3）保存为“ex2.01”（地址：gsp 习作）.

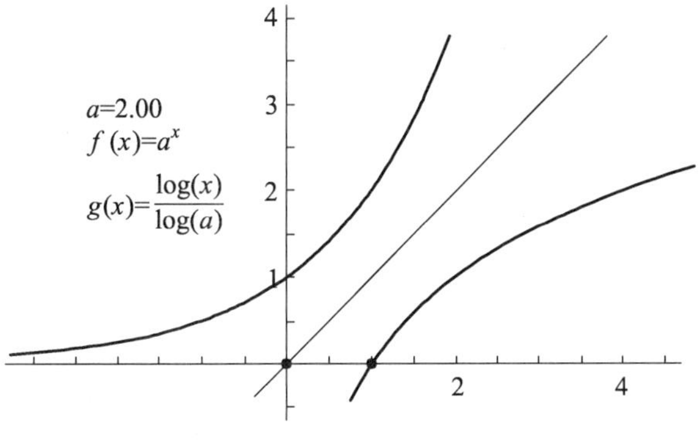

图 12-1

[1.3 探究发现] 选中参数 a，用键盘“+”“−”键调节参数 a 的大小，你能发现两图像的交点个数有哪些情况？

[2.1 引申思考]（1）在图 12-2 中图像的唯一交点，a 的理论值是什么？图 12-3 中 a 的取值范围是什么？

（2）如图 12-4、图 12-5，当 $0<a<1$ 时图像有 1 个和 3 个交点的边界条

件是什么？

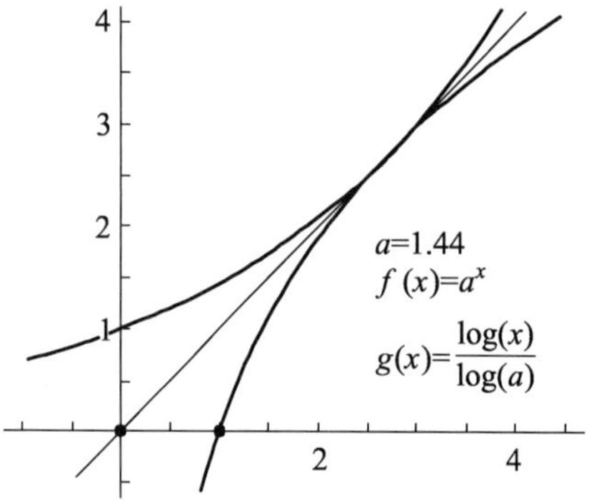

图 12-2

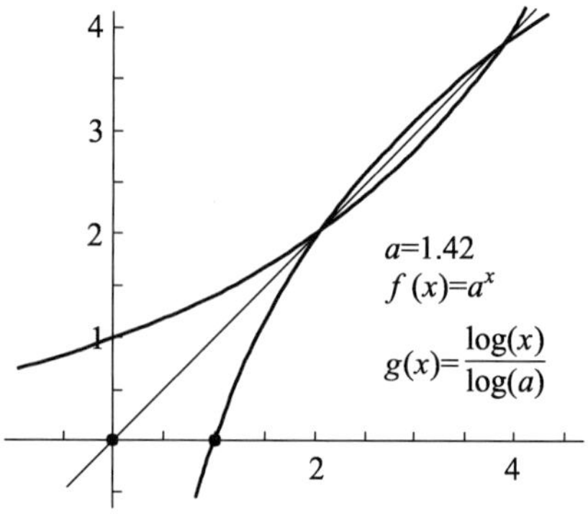

图 12-3

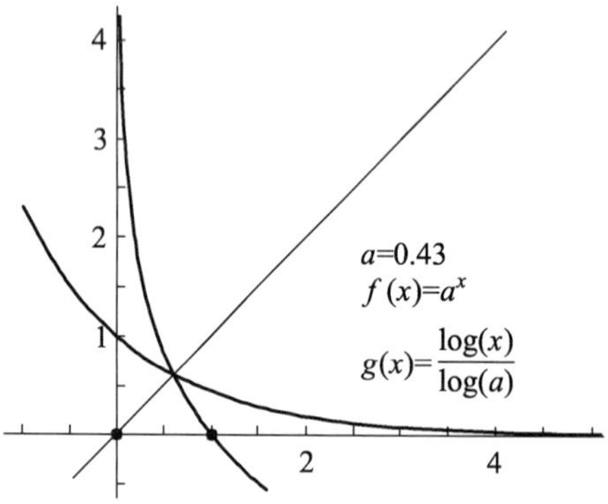

图 12-4

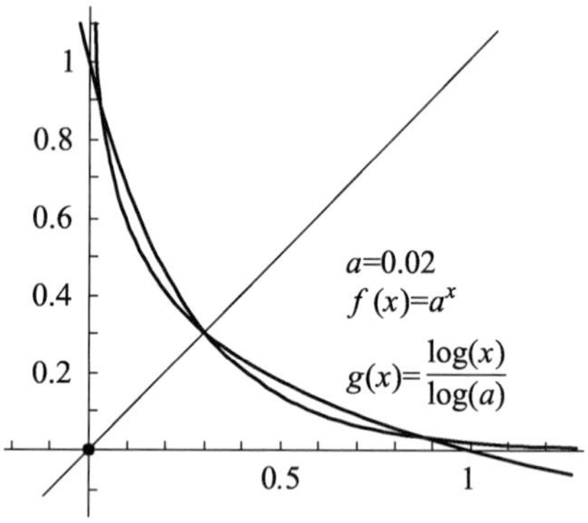

图 12-5

[2.2 工具打造]为了使得交点个数容易观察，可以转化为讨论函数 $y=a^x-\log_a x$ 与 x 轴的交点的个数.

（1）打开课件，“自定义工具”\工具选项\页面视图\增加空白页面，改名称 2.2.

（2）定义坐标系，隐藏网络，新建参数 a，“编辑” 属性\值精确度：十万之一、参数值为 1.44300、参数键盘调节为 0.00001.

（3）绘制新函数 $y=a^x-\log_a x$，“编辑”属性\图像 10000 像素.

（4）在图像上任取一点 A，“度量”其坐标，“编辑”\参数选项\单位\其他：十万之一.

（5）保存.

[2.3 探究发现]

命题 1 如图 12-6，在 $a>1$ 时，仅当 $a=\sqrt[e]{e}$ 时两图像有唯一交点（e，e）

命题 2 当 $0<a<1$ 时，图像有 1 个和 3 个交点的边界条件是：$a=\dfrac{1}{e^{e}}$.

（1）若 $\dfrac{1}{e^{e}}\leqslant a<1$ 时，图像有 1 个交点（见图 12-7）.

（2）若 $0<a<\dfrac{1}{e^{e}}$ 时，图像有 3 个交点（见图 12-8）.

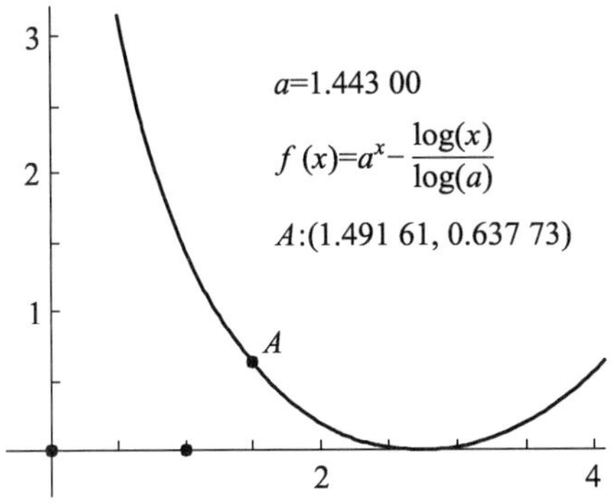

图 12-6

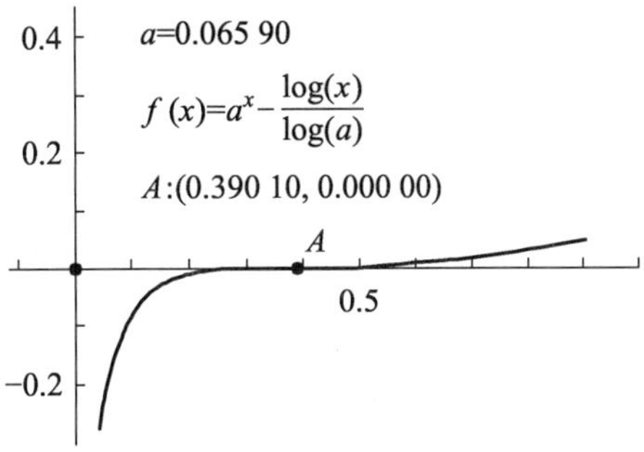

图 12-7

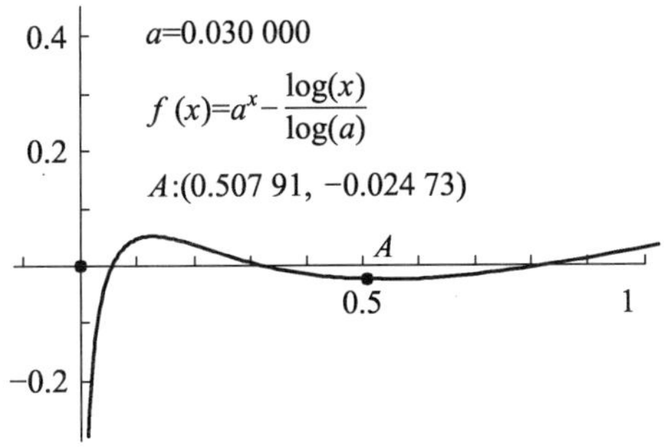

图 12-8

命题 2 的推论 互为反函数的函数图像的交点成对出现且关于直线 $y=x$ 对称.

[2.4 结论证明] 证明命题 1：根据互为反函数的函数图像的关系，函数 $y=a^{x}$ 与 $y=\log_{a}x\,(a>1)$的图像的唯一交点应在直线 $y=x$ 上，

若 $a^{e}=e$，则 $\log_{a}e=e=a^{e}$，所以两图像有唯一交点(e，e)，此时 $a=\sqrt[e]{e}$；

若 $a^{\frac{1}{e}}=\frac{1}{e}$，则 $\log_a\frac{1}{e}=\frac{1}{e}=a^{\frac{1}{e}}$，所以两图像有唯一交点 $\left(\frac{1}{e},\frac{1}{e}\right)$，此时 $a=\frac{1}{e^e}$.

一般地，函数 $y=a^x$ 与函数 $y=\log_a x$（$a>0$，且 $a\neq1$）图像的交点的个数的情况如表 12-1 所示.

表 12-1　图像交点个数

a 的取值范围	$0<a<\frac{1}{e^e}$	$\frac{1}{e^e}\leqslant a<1$	$1<a<\sqrt[e]{e}$	$a=\sqrt[e]{e}$	$a>\sqrt[e]{e}$
交点的个数	3	1	2	1	0

实验 12.2　函数 $y=x+\frac{k}{x}$ 的图像（一）

[1.1 问题引入] 如何求函数 $y=\frac{x^2+5}{\sqrt{x^2+4}}$ 的最小值？如下的解法是否正确？

解：设 $z=\sqrt{x^2+4}$，则 $y=z+\frac{1}{z}\geqslant2$，所以此函数的最小值为 2.

这一解法是错误的. 因为仅当 $z=1$ 时上式取“=”号，然而这里 $z\geqslant2$. 我们可以用函数 $y=x+\frac{k}{x}$ 的单调性来求它的最小值.

[1.2 量身定做]（1）启动“几何画板”，“图表”\绘制新函数\数值（改名称为 k）\新函数（改标签为 y）$f(x)=x+\frac{k}{x}$.

（2）选中函数图像，右键“属性”\图像，设图像 10000 个样本.

（3）选中函数图像，右键“跟踪函数图像”.

（4）绘制新函数 $y=x$（见图 12-9）.

（5）保存为“ex2.02”（地址：gsp 习作）.

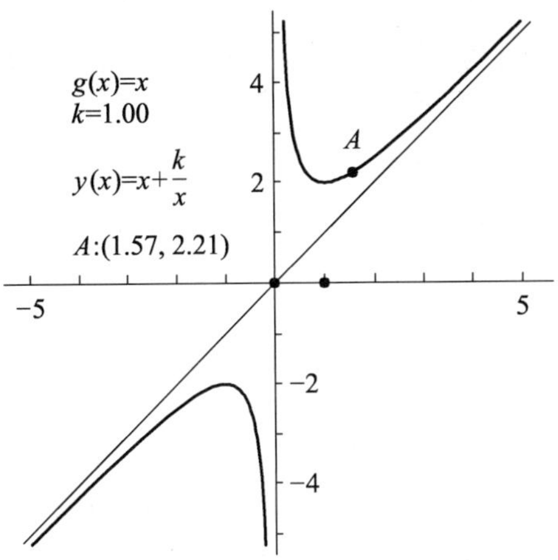

图 12-9

[1.3 探究发现] 选中参数 k，用“+”“−”键增减参数 k 的值，你能发现函数 $y=x+\dfrac{k}{x}$ 的图像有什么规律吗?

（1）当 $k=0$ 时，图像为直线 $y=x$.

（2）当 $k>0$ 时，图像夹在 y 轴与直线 $y=x$ 之间的锐角区域内（见图 12-10），当 $k<0$ 时，图像夹在 y 轴与直线 $y=x$ 之间的钝角区域内（见图 12-11）；图像以 y 轴和直线 $y=x$ 为渐近线；关于原点对称；k 值（保持同号时）越小曲线越弯曲.

（3）当 $k<0$ 时，函数有两个递增区间（$-\infty$，0）和（0，$+\infty$）；当 $k>0$ 时，图像有增有减.

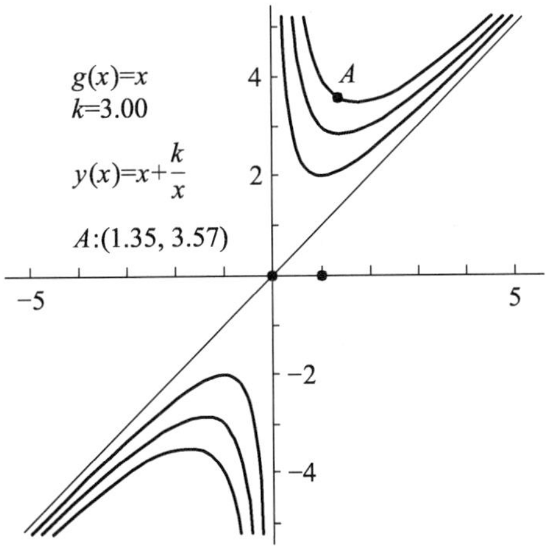

图 12-10

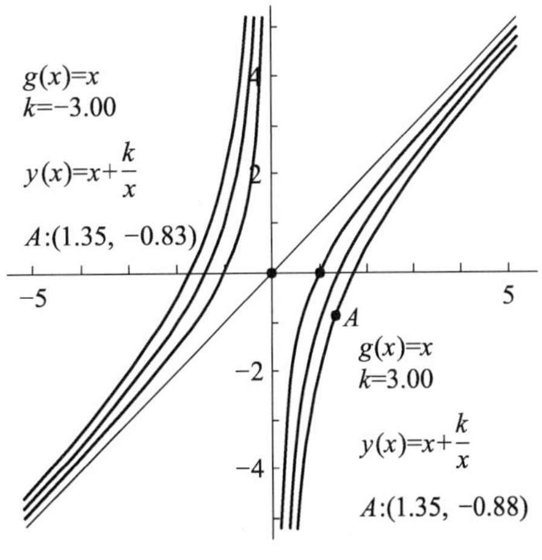

图 12-11

[2.1 引申思考] 如何确定当 $k>0$ 时函数 $y=x+\dfrac{k}{x}$ 的单调区间呢？

[2.2 工具打造]（1）取消图像跟踪.

（2）在图像上任取一点 A，“度量”点的 A 横纵坐标，右键“属性”\值\精确度：千分之一.

（3）依次选中参数 k、x_A、y_A，用“图表”制表.

（4）适当增大坐标系的单位长.

（5）选中参数 k，用“+”“–”键将参数 k 的值还原为 1，双击一次表格.

（6）将参数 k 的值增加 1，双击一次表格.

（7）重复第（6）步，直至 $k=4$，右键“绘制表中记录”（见图 12-12）.

（8）保存.

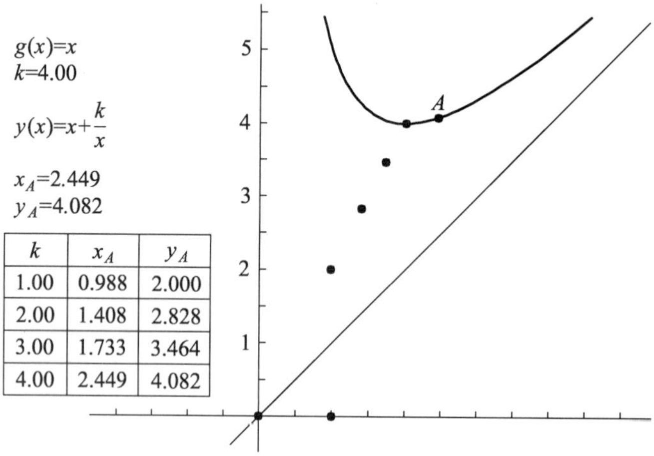

k	x_A	y_A
1.00	0.988	2.000
2.00	1.408	2.828
3.00	1.733	3.464
4.00	2.449	4.082

图 12-12

[2.3 探究发现]

命题 当 $k>0$ 时函数 $y=x+\dfrac{k}{x},(x>0)$ 的递减区间为 $\left(0,\sqrt{k}\right]$，递增区间为 $\left[0,\sqrt{k}\right)$.

[2.4 结论证明] 设 $0<x_1<x_2$，$y(x_1)-y(x_2)$

$$=\left(x_1+\frac{k}{x_1}\right)-\left(x_2+\frac{k}{x_2}\right)$$

$$=(x_1-x_2)-\left(\frac{k}{x_1}-\frac{k}{x_2}\right)$$

$$=\frac{(x_1-x_2)(x_1x_2-k)}{x_1x_2}$$

不难看出，当 $0<x_1<x_2<\sqrt{k}$ 时，$y(x_1)-y(x_2)>0$，函数为减函数；当 $\sqrt{k}<x_1<x_2$ 时，$y(x_1)-y(x_2)<0$，函数为增函数.

实验 12.3　正三角形的最短面积两等分线

[1.1 问题引入] 在一个正三角形中画一条分割线（可以是直线、折线或曲线），把这个正三角形的面积两等分，试设想各种画分割线的方法，并比较各条分割线的长短. 在你所画出的所有分割线中，哪一种最短？这是不是所有可能的分割线中最短的？

[1.2 量身定做]（1）启动“几何画板”，画线段 *AB*，标记中心 *A*，将线段 *AB* 及点 *B* 旋转 60º，并将 *B* 的对应点记为 *C*，连结 *BC* 得正△*ABC*.

（2）“构造”△*ABC* 的内部及△*ABC* 周边上两点 *D*、*E*，连结 *DE*.

（3）“构造”△*CDE* 的内部，“显示\颜色”：绿.

（4）“度量”△*ABC* 和△*CDE* 的面积、线段 *DE* 的长度.

（5）“度量\计算”：△*ABC* 的面积与△*CDE* 的面积的比（见图 12-13）.

（6）保存“ex2.03”（地址：gsp 习作）.

[1.3 探究发现] 当分割线为一条线段时，

（1）如线段的一个端点在△*ABC* 的一个顶点上时，另一个端点只能为线段 *AB* 的中点（见图 12-14）.

（2）如线段的两个端点都不在△*ABC* 的顶点上时，则此线段应平行于三角形的一边（见图 12-15、图 12-16）.

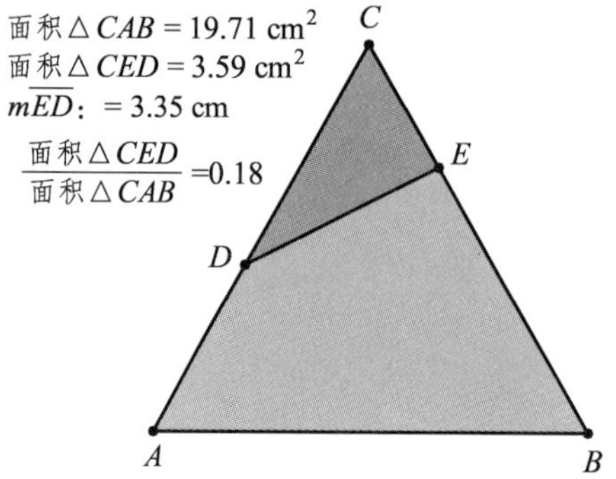

图 12-13

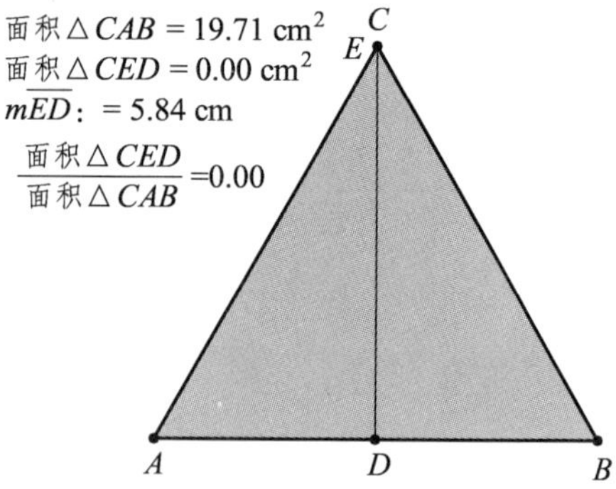

图 12-14

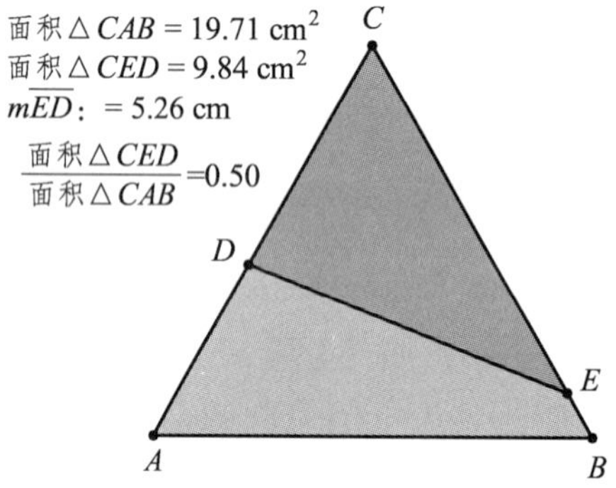

图 12-15

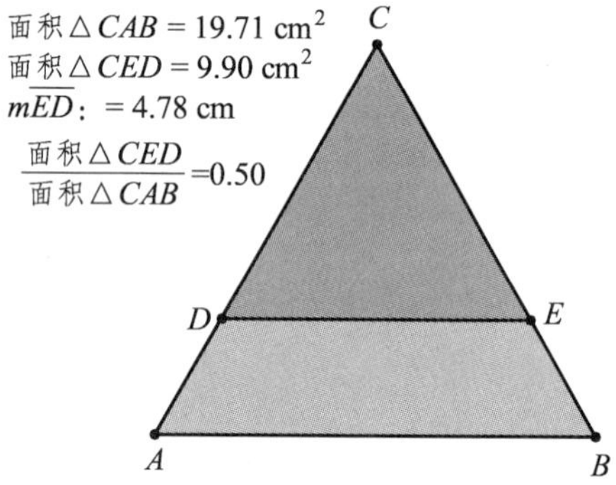

图 12-16

[1.4 结论证明]

如图 12-15，设 $CD=m$，$CE=n$，$\triangle ABC$ 的边长为 1，由面积公式：

$$\frac{1}{2}mn\sin 60^\circ=\frac{\sqrt{3}}{4}\times\frac{1}{2}$$

得 $mn=\frac{1}{2}$.

于是：

$$\begin{aligned}DE^2&=m^2+n^2-2mn\cos 60^\circ\\&=m^2+n^2-mn\\&\geqslant 2mn-mn=\frac{1}{2},\end{aligned}$$

当且仅当 $m=n=\frac{\sqrt{2}}{2}$ 时等号成立，这说明 DE // AB 且 $DE_{\min}=\frac{\sqrt{2}}{2}$.

[2.1 引申思考] 那么怎样的分割，才能使分割线最短且面积等分呢？

[2.2 工具打造]（1）将 1.2 中$\triangle ABC$和它的内部及其面积复制到新的一页 2.2.1.

（2）作 AB 边上的高，以点 C 为圆心，过此高上任意 F 作圆，交 AC、BC 于点 D、E，连接 DF、EF，“构造”四边形 $CDFE$ 的内部.

（3）“度量” DE、EF、四边形 $CDFED$ 的面积，计算面积比、$DE+EF$ 的值（见图 12-17）.

（4）复制点 D、E、F、$\triangle ABC$ 和它的内部及其面积复制到新的一页 2.2.2.

（5）作弧 DFE，“显示”\粗红线，作以 DFE 为弧的扇形，“度量”扇形的面积，计算面积比、弧长（见图 12-18）.

（6）保存.

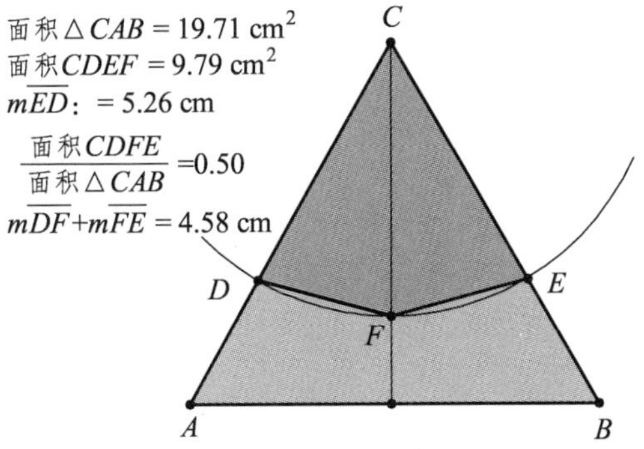

图 12-17

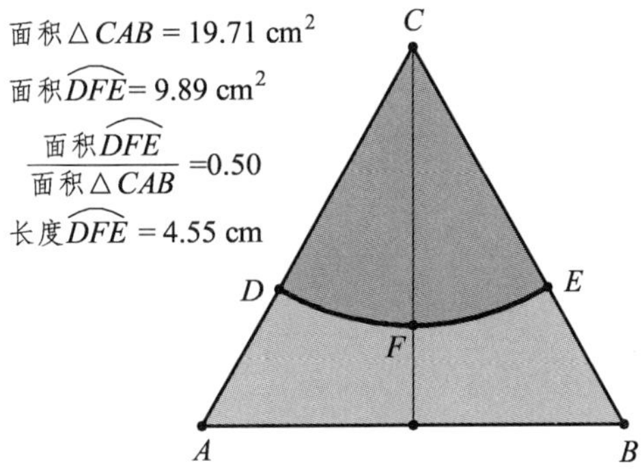

图 12-18

[2.3 探究发现]

命题 1 如图 12-17，折线 DFE 的长$<\dfrac{\sqrt{2}}{2}$.

命题 2 如图 12-18 的分割线是满足条件的最短分割线.

[2.4 结论证明]

命题 1 的证明： 设 $CD=CF=CE=n$，则由 $2\times\dfrac{1}{2}m^2\sin 30^\circ=\dfrac{\sqrt{3}}{8}$ 得 $m^2=\dfrac{\sqrt{3}}{4}$,

于是 $DF^2=2m^2-2m^2\cos 30^\circ=(2-\sqrt{3})m^2=\dfrac{2\sqrt{3}-3}{4}$,

因此，分割线的长 $DE+EF=2DF=\sqrt{2\sqrt{3}-3}<\dfrac{\sqrt{2}}{2}$.

命题 2 的证明：如图 12-19，将六个全等的正三角形拼成一个正六边形，六段分割线形成一个封闭的图形. 问题转化为：给定面积，画一个周长最短的封闭图形，显然圆的周长最短.

[3.1 尝试研究] 将原问题中的正三角形改为其他图形即可得到类似的问题. 例如：在一个等腰直角三角形中画一条分割线，把这个三角形面积两等分，要使所画的分割线最短，该如何画？

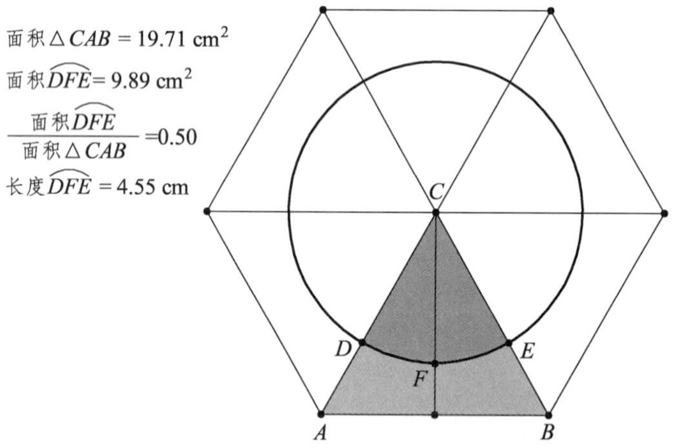

图 12-19

实验 12.4　切点弦方程

[1.1 问题引入]　我们知道，过圆 $x^2+y^2=r^2(r>0)$上一点 $A(a, b)$的切线方程为 $ax+by=r^2$，那么当点 A 不在此圆上时，直线 j：$ax+by=r^2$ 与点 A 有怎样的关系？

[1.2 量身定做]（1）启动“几何画板”，用“图表”菜单建立坐标系，隐藏网络和单位点.

（2）以原点为圆心画圆，并在圆上取点 A，分别“度量”点 A 的坐标、横坐标、纵坐标和圆的方程、半径，改原点标签为 O.

（3）用“图表”菜单绘制新函数：$-x_A*x \div y_A+r\verb|^|2 \div y_A$.

（4）在函数图像上作直线 j，隐藏函数图像和直线上两点，“度量”直线的方程.

（5）隐藏 A 的横坐标、纵坐标、圆的半径和函数表达式.

（6）选中点 A，用“编辑”菜单从圆中分离点，使点 A 不在圆上.

（7）作射线 OA，交直线 j 于 H，交圆 O 于 I（见图 12-20）.

（8）保存为“ex2.04”（地址：gsp 习作）.

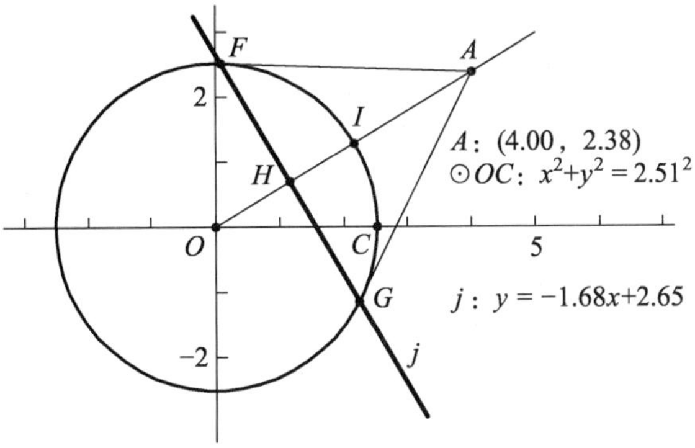

图 12-20

[1.3 探究发现] 拖动点 A，你能发现一些什么现象?

（1）当点 A 在圆 O 外时，直线 j 与圆 O 相交于 F、G，且直线 j 垂直于射线 OA，直线 AF、AG 分别为圆 O 的切线. 即经过从点 $A(a, b)$向圆 O 所引切线的切点的直线方程为 $ax + by = r^2$. 我们把方程 $ax + by = r^2$ 叫作点 A 的切点弦方程.

（2）当点 A 在圆 O 内时，直线 j 与圆 O 相离，且直线 j 仍垂直于射线 OA.

[1.4 结论证明] 这里就（1）进行证明：

设从点 $A(a, b)$向圆 O 所引切线的切点 $F(x_1, y_1)$、$Q(x_2, y_2)$，则切线 AF、AG 的方程为

$$x_1x + y_1y = r^2、\qquad x_2x + y_2y = r^2$$

所以 $$x_1a + y_1b = r^2、\qquad x_2a + y_2b = r^2$$

所以点 $F(x_1, y_1)$、$Q(x_2, y_2)$的坐标分别满足方程 $ax + by = r^2$，

由“两点确定一条直线”，直线 j 的方程就是 $ax + by = r^2$.

[2.1 引申思考] 在 1.3（1）中，实际上给出了由圆 O 外一点 $A(a, b)$作直线 $ax + by = r^2$ 的几何法. 那么如何用几何法作 1.3（2）中的直线 $ax + by = r^2$ 呢?

[2.2 工具打造]（1）将点 A 拖入圆 O 内，在直线 j 上取任意一点 J，连结 OJ，求 OJ 的中点 K.

（2）以 K 为圆心过点 O 作圆，交圆 O 于 L、M 两点，连结 LM.

（3）“度量”距离 AO、HO，计算 sqrt（HO* AO），（见图 12-21）.

（4）保存.

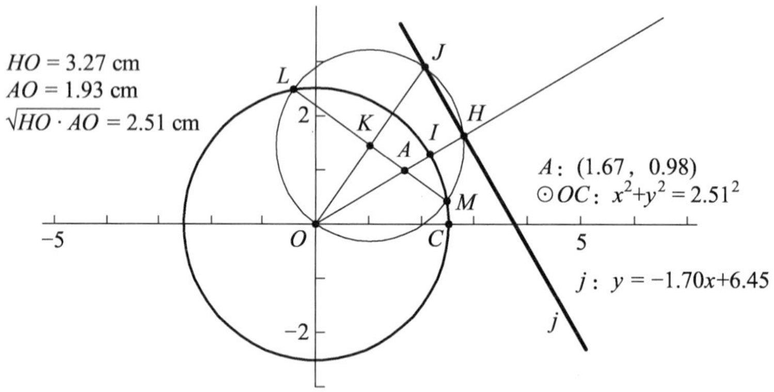

图 12-21

[2.3 探究发现]

命题 当点 J 在直线 j 上运动时，切点弦 LM 恒过点 A（即直线 j 是过点 A 的任意弦的端点的切线交点的轨迹）.

[2.4 结论证明] 设点 $J(x_0, y_0)$，因为 J 是直线 j 上的点，所以 $ax_0 + by_0 = r^2$. 因为 JL、JM 分别为圆 O 的切线，所以点 J 的切点弦方程为 $x_0x + y_0y = r^2$. 所以弦 LM 过点 A.

不难看出，上述两个问题一个问题的两个方面，具体如下:

一般地，已知圆 $x^2 + y^2 = r^2(r>0)$ 和平面内的任意点 $A(a, b)$，只要点 A 不是圆心（0，0），总可以作出对应的直线 j：$ax + by = r^2$. 这样得到的直线 j 叫作点 A 关于圆的极线（当 A 在圆外时，直线 j 叫切点弦），点 A 叫作直线 j 的极点.

结论 1.3（1）是点 A 在圆外时的情况，结论 2.3 是点 A 在圆内时的情况，并且同时也给出了作相应极线的几何作图方法．当然，点 A 在圆上时，它的极线就是过点 A 的圆的切线．三种情况的极线方程都是 $ax+by=r^2$，这种高度的统一性真是妙不可言．其实极点、极线的概念就是切点、切线概念的推广，它们还有很多重要的性质，高等几何里有详细研究．

[3.1 尝试研究] 在上述问题中，四点 O、A、H、I 满足怎样的关系？

实验 12.5　一道几何题的引申

[1.1 问题引入] PQ 是以 AB 为直径的圆 O 中的一条非直径弦，连接 PA、BQ 的直线相交于点 M，连结 BP、AQ 相交于点 N，那么你能发现什么结论？

[1.2 量身定做]（1）启动“几何画板”，用[线段工具]绘线段，标为直径 AB.

（2）选中直径 AB，用“Ctrl + M”作中点 O，用[圆规工具]以 O 为圆心画直径为 AB 的圆.

（3）用[线段工具]作非直径弦 PQ，用[直线工具]作直线 PA、BQ 交于点 M.

（4）用[线段工具]连结 BP、AQ 相交于点 N（见图 12-22）.

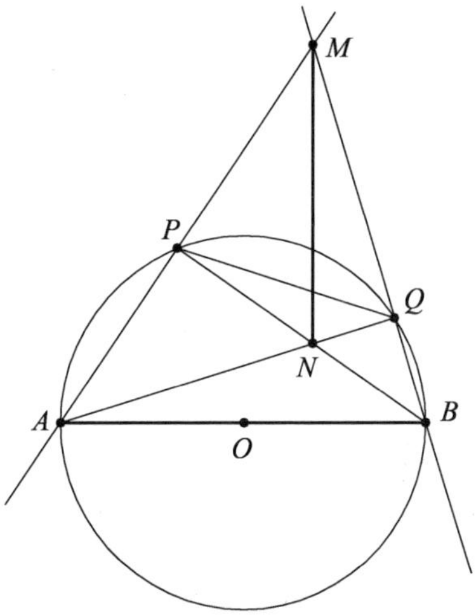

图 12-22

（5）保存为“ex2.05”（地址：gsp 习作）.

[1.3 探究发现] 拖动点 M 或点 Q，改变弦 PQ 的位置，观察线段 MQ 与直径 AB 的位置关系，你会得到怎样的结论？（$MN\perp AB$）

[1.4 结论证明] 设直线 MN 交 AB 于点 K，由 AB 是⊙O 的直径，由 P、Q 在⊙O 上知 $\angle MPN=\angle MQN=90°$，

所以 P，M，Q，N 是四点共圆，

从而 $\angle QMN=\angle QPN$，即 $\angle BMK=\angle QPB$.

又因为 $\angle QPB=\angle QAB$，所以 $\angle BMK=\angle QAB$.

由 $\angle AQB=90°$ 知 $\angle QAB+\angle QBK=90°$.

所以 $\angle BMK+\angle QBK=90°$，

即 $\angle BMK+\angle MBK=90°$.

所以 $\angle MKB=90°$，故 $MN\perp AB$.

[2.1 引申思考] 如果将圆换为圆锥曲线，$MN\perp AB$ 仍然成立吗？

[2.2 工具打造]（1）作线段 AB，在 AB 上任取一点 C.

（2）作射线 AB，以点 C 为圆心过点 A 作圆，交射线 AB 于异于 A 的点 D.

（3）过点 A 作 AB 的垂线 j.

（4）作⊙C 的任意半径 CE，作 BE 交垂线 j 于 F，依次过点 B、F 作 CE、AB 的平行线相交于点 G，作 G 关于 E 的轨迹（圆锥曲线）.

（5）标记向量 CA，将点 B 平移到点 A_1，测量 AC、BC、A_1B 的长度，计算 AC/BC，改标签为 e，

（6）计算 $A_1B/(1-e)$，标记此比值，以固定角度为 60°平移点 A_1，改标签为 O，连续平移点 O，改标签为 A_2.

（7）隐藏除点 B、C、A_1、A_2、O、直线 j、AB、G 的轨迹和度量结果 e 以外的所有元素.

（8）作非直径弦 PQ，A_1P 和 A_2Q 相交于 M，A_2P 和 A_1Q 相交于 N，连结 MN.

（9）保存.

[2.3 探究发现] 拖动点 C 或 P、Q 进行探究（见图 12-23、图 12-24）.

命题 1　PQ 是有心圆锥曲线的非直径弦（不过中心的弦），A_1、A_2 为椭圆长轴（或实轴）上两顶点，A_1P 和 A_2Q 相交于 M，A_2P 和 A_1Q 相交于 N，则 $MN \perp A_1A_2$.

命题 2　PQ 是不过抛物线顶点 O 的任一弦，过 P、Q 分别作抛物线对称轴的平行线，交 OP、OQ 于点 M、N，则 MN 垂直于抛物线的对称轴.

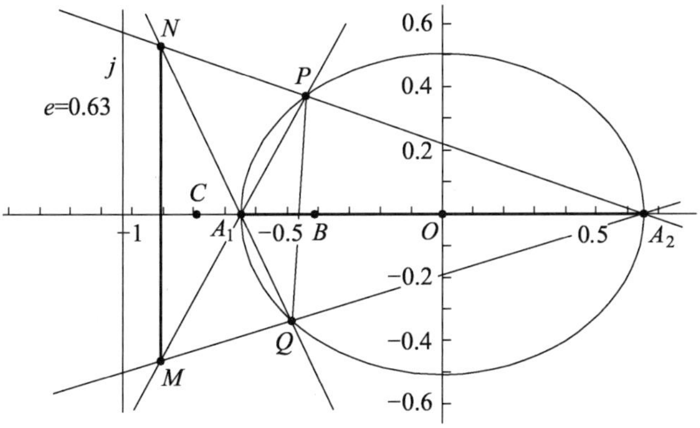

图 12-23

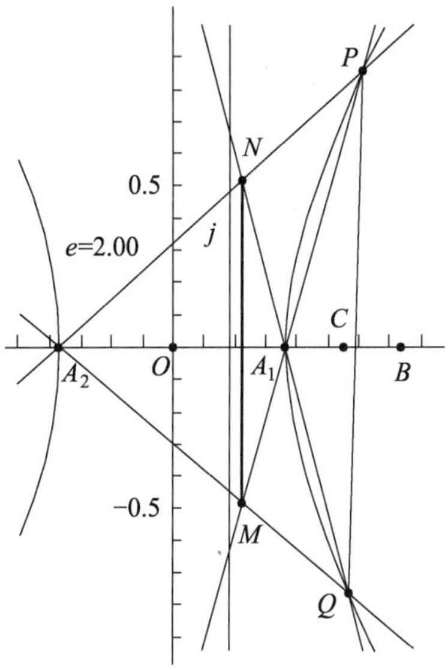

图 12-24

[2.4 结论证明]

命题 1 的证明（就椭圆情况）:

如图 12-23，设椭圆方程为 $\dfrac{x^2}{a^2}+\dfrac{y^2}{b^2}=1$，

$P(a\sin\alpha, b\sin\alpha)$，$Q(a\cos\beta, b\cos\beta)$，则直线 A_1P 方程为

$$y=\frac{b\sin\alpha}{a(\cos\alpha+1)}(x+a) \tag{1}$$

直线 A_2Q 的方程为

$$y=\frac{b\sin\beta}{a(\cos\beta-1)}(x-a) \tag{2}$$

由（1)、(2）解得点 M 的横坐标

$$x_M=\frac{a[\sin(\alpha+\beta)-\sin\alpha+\sin\beta]}{\sin\alpha+\sin\beta-\sin(\alpha-\beta)}$$

$$=\frac{a\cos\frac{\alpha+\beta}{2}}{\cos\frac{\alpha-\beta}{2}}\ .$$

同理可求得点 N 的横坐标 $x_N=\frac{a\cos\frac{\alpha+\beta}{2}}{\cos\frac{\alpha-\beta}{2}}$.

故由点 M 与点 N 的横坐标相同知 $MN\perp A_1A_2$.

命题 2 的证明：

如图 12-25，设抛物线的方程为 $y^2=2px$ $(p>0)$，$P(pt_1^2,2pt_1)$, $Q(pt_2^2,2pt_2)$.

则直线 OP 的方程为：$y=\frac{1}{t_1}x$，直线 MQ 的方程为：$y=2pt_2$.

消去 y，解得点 M 的横坐标 $x_M=2pt_1t_2$.

同理可求得点 N 的横坐标 $x_N=2pt_1t_2$.

从而知 MN 垂直于抛物线的对称轴.

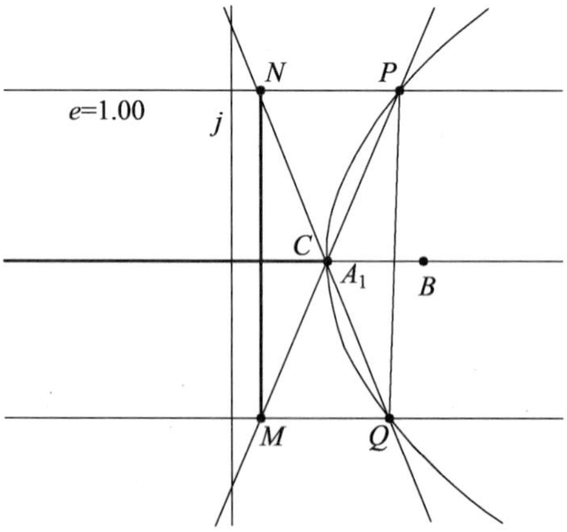

图 12-25

[3.1 尝试研究]

研究 1　PQ 是过圆锥曲线焦点 F 的弦，A_1、A_2 为椭圆长轴（或实轴）上的两顶点，相交于点 M，A_2P 和 A_1Q 相交于点 N，则直线 MN 有什么特点？

研究 2　PQ 是抛物线的焦点弦，O 为抛物线的顶点，过 P、Q 分别作抛物线对称轴的平行线，交 OP，OQ 于 M，N，则 MN 又有什么特点？

研究 3　若弦 $PQ\perp A_1A_2$，点 M 的轨迹是什么图形？它与原圆锥曲线又什么关系？

研究 4　作直线 BQ，过点 P 作 BQ 的垂线交 BQ 于点 R，那么 R 的轨迹是什么图形？

实验 12.6　函数 $y=x+\frac{k}{x}$ 的图像（二）

[1.1 问题引入] 函数 $y=x+\frac{k}{x}$（$K\neq 0$）的图像（见图 12-26）与双曲线很相似，那么它是双曲线吗？

[1.2 量身定做]（1）启动“几何画板”，打开课件“实验 2.02.gsp”（见图 12-26），另存为“ex2.06”（地址：gsp 习作）.

（2）用“度量\计算：tan（3π/8）”，作直线 $y=x$ 与 y 轴的夹角平分线 $h(x)=x\cdot\tan(3\pi/8)$（见图 12-27）.

（3）用“度量\计算”：$\sqrt{\frac{k}{\tan(3\pi/8)-1}}$，$\tan(3\pi/8)\cdot\sqrt{\frac{k}{\tan(3\pi/8)-1}}$，依次选中这两数，用“图表\绘制点”命令，改设标签为 A（见图 12-28）.

（4）标记原点 O，选中点 A，“变换”\旋转 π 弧度，得点 A'，隐藏不必要的对象（见图 12-29）.

（5）作直线 AA'，选中点 A 和 AA'，“构造”\垂线，交 y 轴于点 H，过点 H 作圆 O，交直线 AA' 于点 F、F'（见图 12-30）.

（6）分别度量 P 与 F、P 与 F'、A 与 A' 的距离，计算 PF 与 PF' 之差的绝对值.

（7）保存.（见图 12-31）.

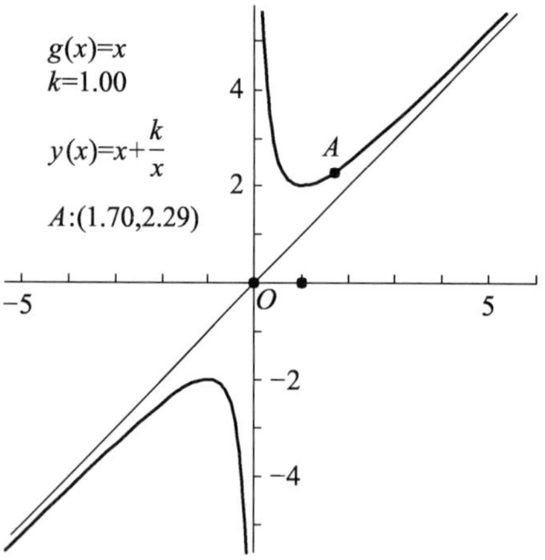

图 12-26

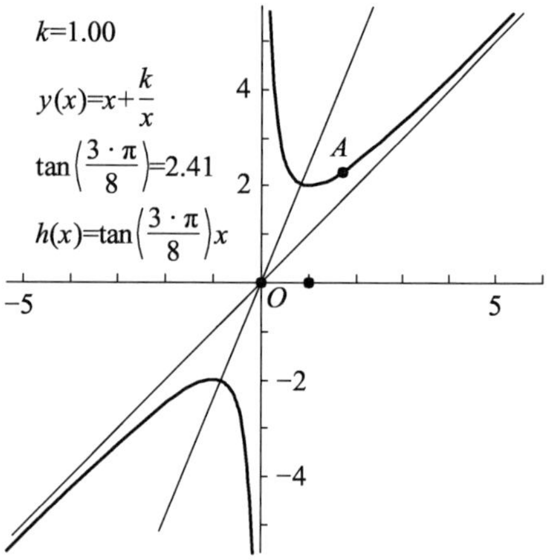

图 12-27

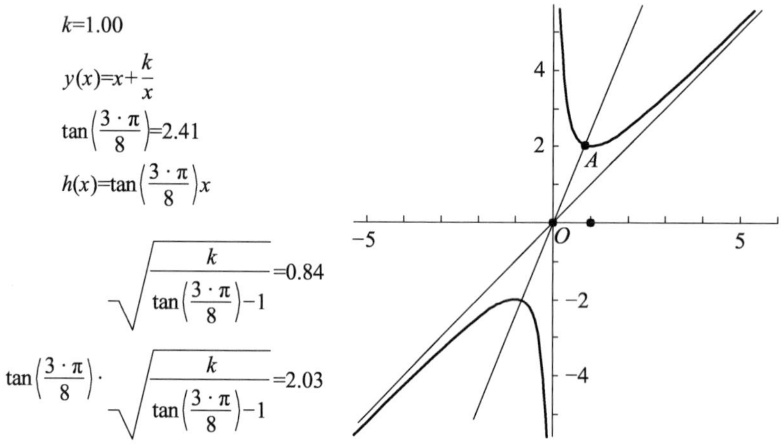

图 12-28

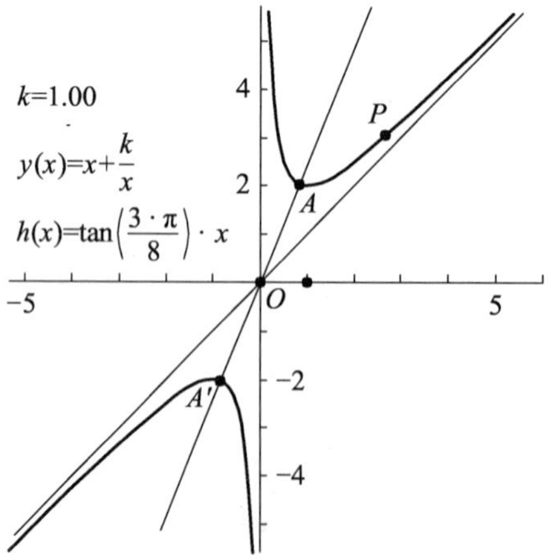

图 12-29

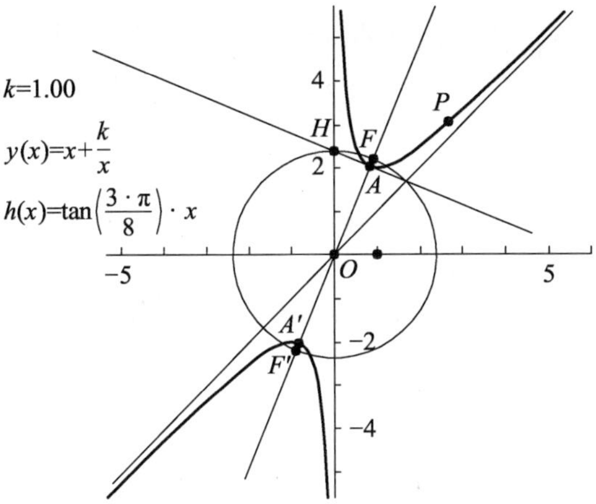

图 12-30

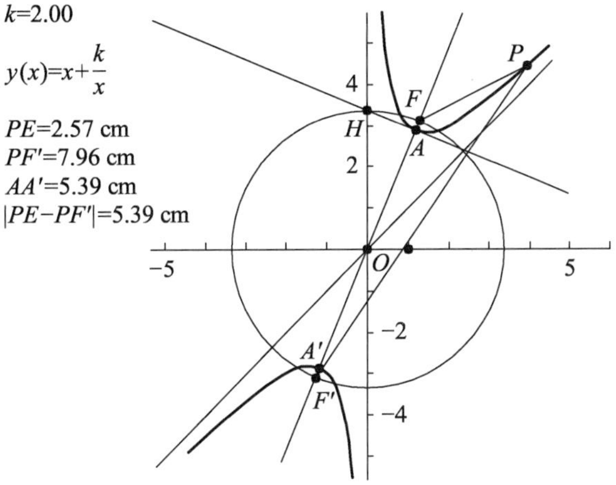

图 12-31

[1.3 探究发现] 无论怎样改变 K 的值和点 P 的位置，PF 与 PF'之差的绝对值始终等于线段 AA'的长度，这表明函数 $y=x+\dfrac{k}{x}$（$K\neq 0$）的图像是以 F、F'为焦点，线段 AA'为实轴的双曲线.

[1.4 结论证明] 用坐标法证明（略）.

[2.1 尝试研究] 你能将这条双曲线变换成标准双曲线吗?

实验 12.7　圆锥曲线的包络线

[1.1 问题引入] 如图 12-32，点 A 是圆 B 内一个定点，试问是否存在曲

线 C，使以曲线 C 的任一切线为折痕，点 A 关于折痕对称的点 A'都落在圆 B 上？

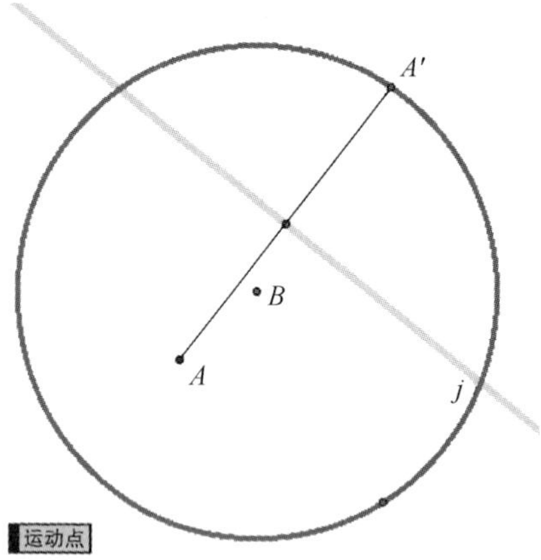

图 12-32

[1.2 量身定做]（1）启动“几何画板”，画一个圆及圆内一点，给这点及圆心贴上标签 A、B.

（2）圆 B 上任意 A'，连结 AA'.

（3）“构造” AA'的中点，选中 AA'及其中点，“构造” AA'的垂线 j.

（4）选中点 A'，“编辑” \操作类按钮\动画.

（5）保存为“ex2.07”（地址：*gsp* 习作）.

[1.3 探究发现] 同时选中点 A'和直线 j，“构造” \轨迹，拖动点 A，观察图形（见图 12-32 ~ 图 12-35），你能发现曲线 C 是什么图形吗？

（1）当点 A 与点 B 重合时，曲线 C 为圆 B 的同心圆.

（2）当点 A 在圆 B 内时，曲线 C 是以点 A、B 为焦点的椭圆.

（3）当点 A 在圆 B 外时，曲线 C 是以点 A、B 为焦点的双曲线.

上面的圆、椭圆、双曲线，分别由一组直线（或曲线）形成，数学上叫作包络.

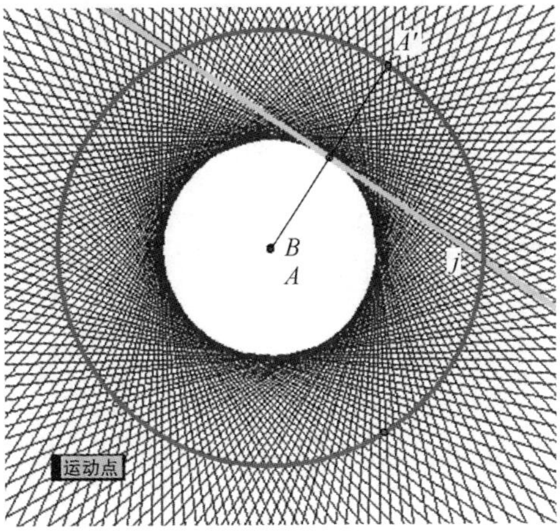

图 12-33

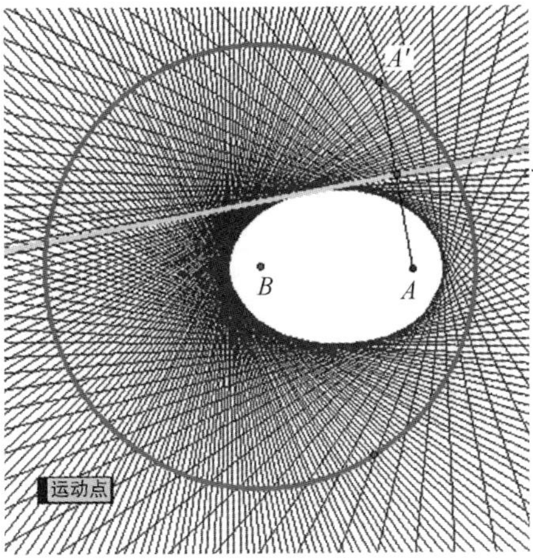

图 12-34

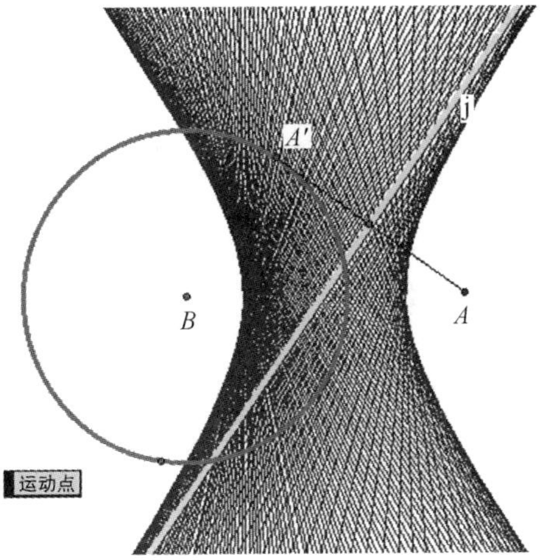

图 12-35

[1.4 结论证明] 这里仅点 A 在圆 B 内进行证明：

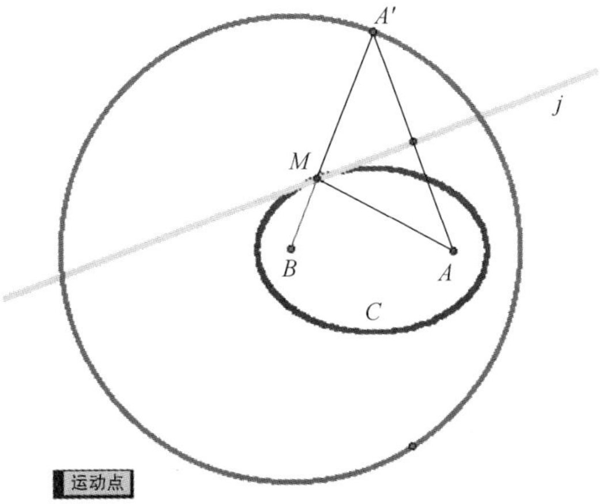

图 12-36

如图 12-36，以线段 AB 的中点 O 为原点，直线 AB 为 x 轴建立坐标系，设直线 j 与椭圆 C 切于 $M(x_0, y_0)$，AB 的长为 $2c$，圆 B 的半径为 $2a(a>c)$，圆 B 的方程为：$(x+c)^2+y^2=4a^2$，

椭圆 C 的方程为 $\frac{x^2}{a^2}+\frac{y^2}{a^2-c^2}=1$，所以切线 j 的对称点方程为：$\frac{x_0x}{a^2}+\frac{y_0y}{a^2-c^2}=1$.

又设点 $A(c, 0)$关于直线 j 的对称 A'的坐标为（m，n），则有

$$\begin{cases}\frac{n}{m-c}\cdot\frac{x_0(a^2-c^2)}{y_0a^2}=-1 & (1)\\ \frac{x_0(c+m)}{2a^2}+\frac{y_0n}{2(a^2-c^2)}=1, & (2)\\ \frac{x_0^{\ 2}}{a^2}+\frac{y_0^{\ 2}}{a^2-c^2}=1 & (3)\end{cases}\quad 解得：\begin{cases}m=\frac{2x_0a^2+a^2c-x_0c^2}{a^2+x_0c}\\ n=\frac{2a^2y_0}{a^2+x_0c}\end{cases},$$

由（3）得：$a^2y_0^{\ 2}=a^2(a^2-c^2)-x_0^{\ 2}(a^2-c^2)$

所以 $(m+c)^2+n^2$

$$=\left(\frac{2x_0a^2+a^2c-x_0c^2}{a^2+x_0c}+c\right)^2+\left(\frac{2a^2y_0}{a^2+x_0c}\right)^2$$

$$=\left(\frac{2x_0a^2+2a^2c}{a^2+x_0c}\right)^2+\frac{4a^4y_0^2}{(a^2+x_0c)^2}$$

$$=\frac{4a^4(x_0+c)^2+4a^2[a^2(a^2-c^2)-x_0^{\ 2}(a^2-c^2)]}{(a^2+x_0c)^2}$$

$$=4a^2\frac{2a^2cx_0+a^4+c^2x_0^{\ 2}}{(a^2+x_0c)^2}$$

$$=4a^2.$$

这表明点 A'在圆 B 上，即曲线 C 就是以点 A、B 为焦点的椭圆.

[2.1 引申思考] 怎样的一组直线产生的包络是抛物线？

[2.2 探究发现]

命题 对于直线 k 外一点 A，存在一条抛物线 C，使以曲线 C 的任一切

线为折痕，点 A 关于折痕对称的点 A'都落在直线 k 上？（见图 12-37）

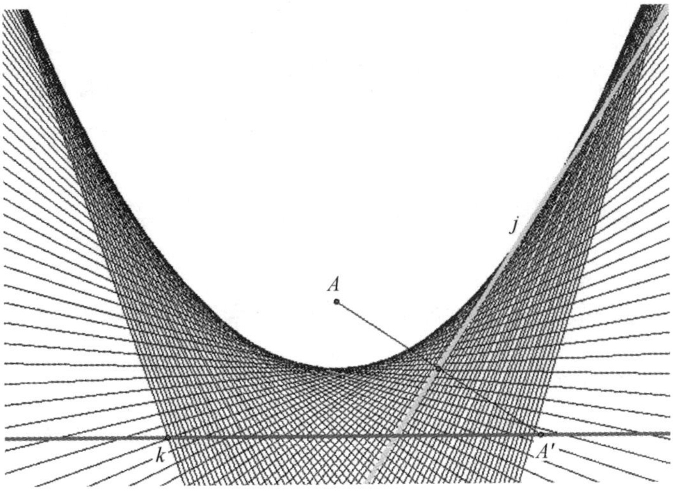

图 12-37

[3.1 尝试研究]

（1）作圆 A 及其一非直径弦，在此弦上任取一点 B，作垂直于 AB 的弦 CD（见图 12-38），则 CD 的包络包络是什么图形？

（2）如图 12-39 作直线 j 和线段 AB，使点 B 为直线 j 上的动点，作线段 AB 的垂直平分线，交直线 j 于点 C，交过点 B 且垂直于直线 j 的直线于点 D，作 $\angle DCB$ 的平分线交过点 D 且垂直于直线 CD 的直线于点 E，试问以 E 为圆心，过点 D 的圆的包络是什么图形？

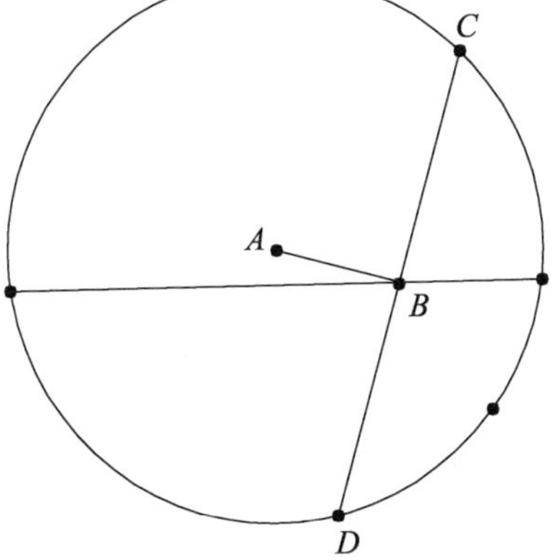

图 12-38

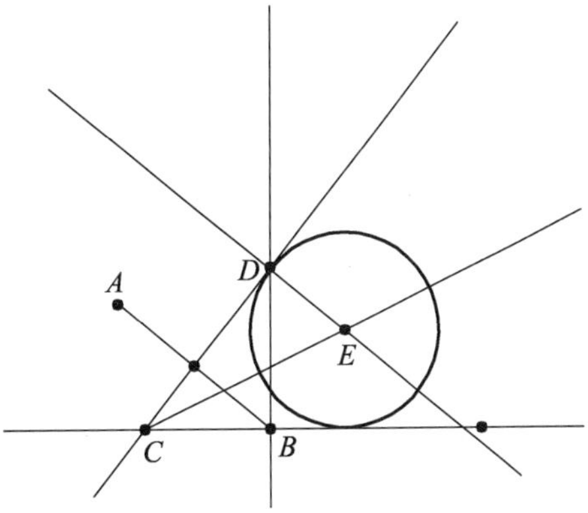

图 12-39

第 13 章　数学与实验（三）提高篇

实验 13.1　参数变化与图形变换

利用几何画板进行图形的平移、旋转、缩放、对称等变换，可以使学生对课堂知识理解更深刻.

【实验原理】

（1）图像的几何变换包括平移、放缩、对称、旋转. 其实质是通过计算得出改变后点的坐标，连线得到新图像.

（2）图像几何变换的原理表达式.

① 平移变换：若原图像上任一点坐标为(x_0,y_0)，按照向量(a,b)平移到(x,y)，则变换函数为$\begin{cases}x=x_0+a\\y=y_0+b\end{cases}$.

② 放缩变换：若原图像上任一点坐标为(x_0,y_0)，按照比例 k 放缩到(x,y)，则变换函数为$\begin{cases}x=kx_0\\y=ky_0\end{cases}$；

③ 对称变换：若原图像上任一点坐标为(x_0,y_0)，关于直线$Ax+By+c=0$对称到(x,y)，则变换函数为$\begin{cases}x=x_0-2A\dfrac{Ax_0+By_0+C}{A^2+B^2}\\y=y_0-2B\dfrac{Ax_0+By_0+C}{A^2+B^2}\end{cases}$.

若原图像上任一点坐标为(x_0,y_0)，按照点(a,b)对称到(x,y)，则变换函数为；$\begin{cases}x=2a-x_0\\y=2b-y_0\end{cases}$.

④ 旋转变换：若原图像上任一点坐标为(x_0,y_0)，按照原点$(0,0)$逆时针

旋转 α，得到 (x,y)，则变换函数为 $\begin{cases} x = x_0\cos\alpha - y_0\sin\alpha \\ y = x_0\sin\alpha + y_0\cos\alpha \end{cases}$.

若原图像上任一点坐标为 (x_0,y_0)，按照点 (a,b) 逆时针旋转 α，得到 (x,y)，则变换函数为 $\begin{cases} x = (x_0 - a)\cos\alpha - (y_0 - b)\sin\alpha + a \\ y = (x_0 - a)\sin\alpha + (y_0 - b)\cos\alpha + b \end{cases}$.

【实例演示】

对一个三角形分别实现平移，缩放，旋转等变化.

1. 平移

（1）打开“几何画板”，“编辑\参数选项\文本\自动显示标签”勾选“应用于所有新建点”（见图 13-1），使得所有新建点都自带标签.

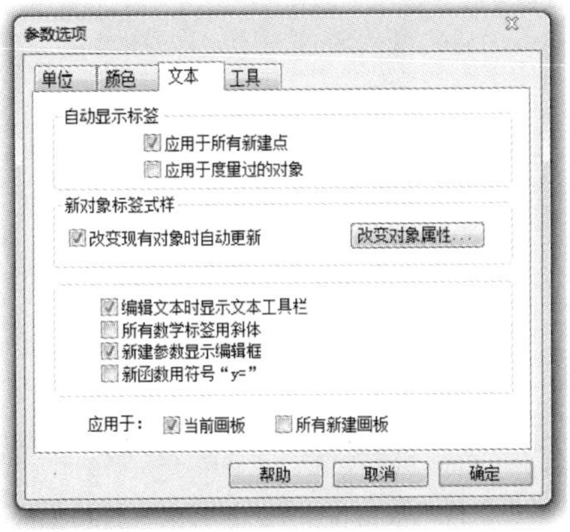

图 13-1

（2）“绘图\定义坐标系”，隐藏网格.

（3）在平面上做出 $\triangle ABC$.

（4）做水平直线 DE，竖直直线 FG.

（5）在直线 DE 上任取两点 H、L，选中两点，构造线段 HI，度量出两点横坐标 x_H, x_I，隐藏点 D、E、I 和直线.

（6）在直线 FG 上任取两点 J、K，选中两点点，构造线段 JK，度量出两点纵坐标 y_J, y_K，隐藏点 F、G、J 和直线.

（7）计算 $x_H - x_I$，改变标签为 a，计算 $y_K - y_J$，改变标签为 b.

（8）选中点 A，度量其横纵坐标分别为 x_A, y_A.

（9）计算 $x_A + a$，$y_A + b$，构造点（$x_A + a$，$y_A + b$）即为点 A 平移后的点 A_1.

（10）同理，作出点 B 平移后的点 B_1（$x_B + a$，$y_B + b$），作出点 C 平移后的点 C_1（$x_C + a$，$y_C + b$），同时选中 A_1, B_1, C_1，“Ctrl + L”得到 $\triangle A_1B_1C_1$，并改变边的颜色（见图 13-2）.

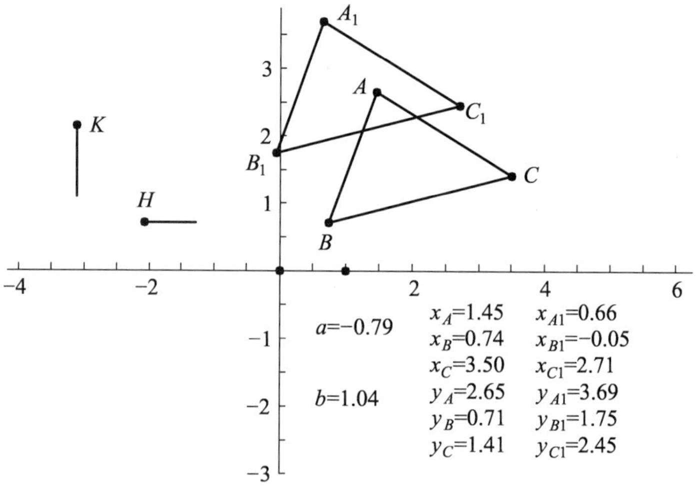

图 13-2

左右移动点 H，$\triangle A_1B_1C_1$ 也跟着左右移动，上下移动点 K，$\triangle A_1B_1C_1$ 也随之上下移动.

练习：验证函数平移规律：上加下减，左加右减.

2. 放缩

（1）打开“几何画板”，“编辑\参数选项\文本\自动显示标签”勾选“应用于所有新建点”，使得所有新建点都自带标签.

（2）“绘图\定义坐标系”，隐藏网格.

（3）在平面上做出 $\triangle ABC$.

（4）“数据\新建参数”新建参数 a、b，数值暂定为 2 和 3，单位“无”.

（5）计算“$\dfrac{a}{b}$”作为缩放比，标签改为“k”.

（6）选定点 A，度量其横纵坐标分别为 x_A, y_A.

（7）计算 $k\cdot x_A$、$k\cdot y_A$，构造点 A_2（$k\cdot x_A$，$k\cdot y_A$）.

（8）同理由点 B、C 得到点 B_2、C_2.

（9）连接 A_2、B_2、C_2，得到 $\triangle A_2B_2C_2$，并改变边的颜色（见图 13-3）.

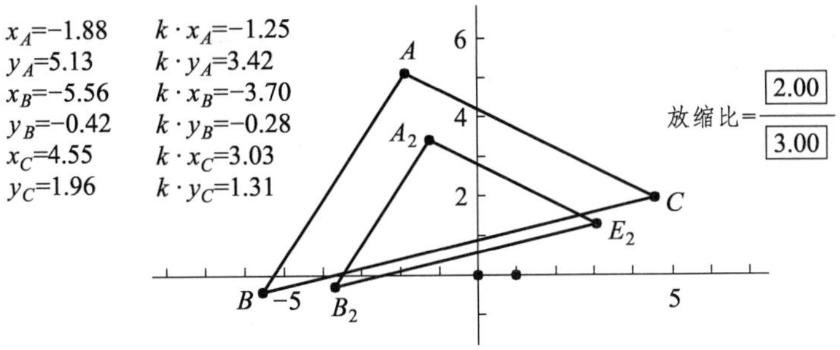

图 13-3

试改变放缩比，观察图像变换.

练习： 试作一个多边形或函数图像的放缩图形.

思考： 还有没有其他作放缩图像的方法？

3. 对称

（1）打开“几何画板”，“编辑\参数选项\文本\自动显示标签”勾选“应用于所有新建点”，使得所有新建点都自带标签.

（2）“绘图\定义坐标系”，隐藏网格.

（3）在平面上做出$\triangle ABC$.

（4）在平面上任取点 D，度量其横坐标 x_D.

（5）新建参数 a、b、c，使其初始值都为 1.

（6）计算$-\dfrac{a\cdot x_D}{b}-\dfrac{c}{b}$，构造点 E（x_D，$-\dfrac{a\cdot x_D}{b}-\dfrac{c}{b}$），同时选中点 D、E 及 x 轴，“构造\轨迹”得到对称轴 L_1，隐藏点 D、E，利用文本将直线方程摆放到合适位置.

（7）选中点 A，度量其横纵坐标分别为 x_A, y_A.

（8）分别计算 $x_A-\dfrac{2a(ax_A+by_A+c)}{a^2+b^2}$，$y_A-\dfrac{2b(ax_A+by_A+c)}{a^2+b^2}$，构造点 A_3（$x_A-\dfrac{2a(ax_A+by_A+c)}{a^2+b^2}$，$y_A-\dfrac{2b(ax_A+by_A+c)}{a^2+b^2}$）.

（9）同理，得到点 B、C 的对称点 B_3、C_3.

（10）同时选中 A_3、B_3、C_3，“Ctrl + L”得到$\triangle A_3B_3C_3$，并改变边的颜色（见图 13-4）.

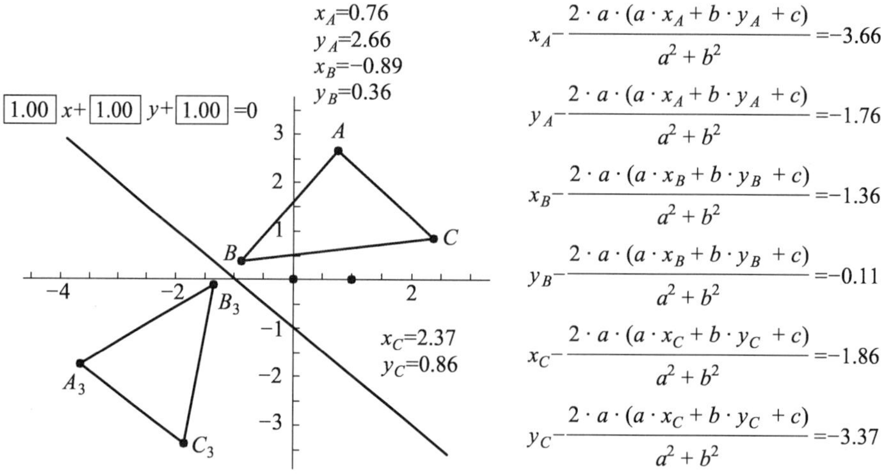

图 13-4

问：改变对称轴的相关系数，观察图形变换情况. 若 $a=0$ 或者 $b=0$，是否有对称图形？

练习：试着做出一个几何体或者函数图像关于中心对称的图形.

4. 旋转

（1）打开“几何画板”，“编辑\参数选项\文本\自动显示标签”勾选“应用于所有新建点”，使得所有新建点都自带标签.

（2）“编辑\参数选项\单位\角度”单位改为“度”.

（3）“绘图\定义坐标系”，隐藏网格.

（4）在平面上作出 $\triangle ABC$.

（5）“数据\新建参数”新建参数 α，单位“角度”，再新建两个参数 a、b，单位“无”；分别以 a、b 为横纵坐标构造点 D 作为旋转中心.

（6）选中点 A，度量其横纵坐标，分别为 x_A、y_A.

（7）计算 $(x_A-a)\cos\alpha-(y_A-b)\sin\alpha+a$，$(x_A-a)\sin\alpha+(y_A-b)\cos\alpha+b$. 构造点 A_4（$(x_A-a)\cos\alpha-(y_A-b)\sin\alpha+a$，$(x_A-a)\sin\alpha+(y_A-b)\cos\alpha+b$）.

（8）同理，构造点 B_4、C_4，构造 $\triangle A_4B_4C_4$，并改变线条颜色.

（9）将 a、b、α 标签改为无，使用文本工具添加“$\triangle ABC$ 绕点”“逆时针旋转”“的图像”，将 a、b、α 拖动到合适位置（见图 13-5）.

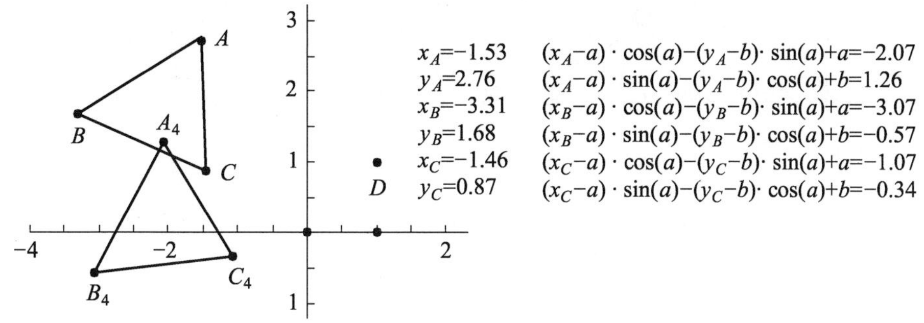

图 13-5

试改变点 D 坐标，和旋转角度，观察旋转后的图形和旋转前的关系.

练习：试作一多边形或函数图像在平面中的旋转图像.

【课后拓展】

（1）请查阅资料，试在几何画板中完成一个立体图形的平移、放缩、对称、旋转等.

（2）位似变换，是一种由已知图形生成新图形且不改变原有几何性质的常用方法. 请同学们查阅相关资料，试做出一个平面图形的位似变换.

实验 13.2　正弦型函数的图像变换

正弦型函数 $y=A\sin(\omega x+\varphi)$ 的图像有什么特点？它与正弦函数 $y=\sin x$ 的图像有怎样的关系？这些结论是否正确？你进行验证了吗？

我们先来制作几何画板动态演示与探究平台.

（1）启动“几何画板”，从绘图菜单定义坐标系，隐藏网络线.

（2）在 x 轴上取三点 A、B、C，并过这三点作 x 轴的垂线，分别在三垂线上作线段 AD、BE、CF，度量 D、E、F 三点的纵坐标，分别改标签为 A、ω、φ，隐藏 A、B、C 三点及三条垂线，改 D、E、F 三点标签为 A、ω、φ.

（3）作函数 $y=\sin x$ 在[0，2π]的图像.

（4）计算 $-\varphi/\omega$，（$2\pi-\varphi$）$/\omega$，依次选中这两计算值和 x 轴，从绘图菜单在轴上绘制点后，连结这两点并在此线段上取一点 X 后隐藏，度量其横

坐标 x.

（5）计算 $A\sin(\omega x+\varphi)$，绘制点（x，$A\sin(\omega x+\varphi)$），同时选中这点和点 X，作轨迹（见图 13-6）.

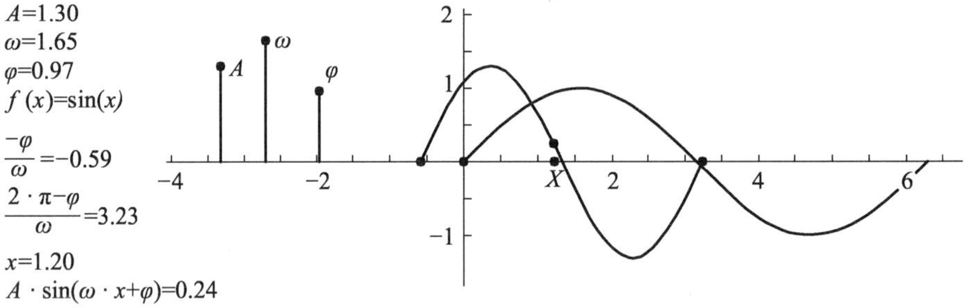

图 13-6

先将参数 A、ω、φ 的值设为初值 1、1、0（调节点 A、ω、φ 的位置），使正弦型曲线 $y=A\sin(\omega x+\varphi)$ 与正弦曲线 $y=\sin x$ 重合（见图 13-7）.

① 调节点 A，增减 A 的值，观察 $y=A\sin x$ 的图像变化（见图 13-8），你能得到怎样的结论？

② 调节点 φ，增减 φ 的值，观察 $y=\sin(x+\varphi)$ 的图像变化（见图 13-9），你又能得到怎样的结论？

③ 调节点 ω，增减 ω 的值，观察 $y=\sin\omega x$ 的图像变化（见图 13-10），你还能得到怎样的结论？

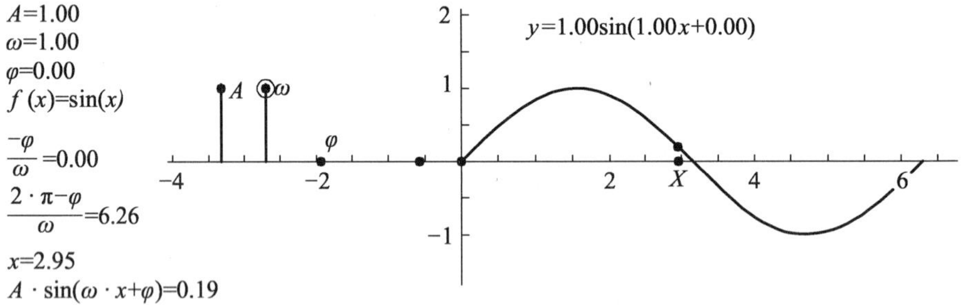

图 13-7

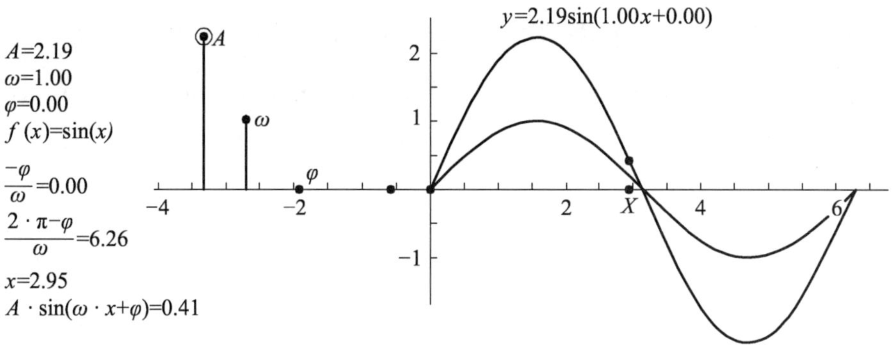

图 13-8

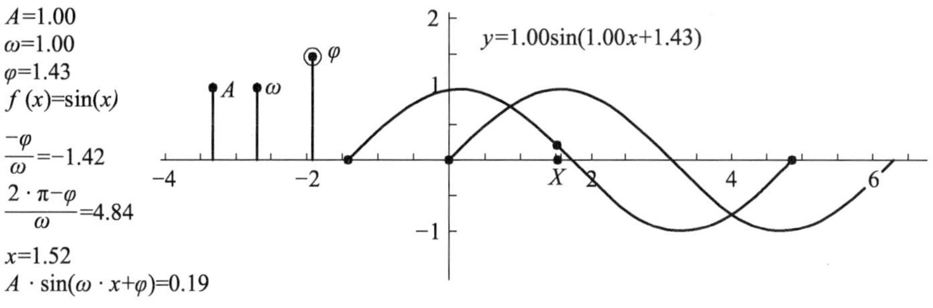

图 13-9

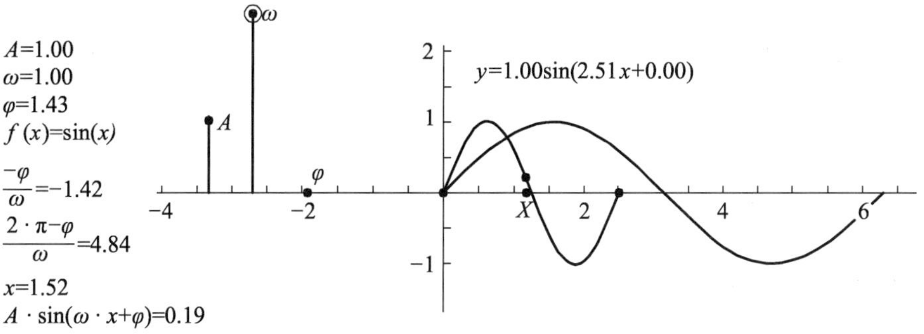

图 13-10

以上实验验证了 A、ω、φ 的值对函数 $y=\sin x$ 的图像的影响. 如果依次改变 A、ω、φ 的值，观察 $y=A\sin(\omega x+\varphi)$ 的图像变化（见图 13-6），你能发现此函数图像是由函数 $y=\sin x$ 的图像经过怎样的变换而得到的吗?

为了得到一般性结论，我们不妨先研究一些特殊情况.

由函数 $y=\sin x$ 的图像经过怎样的变换而得到 $y=3\sin(2x+1)$ 的图像? 先相位变换后周期变换与先周期变换后相位变换有区别吗? 这种区别是否具备一般性? 你能得到一般性结论吗?

结论 1 把 $y=\sin x$ 的图像向左（当 $\varphi>0$）或向右（当 $\varphi<0$）平移 $|\varphi|$ 个单位长度而得 $y=\sin(x+\varphi)$；再将其所有点的横坐标伸长（当 $0<\omega<1$）或缩短（当 $\omega>1$）到原来的 $1/\omega$ 倍，纵坐标变为原来的 A 倍得到 $y=A\sin(\omega x+\varphi)$ 的图像.

结论 2 把 $y=\sin x$ 的图像所有点的横坐标伸长（当 $0<\omega<1$）或缩短（当 $\omega>1$）到原来的 $1/\omega$ 倍得到 $y=\sin\omega x$ 的图像；再将其图像向左（当 $\varphi>0$）或向右（当 $\varphi<0$）平移 $\left|\frac{\varphi}{\omega}\right|$ 个单位长度而得 $y=\sin(\omega x+\varphi)$ 的图像；最后将其图像所有点纵坐标变为原来的 A 倍得到 $y=A\sin(\omega x+\varphi)$ 的图像.

这两种变换方法表面上平移的单位长度不同，其实质是一样的，关键是受左右平移的时自变量 x 的影响.

实验 13.3 用牛顿迭代法求方程的近似解

斐波那契（1175—1250，意大利数学家）在他的数学著作《花朵》中谈到了一元三次方程 $x^3+2x^2+10x-20=0$ 的求解问题，论证了其根不能用尺规作出（即不可能是欧几里得的无理量），并未加说明地给出了该方程的近似解. 这在当时是非常重要的结果，但是无人知道他是怎么计算得到的. 尽管一元三次方程存在根式解，但生活实践当中，一个精度很高的近似解的价值要超过精确的根式解. 所以这个方程 $x^3+2x^2+10x-20=0$，值得我们今天继续去研究和发现.

下面我们介绍另一种以直代曲逐步逼近的思想，来求该方程的近似解——牛顿迭代法.

牛顿迭代法（Newton's method）又称为牛顿-拉夫逊（拉弗森）方法（Newton-Raphson method），它是牛顿在 17 世纪提出的一种在实数域和复数域上近似求解方程的方法. 多数方程不存在求根公式，因此求精确根非常困难，甚至不可能，寻找方程的近似根就显得特别重要. 方法使用函数 $f(x)$ 的泰勒级数的前面几项来寻找方程 $f(x)=0$ 的根. 牛顿迭代法是求方程根的重要方法之一，其最大优点是在方程 $f(x)=0$ 的单根附近具有平方收敛，而且该法还可以用来求方程的重根、复根，此时线性收敛，但是可通过一些方法变成超线性收敛. 另外该方法广泛用于计算机编程中.

设 r 是 $f(x)=0$ 的根，选取 x_0 作为 r 的初始近似值，过点 $(x_0,f(x_0))$ 作曲线 $f(x)$ 的切线 L，L 的方程为 $y=f(x_0)+f'(x_0)(x-x_0)$，求出 L 与 x 轴交点的横坐标 $x_1=x_0-f(x_0)/f'(x_0)$，称 x_1 为 r 的一次近似值. 过点 $(x_1,f(x_1))$ 作曲线 $f(x)$ 的切线，并求该切线与 x 轴交点的横坐标 $x_2=x_1-f(x_1)/f'(x_1)$，称 x_2 为 r 的二次近似值. 重复以上过程，得 r 的近似值序列，其中，$x_{n+1}=x_n-f(x_n)/f'(x_n)$ 称为 r 的 $n+1$ 次近似值，上式称为牛顿迭代公式. 用牛顿迭代法解非线性方程，是把非线性方程 $f(x)=0$ 线性化的一种近似方法. 即以 $y=f(x_0)+f'(x_0)(x-x_0)$ 作为非线性方程 $f(x)=0$ 的近似方程，若 $f'(x)\neq 0$，则其解为 $x_1=x_0-f(x_0)/f'(x_0)$，这样，得到牛顿迭代法的一个迭代关系式：$x_{n+1}=x_n-f(x_n)/f'(x_n)$.

【探究】求方程 $x^3+2x^2+10x-20=0$ 的近似解（精确度为 10^{-9}），记录下探究和计算的过程.

（1）从哪一个点开始"以直代曲"？求出具体的切线及近似解.

先求出切线方程，并利用手中的图形计算器画出函数图像和切线的图像在一起，可以进行比较.

切线方程：$y=30(x-2)+16$. 图像如图 13-11.

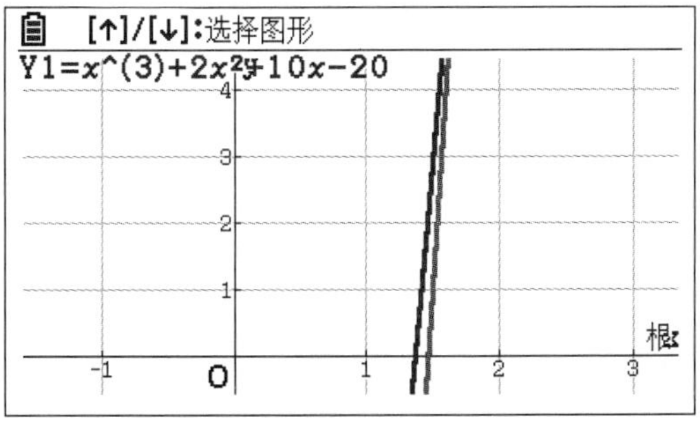

图 13-11

（2）与我们刚才求出的零点比较，再结合函数图像与切线，用什么方法进行下一步的操作，进而逐步逼近方程的解呢？

我们可能会再选择不同的$\int_a^b f(x)dx$值求切线方程，并继续画图探究，取不同的$\int_a^b f(x)dx$值无非是希望切线再能够逼近图像，那么如果就取刚才求出的切线零点为$[a,b]$值，既能更加贴近图像，又可以有一个合理的步骤，不妨可以试试再求出$x=\dfrac{22}{15}$时的切线方程，计算较复杂，可以利用图形计算器辅助完成，并画出图像（见图 13-12）. 可以观察出，经过放大一定倍数之后，才能加以区分，并且新得到的切线零点比之前第一条切线的零点更加靠近函数的零点.

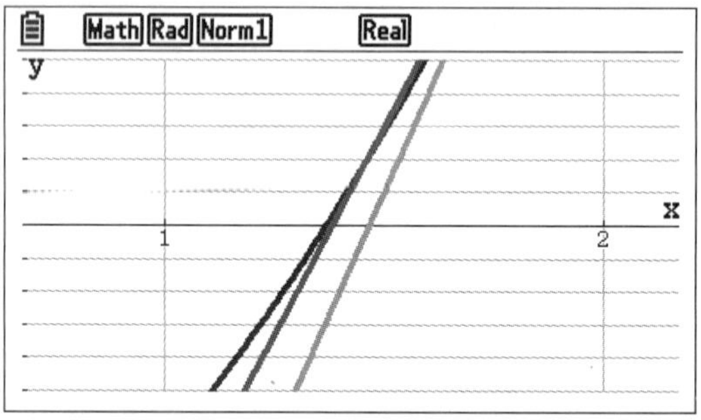

图 13-12

（3）考虑寻找一个通式进行运算，得出 Leonardo 方程的牛顿迭代法的迭代公式，并用图形计算器的递推或变量运算功能求出结果（见图 13-13）.

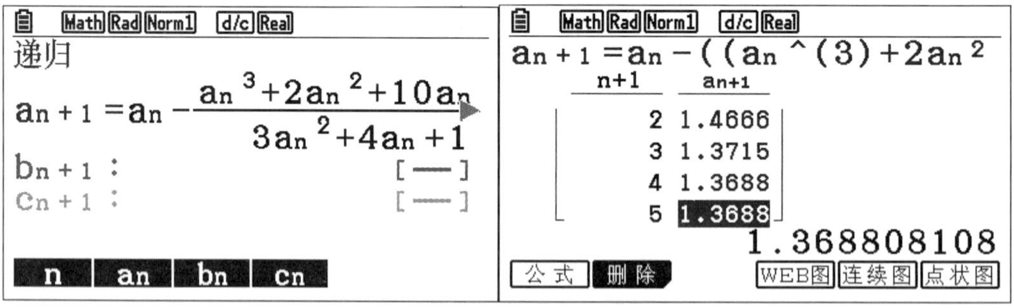

图 13-13

（4）在给定精确度的前提下，什么时候终止迭代？计算迭代精确度 p 当精确度达到 $p<z_0$ 时迭代终止.

利用迭代算法解决问题，需要做好以下三个方面的工作：

① 确定迭代变量.

在可以用迭代算法解决的问题中，至少存在一个可直接或间接地不断由旧值递推出新值的变量，这个变量就是迭代变量.

② 建立迭代关系式.

所谓迭代关系式，指如何从变量的前一个值推出其下一个值的公式（或关系）. 迭代关系式的建立是解决迭代问题的关键，通常可以使用递推或倒推的方法来完成.

③ 对迭代过程进行控制.

在什么时候结束迭代过程？这是编写迭代程序必须考虑的问题. 不能让迭代过程无休止地执行下去. 迭代过程的控制通常可分为两种情况：一种是所需的迭代次数是个确定的值，可以计算出来；另一种是所需的迭代次数无法确定. 对于前一种情况，可以构建一个固定次数的循环来实现对迭代过程的控制；对于后一种情况，需要进一步分析得出可用来结束迭代过程的条件.

【问题】在天文学中，有一类著名的方程——开普勒方程，$x = q\sin x + a$（$0 < q < 1$，a是常数）是用来确定行星在其运动轨道上的位置的. 开普勒方程是一个超越方程，很难得出严格的分析解，但是，已经证明这个方程存在唯一解. 在实际问题中，我们更希望得到一个近似程度很高的近似解.

实验 13.4　椭圆轨迹的生成方法研究

在高中数学学习中，圆锥曲线是解析几何中重要的知识. 那么你能应用几何画板画出椭圆的图像吗？

今天，这里给大家介绍四种常见的椭圆作图方法：

方法一（椭圆定义法）

（1）启动几何画板，画一线段 AB. 取一点 C，先后选 A，C 点选择变换中标记向量从 A 到 C.

（2）取一点 D，选择变换中平移，选中按标记的向量，会得到 D'. 同时选中 D 和 D'，选择视图中以圆心和圆周上的点画圆，用 Ctrl + H 隐藏 D'（见图 13-14）.

（3）先后选择 B 和 C 点，应用变换中标记向量 B 到 C.在线段上任取一点 E，使 DE 距离小于 AB 距离，选择变换中平移，选中按标记的向量，会得到 E'（见图 13-15）.

（4）选择点 F 和 C，应用构造中的轨迹做出椭圆的上半部分，同理选择 G 和 C 点做出椭圆的下半部分. 同时，选择点 F，应用显示中的追踪点，再选择 G 和 C 点应用显示中的追踪点. 选择 C 和线段 AB，应用编辑中操作类按钮，动画框设置匹配路径按双向完成. 双击，就会自动画出椭圆（见图 13-16）.

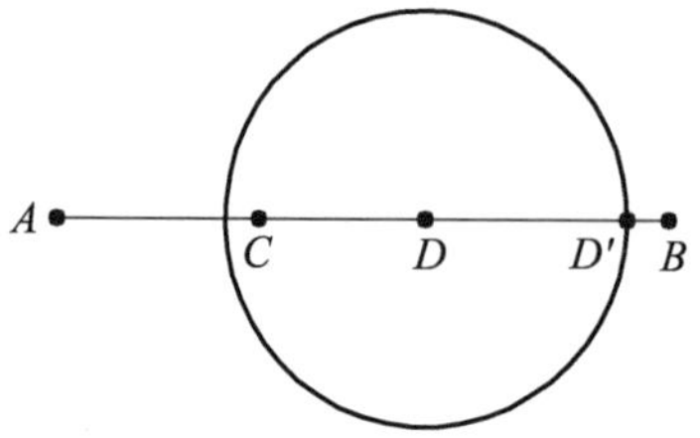

图 13-14

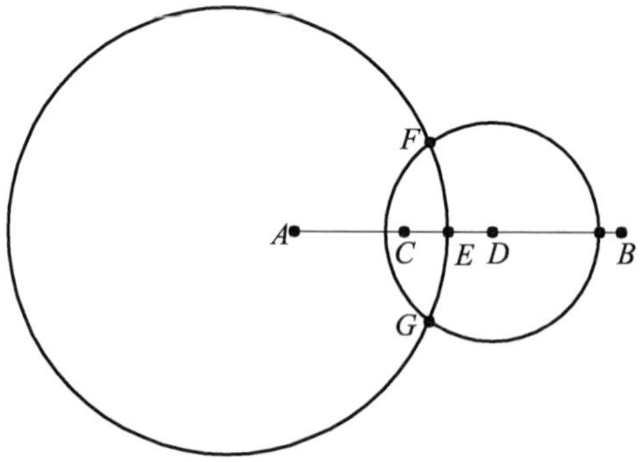

图 13-15

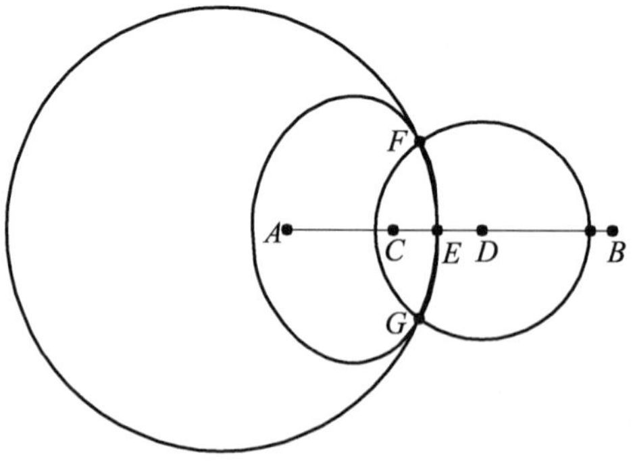

图 13-16

方法二（双圆法）

（1）启动几何画板，建立直角坐标系. 画出两个以坐标原点为圆心的同心圆，标记圆心为 A 点，选中生成两圆的任意点 C 和 D，按 Ctrl + H 键隐藏.

（2）在外圆任取一点 E，选择 A 和 E，按 Ctrl + L 作出线段 AE. 选择线段 AE 和内圆圆周，按 Ctrl + I 作出交点 F（见图 13-17）.

（3）选择点 E 和纵坐标轴，应用构造中平行线作出一直线，再同时选择 F 和横坐标轴，同理作出一平行直线. 最后作出两直线的交点 G 点（见图 13-18）.

（4）选择点 G 和 E，应用构造中轨迹做出椭圆的图像（见图 13-19）.

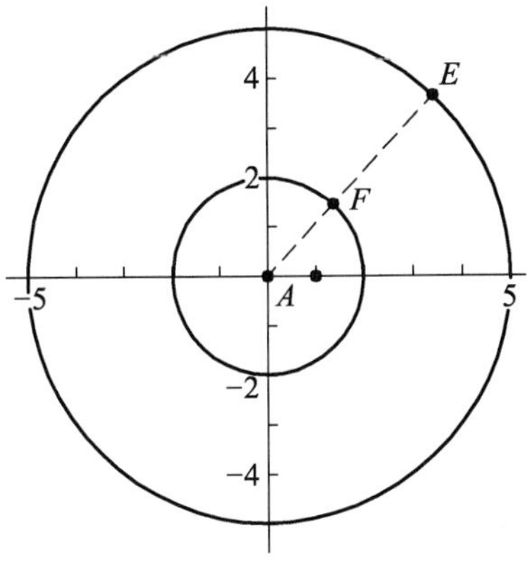

图 13-17

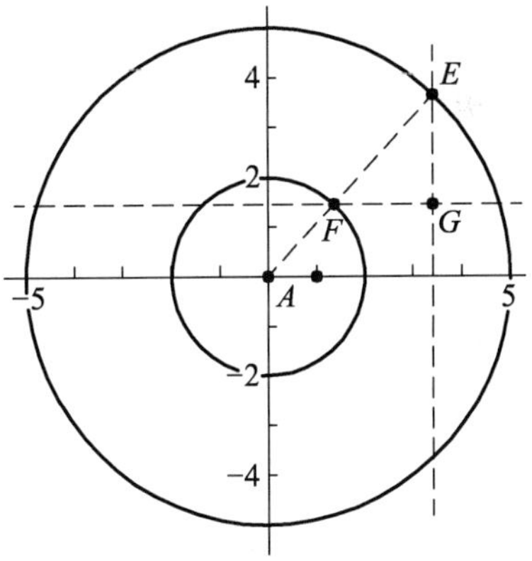

图 13-18

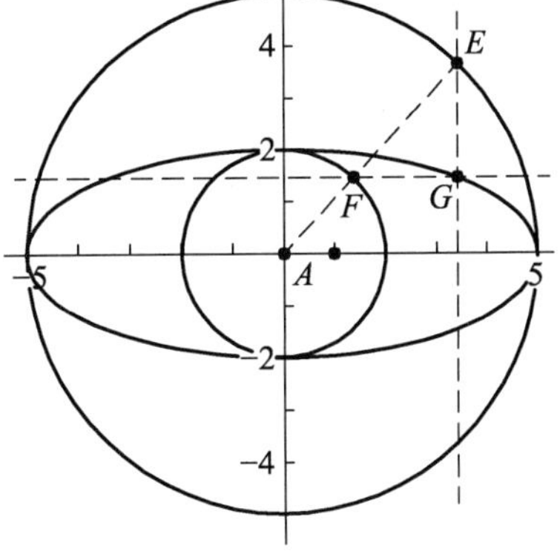

图 13-19

方法三（切线法）

（1）启动几何画板，建立直角坐标系，选择以 A 点为圆心，控制点为 C，将 C 点隐藏（见图 13-20）.

（2）选择圆周和横坐标轴，作出交点 D 和 E. 选择 D 和横坐标轴，应用构造中垂线，作出垂线 J，同理作出过 E 点垂直于横坐标轴的直线 k（见图 13-21）.

（3）在圆周上任取点 F，选中 F 和 A，作出线段 FA. 同时选中 F 和线段 FA，作出该圆的切线. 选中该切线和垂线 j，作出交点 G，同理作出该切线和垂线 K 的交点 H，连接点 G 和 E，连接点 H 和 D. 作出选段 GE 和 HD 的交点 I，将 FA 隐藏.

（4）同时选中 F 和 I 点，应用构造中轨迹生成椭圆图像（见图 13-22）.

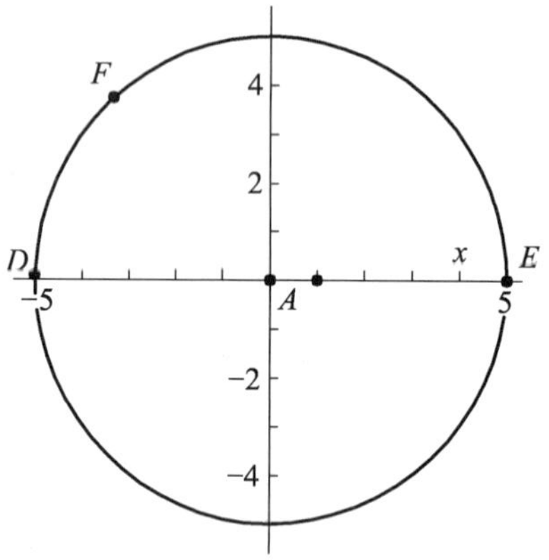

图 13-20

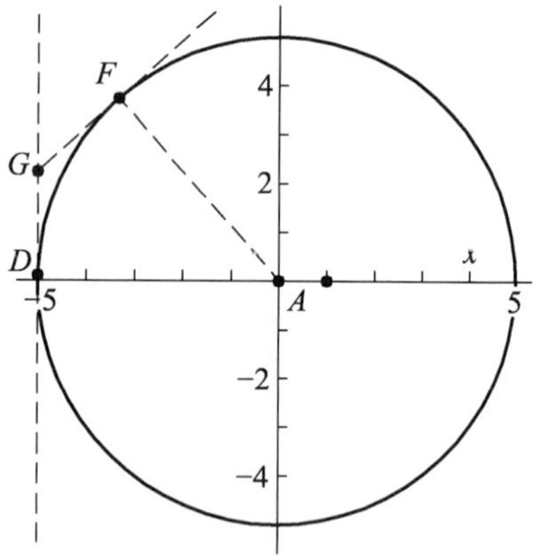

图 13-21

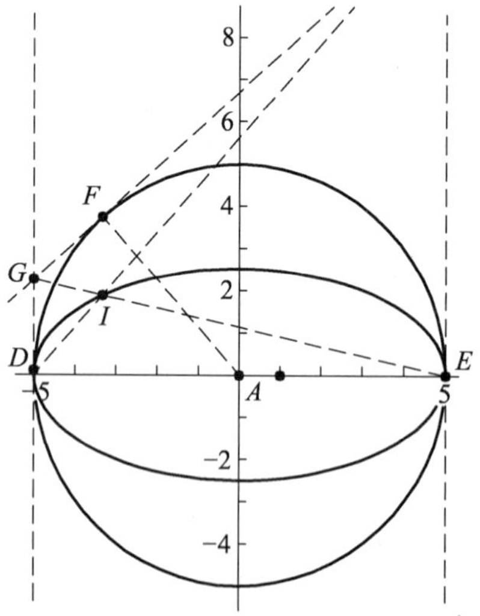

图 13-22

方法四（单圆法）

（1）打开几何画板，以 A 为圆心，在圆周上任取一点 B，按 Ctrl + H 隐藏（见图 13-23）.

（2）在圆内部任选一点 C，在圆周上任取一点 D，同时选中点 C 和 D 作出线段 CD. 选择线段 CD，作出 CD 的中点 E，再同时选择 E 和线段 CD，作出垂线 K（见图 13-24）.

（3）选择点 A 和 D，作出线段 AD. 再同时选择垂线 K 和线段 AD，作出交点 F. 同时选择 F 和 D，应用构造中轨迹可以作出椭圆图像（见图 13-25）.

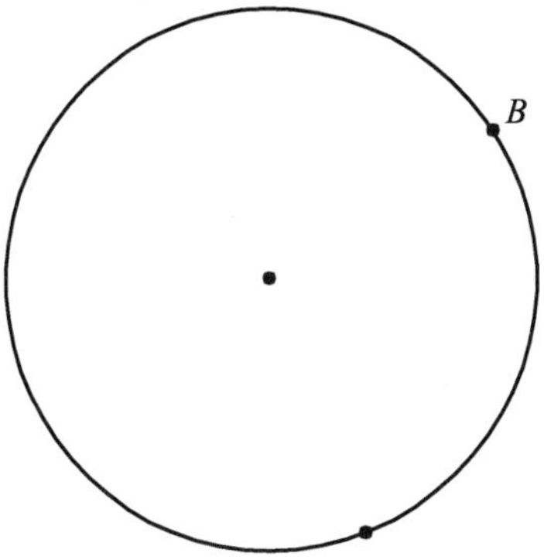

图 13-23

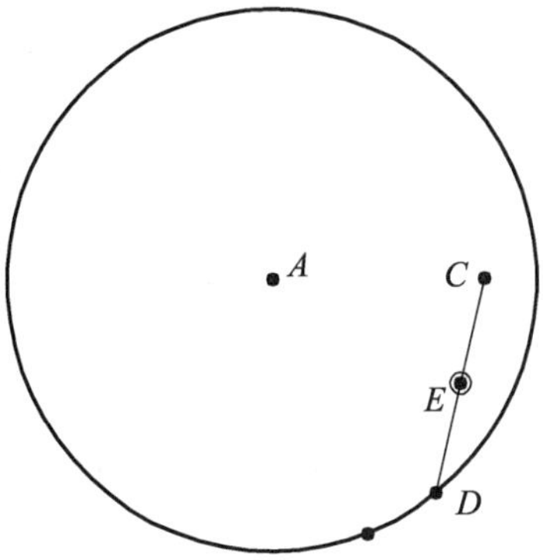

图 13-24

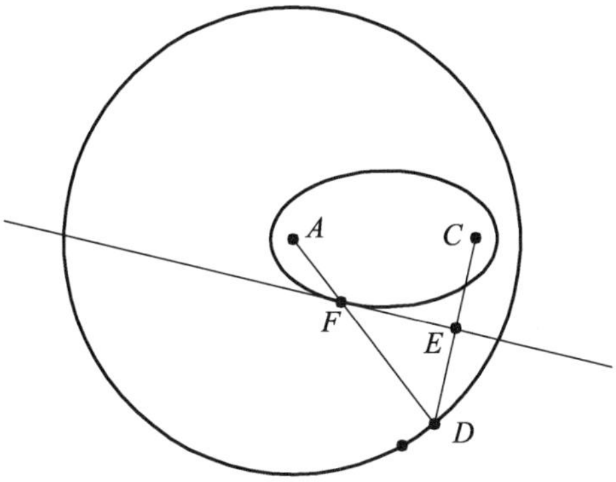

图 13-25

椭圆上任意一点到两焦点的距离都等于定值. 同时，请同学们思考每个作图方法的原理是什么呢?

应用这个性质，你还能应用其他什么方法去生成椭圆轨迹呢？如椭圆第二定义法、单圆法二等.

实验 13.5 圆周率与蒙特卡罗概率估计方法

结合概率论与数理统计课程当中的相关原理，根据蒙特卡罗思想，运用蒙特卡罗方法，从而求算圆周率，求算圆周率的值是数学中一个非常重要也是非常有趣的研究课题.

在中国古代，人们从实践中认识到，圆的周长是“圆径一而周三有余”，也就是圆的周长是圆直径的三倍多，但是多多少，意见不一. 在祖冲之之前，中国数学家刘徽提出了计算圆周率的科学方法——“割圆术”，用圆内接正多边形的周长来逼近圆周长，用这种方法，刘徽计算圆周率到小数点后 4 位数. 祖冲之在前人的基础上，经过刻苦钻研，反复演算，将圆周率推算至小数点后 7 位数（即 3.1415926 与 3.1415927 之间），并得出了圆周率分数形式的近似值. 祖冲之究竟用什么方法得出这一结果，现在无从查考. 如果设想他按刘徽的“割圆术”方法去求的话，就要计算到圆内接 16000 多边形，这需要花费多少时间和付出多么巨大的劳动，恐怕是我们难以想象的.

【蒙特卡罗方法的简介】

20 世纪 40 年代在 John von Neumann，Stanislaw Ulam 和 Nicholas Metropolis 在罗斯阿拉莫斯国家实验室为核武器计划工作时，发明了蒙特卡罗方法. 因为 Ulam 的叔叔经常在蒙特卡罗赌场输钱得名，而蒙特卡罗方法正是以概率为基础的方法. 蒙特卡罗方法（Monte Carlo method），也称统计模拟方法，是 20 世纪 40 年代中期由于科学技术的发展和电子计算机的发明，而被提出的一种以概率统计理论为指导的一类非常重要的数值计算方法，是指使用随机数（或更常见的伪随机数）来解决很多计算问题的方法.

【蒙特卡罗基本思想】

计算机模拟经常采用随机模拟方法或统计试验方法，这就是蒙特卡罗方法. 它是通过不断产生随机数序列来模拟过程. 自然界中有的过程本身就是随机的过程，物理现象中如粒子的衰变过程、粒子在介质中的输运过程……

当然蒙特卡罗方法也可以借助概率模型来解决间接具有随机性的确定性问题.

当所求解问题是某种随机事件出现的概率,或者是某个随机变量的期望值时，通过某种“实验”（也就是通常所说的“计算机实验”）的方法，以这种事件出现的频率估计这一随机事件的概率，或者得到这个随机变量的某些数字特征，并将其作为问题的解.

蒙特卡罗方法也可以人为地构造出一个合适的概率模型,依照对该模型进行大量的统计实验,使它的某些统计参量正好是待求问题的解. 这也就是所谓的间接蒙特卡罗方法. 我们在这里求解圆周率就是用的间接蒙特卡罗方法.

【圆周率求算的基本思想】

首先采用计算机模拟来间接求得圆的面积，具体做法如下：

如图 13-26，在水平光滑的桌面上画边长为 2 的方形,用尺规作图画出正方形的最大内切圆，取正方形的一个顶点为原点建立如图 13-26 所示的直角坐标系.

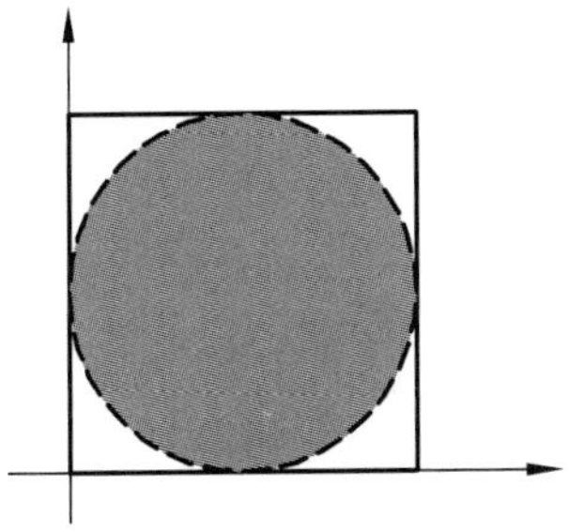

图 13-26

设 $N_{圆}$和 $N_{正}$分别为针尖落在圆和正方形中的次数. 然后在桌面的正上方随机地向正方形区域投掷绣花针，每投下一次，立即观察针尖落点的位置，如果针尖落到圆内，则 $N_{圆}$增加 1，如果落在正方形外时不记录，以此类推，在多次投针后，分别记下 $N_{圆}$和 $N_{正}$. 由频率的定义可知，$N_{圆}$与 $N_{正}$比值，即为针落在圆内的频率，当试验次数逐渐增多时，频率接近于针落在圆内的概率，同时，根据在概率论与数理统计课程中所学的有关古典概型的知识可知，针落在圆内的概率又等于圆的面积 $S_{圆}$与正方形的面积 $S_{正}$的比值，由以上可以得出：$N_{圆}/N_{正}= S_{圆}/S_{正}$，从而 $N_{圆}/N_{正} = \pi\times 1^2/2^2$ 带入试验数据 $N_{圆}$和 $N_{正}$即可求得$\pi = 4N_{圆}/N_{正}$.

这其实用了概率的方法计算圆面积. 然后用圆面积除以半径的平方，就是圆周率. 随着试验次数的增多,得到的π值就越精确. 这种方法也称为巴福昂投针实验.

【用蒙特卡罗方法求算圆周率】

上面已经介绍了蒙特卡罗方法的基本思想以及圆周率求解的基本原理与方法，那么利用几何画板来产生随机点来探讨下列问题：

如图 13-27，在一个直径为 1 的圆中，有一个内接正方形. 利用几何画板向圆内随机投掷点,通过数学实验估计点落在弓形区域的概率及圆周率的大小?

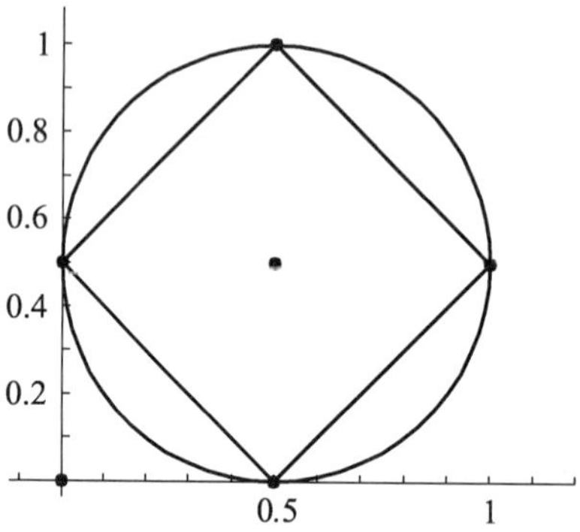

图 13-27

设计思路：

由于圆内的随机点不能直接得到，只有通过下面的方法变通得到. 如图 13-28，作出圆的外切正方形 $ABCD$，设想向正方形 $ABCD$ 区域任意投掷随机点，进而统计出这些随机点分别落在圆形区域和弓形区域的次数，从而得到随机点落在弓形区域的频率，用此频率来估计所求的概率.

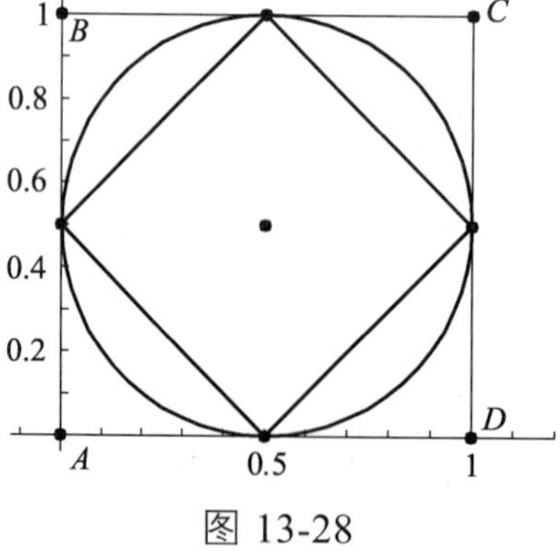

图 13-28

制作步骤：

（1）新建一个画板文件，命名为：shuxueshiyan，保存.

（2）利用“图表”菜单下的“定义坐标系”工具建立一个平面坐标系，拖动单位点（1，0），适当调节坐标系的大小.

（3）利用“图表”菜单下的“绘制点”工具，分别输入坐标（0，1），（1，1），作出这两个点，依次选中单位点（1，0），原点（0，0），点（0，1），点（1，1），按“Ctrl + L”键，作出正方形.

（4）从原点开始按顺时针方向，依次选中正方形的四个顶点，利用“显示”菜单下“点的标签”工具，将正方形命名为 $ABCD$（见图 13-29）.

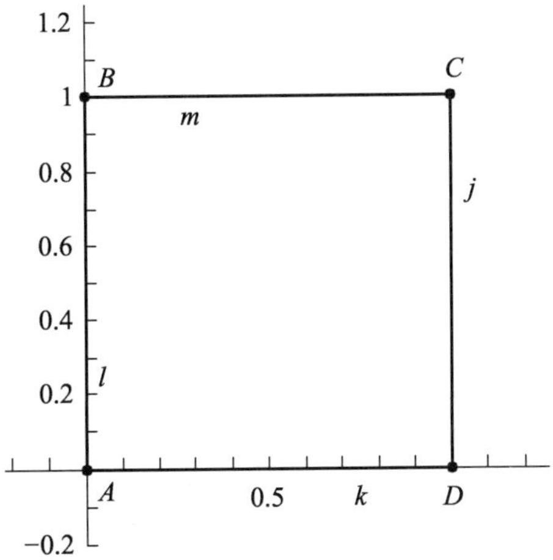

图 13-29

（5）选中线段 AB，BC，利用“构造”菜单下的“线段上的点”工具，点击对应的点单击右键，利用“点的值”作出 AB，BC 上的两点 E，F.

（6）选中点 E 和线段 AB，利用“构造”菜单下的“垂线”工具，作出线段 AB 的垂线；同理，作出线段 BC 的垂线，选中这两条垂线，利用“构造”菜单下的“交点”工具，然后点击交点单击右键，利用“交点的标签”作出两条垂线的交点 G（见图 13-30）.

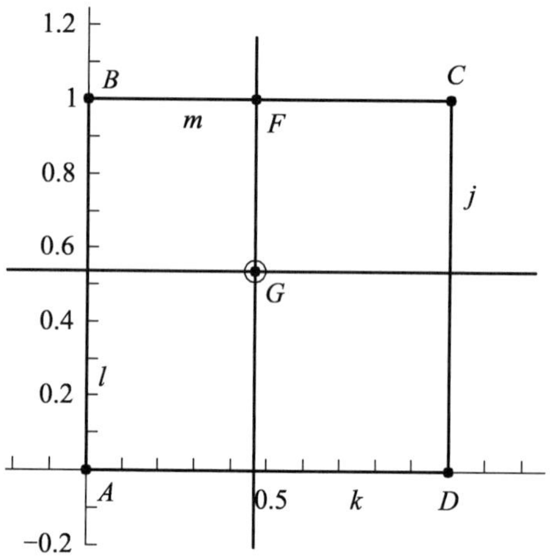

图 13-30

（7）选中两条垂线，按“Crtl + H”，将两条垂线隐藏起来. 再选中交点 G，利用“度量”菜单下的“横坐标”和“纵坐标”工具分别度量出 G 的横纵坐标 x_G，y_G.

（8）按“Alt + =”调出计算器，计算“$0.25-((x_G-0.5)^2+(y_G-0.5)^2)$”，单击所得式，利用“显示”中的“度量值的标签”将此结果的标签命名为 y_1（见图 13-31、图 13-32）.

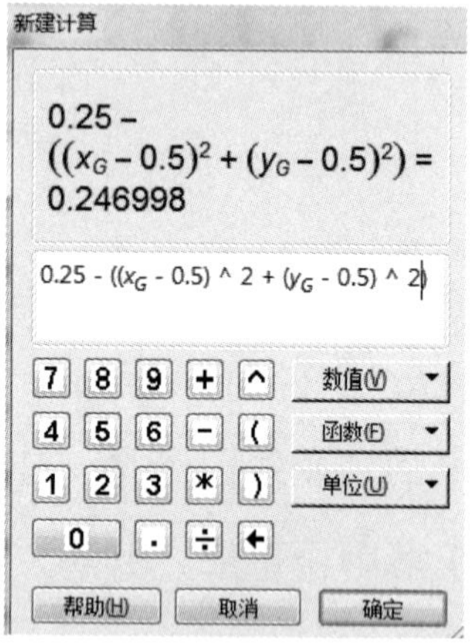

图 13-31

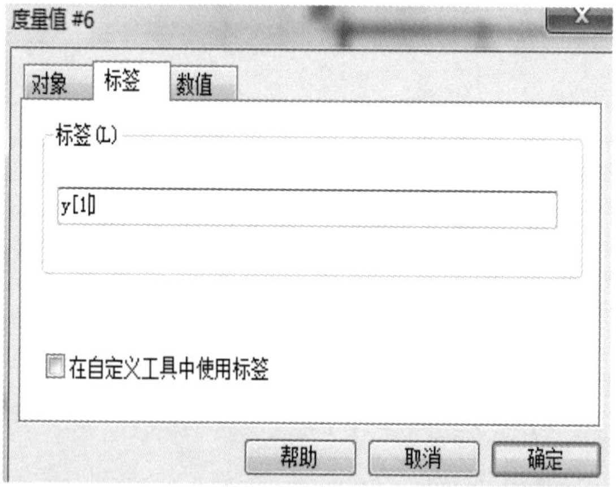

图 13-32

（9）按“Alt + =”调出计算器，分别计算“$0.5-(x_G-y_G)$”，“$-0.5-(x_G-y_G)$”，“$0.5-(x_G+y_G)$”，“$1.5-(x_G+y_G)$”并分别将这些结果的标签命名为 y_2，y_3，y_4，y_5.

（10）利用“图表”菜单下“新建参数”工具，分别建立三个参数 t_1，t_2，n. 默认值分别为 0，0，3.

（11）按“Alt + =”调出计算器，分别计算“$t_1 + f(x) = 2^x(1 + \mathrm{sng}(y_1))$”和“$t_2 + [a,b]$（$1 + \mathrm{sng}(y_2)*\mathrm{sng}(y_3)*\mathrm{sng}(y_4)*\mathrm{sng}(y_5)$）”，并分别将这两个计算结果的标签命名为 t_{11}，t_{21}（见图 13-33、图 13-34）. 说明：此处 t_{11} 用于统计随机点落在圆形区域内的次数，t_{21} 用于统计随机点落在圆内接正方形区域内的次数，因而随机点落在弓形区域内的次数为 t_{11}-t_{21}.

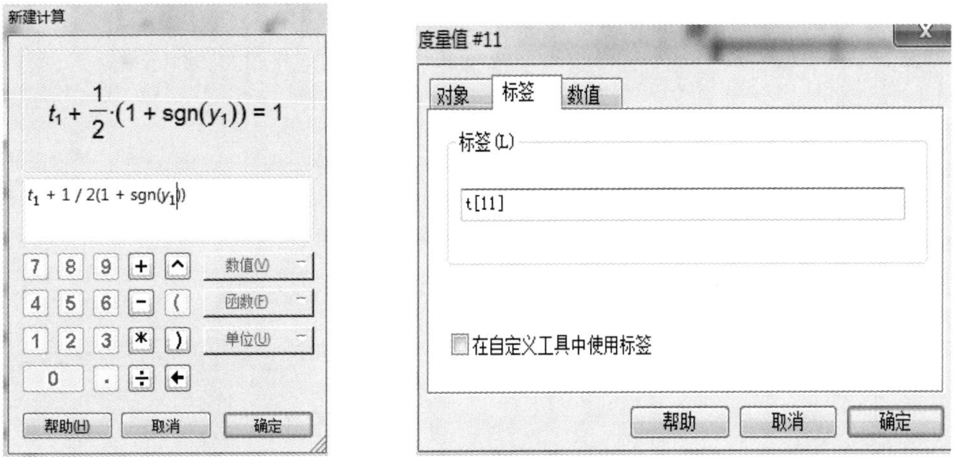

图 13-33

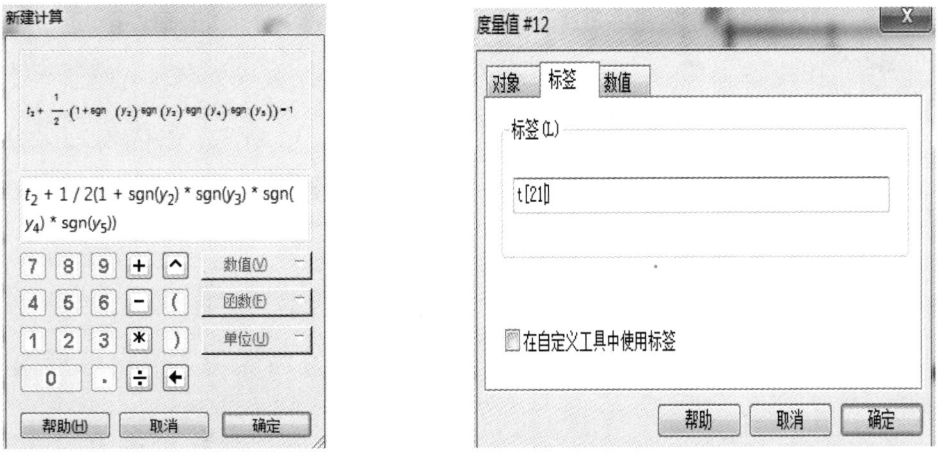

图 13-34

（12）利用“图表”菜单下“新建参数”工具，再建一个参数 t_3，默认值必须为 0，依次选中 t_3，t_{11}，利用“图表”菜单下“绘制（x，y）”工具，绘制点（t_3，t_{11}）. 同样操作绘制点（t_{21}，t_3）.

（13）依次选中点 E，F，参数 t_1，t_2，n，利用“变换”菜单下“带参数的迭代”工具（此处在操作时要注意按住“Shift”，才会出现“带参数的迭代”，否则只能出现“迭代”），在弹出的对话窗口中，建立如下映射：$E \to E$，$F \to F$，$t_1 \to t_{11}$，$t_2 \to t_{21}$，在对话窗口的“显示”菜单下选择“最终的迭代”，在对话窗口的“构造”菜单下选择“到所在对象的随机位置”，进行迭代变换（见图 13-35、图 10-36）.

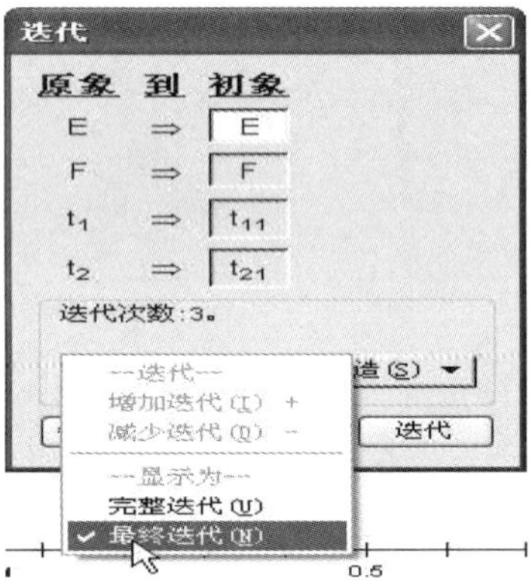

图 13-35

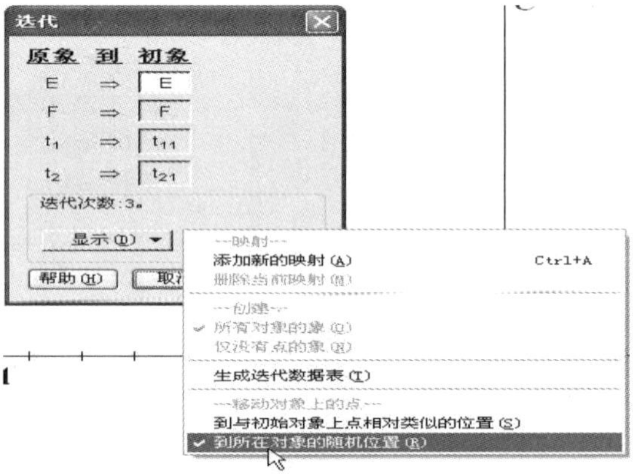

图 13-36

（14）此时上述迭代所生成的迭代象处于选中状态，再利用“变换”菜单下“终点”工具，作出点（t_3，t_{11}）和点（t_{21}，t_3）最后一次迭代所生成的迭代象（其位置，默认（t_3，t_{11}）在 y 轴上，（t_{21}，t_3）在 x 轴上，可通过调节“几何画板”窗口下方和右侧的滚动条来查找这两点迭代象的终点），并度量出点（t_3，t_{11}）的迭代象终点的纵坐标，将其标签命名为“投掷的总次数”，度量出点（t_{21}，t_3）的迭代象终点的横坐标，将其标签命名为“落在内接正方形内的次数”，按“Alt + =”，调出计算器，计算出“投掷的总次数 - 落在内接正方形内的次数”的值，将其标签命名为“落在弓形内的次数”，再计算出“$\dfrac{\text{落在弓形的次数}}{\text{投掷的总次数}}$”，命名其标签为“落在弓形内的频率”.

（15）制作出正方形 $ABCD$ 的内切圆和圆的内接正方形，选中参数“n”，利用[编辑]菜单下[动画]工具，在弹出的对话框中设置[方向]为[渐增]改变数值：[不连续]，范围：[0～4000]（见图 13-37），制作出参数动画按钮，命名此按钮标签为“开始投掷”，再选中参数“n”，利用[编辑]菜单下[动画]工具，在弹出的对话框中设置[方向]为[自由]（勾选只播放一次），范围：[0～0]（见图 13-38），制作出另一个参数动画按钮，命名此按钮标签为“初始化”.

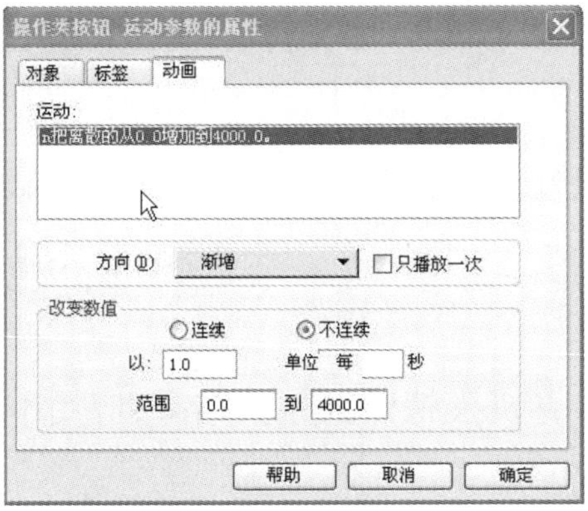

图 13-37

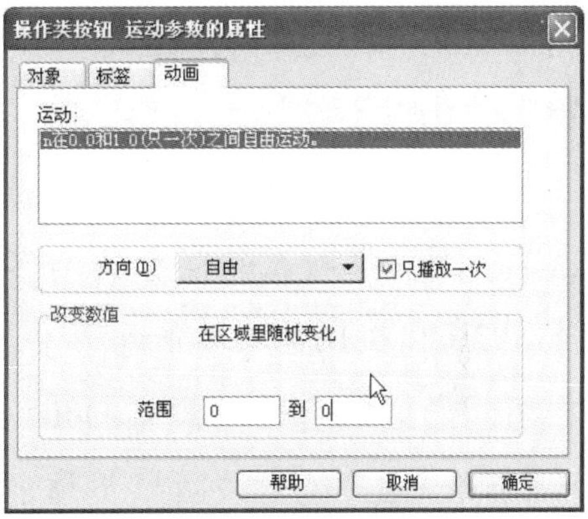

图 13-38

（16）分别选中参数“投掷的总次数”，“落在弓形内的次数”，“n”，单击右键，设置其值的精确度为：单位，同理设置“落在弓形内的频率”的精确度为：十万分之一.

（17）因为随机点落在弓形内的理论概率为$1-\dfrac{2}{PI}$，可以利用蒙特卡洛方法通过此实验求出圆周率 PI. 按“Alt + =”调出计算器，计算“$\dfrac{2}{1-\text{落在弓形内的频率}}$”，命名其标签为“$PI$ 的近似值”，隐藏其他不必要的对象，经过后期美化，完成制作（见图 13-39、图 13-40）.

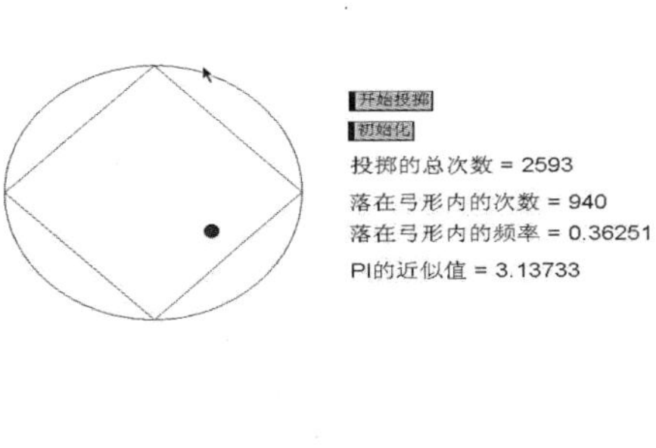

图 13-39

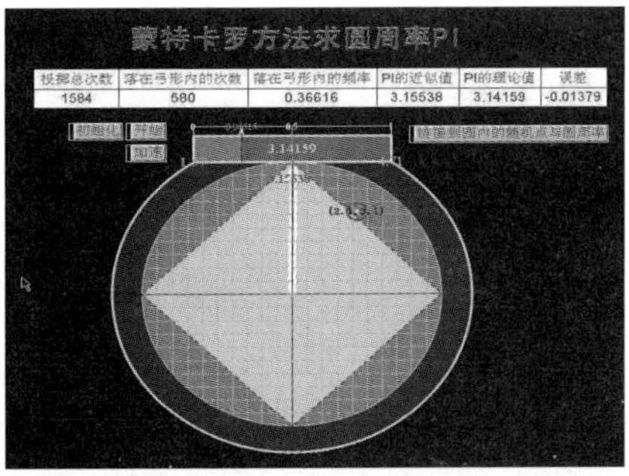

图 13-40

【专题拓展】

请动手操作，并记录结果，以上试验结果表明，圆周率π的值在 3.140 附近波动，与伟大的数学家祖冲之推算的 3.1415926（或者 3.1415927）相比还是有一定的偏差，之所以产生偏差主要有两个原因：其一，是由于计算机产生随机点具有一定的局限性，并不是理想状况下绝对的随机；其二，是由于试验次数仍然不够多.

虽然我们暂时无法改变计算机的局限性，但是我们可以不断地增加试验的次数，因为随着试验次数的增多，偏差将会不断减小，圆周率将会不断向 3.1415926 和 3.1415927 靠近.

请同学们结合几何概型的知识利用计算机模拟验证相关结果，应用本节实验原理，你还能解决哪些具体的问题呢？

实验 13.6　图形的面积与积分

定积分也是微积分中的一个重要概念，也是比较抽象的一个概念. 定积分概念涉及近代微积分思想——“以直代曲，以有限逼近无限”.

在微积分中，定积分的定义是通过求曲边梯形的面积、变力做功等几何学与物理学中抽象出来的概念.定积分定义给出了一种解决问题的模型，其核心就是微元法，利用微元法我们可以解决几何学、物理学、经济学中的很多问题.为了便于理解这个方法，我们借助几何画板做出几何图形，从几何的角度来认识这个方法和定积分的本质.

[问题引入] 计算函数 $f(x)=2^x$ 在区间 $[a,b]$ 上的曲边梯形的面积.

问题一：如何实现曲边梯形的分割?

（1）启动“几何画板”，单击“绘图”菜单中的“绘制新函数” $f(x)=2^x$，在 x 轴上构造点 A，度量其横坐标 x_A，并计算起函数值 $f(x_A)$，绘制点 A'，构造线段 AA'，同理构造 BB'. 图中阴影部分即待求面积的曲边梯形（见图 13-41）.

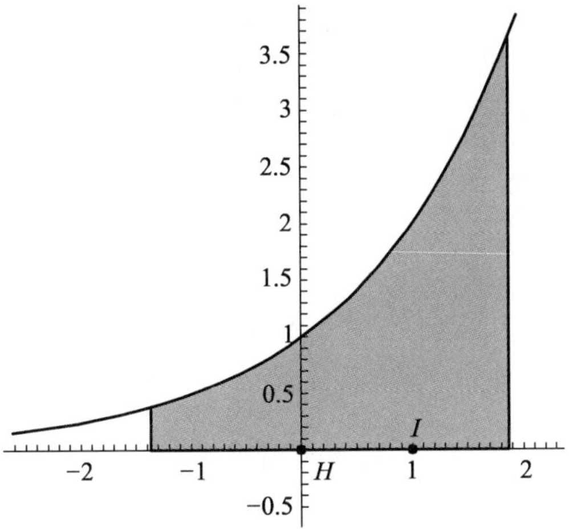

图 13-41

（2）单击“数据”菜单“新建参数”n（初始值不妨设为 6），计算 $n-1$，将两个参数的标签分别改为“分割次数”“迭代次数”（见图 13-42）.

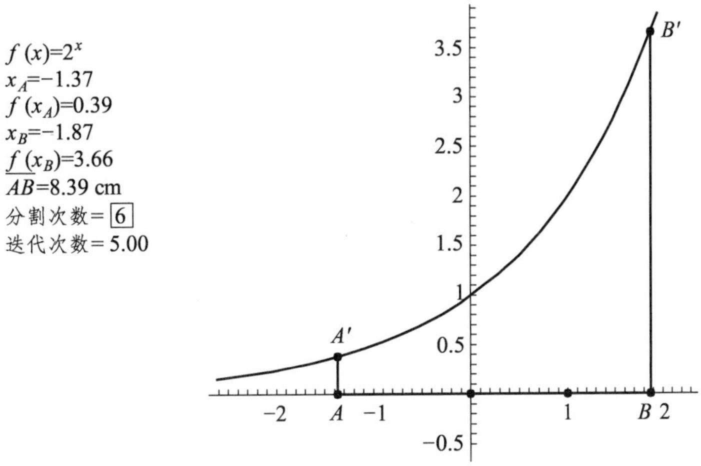

图 13-42

（3）度量 AB 的长度并计算 $\frac{AB}{n}$，并将计算值的标签改为△x，选中△x 单击“变换”菜单中的“标记距离”；在线段 AB 上另取一点 C，同上构造线段 CC'，选中点 C 点击“变换”中的“平移”，在弹出窗口中设定角度属性为 0°，平移得到点 D，构造 D'．连接 $C'D'$，在“构造”菜单中构造四边形 $CDD'C'$ 内部（见图 13-43）.

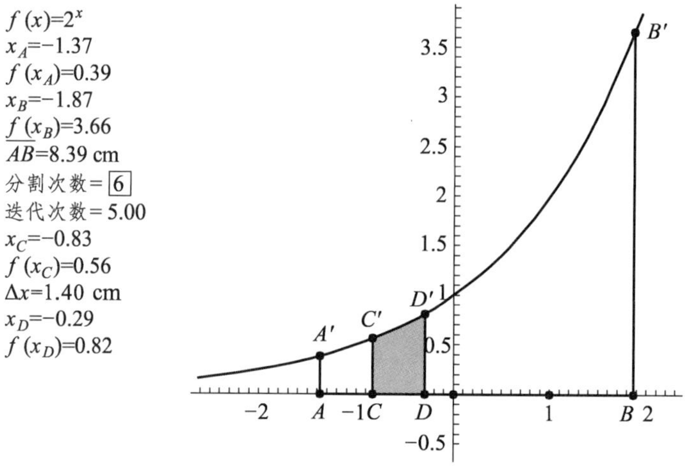

图 13-43

（4）先后选中点 C、迭代参数，按住 Shift 键，单击“变换”菜单中的“深度迭代”，作 C 到 D 的迭代.

（5）选中点 C 点击“编辑”菜单中的“从线段中分离”，先后选中点 C、点 A 单击“编辑”菜单中“合并点”（见图 13-43）.

n	x_A	$f(x_A)$	x_D	$f(x_D)$
0	−1.37	0.39	−0.83	0.56
1	−0.83	0.56	−0.29	0.82
2	−0.29	0.82	0.25	1.19
3	0.25	1.19	0.79	1.73
4	0.39	1.73	1.33	2.52
5	1.33	0.52	1.87	3.66

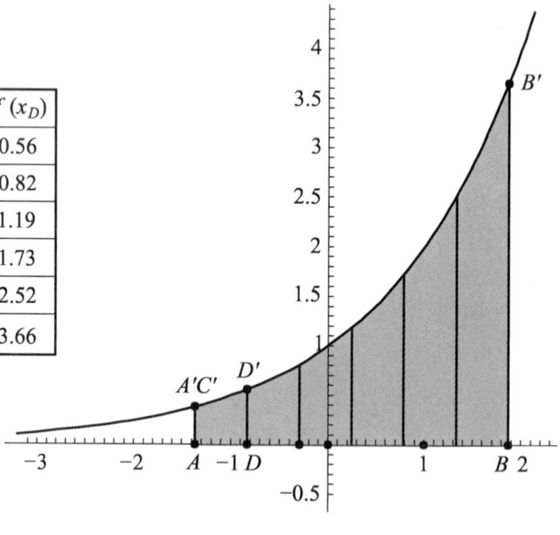

图 13-44

问题二：如何保存迭代？

（6）接上步骤 3，选中四边形 $CDD'C'$ 度量其面积，选中原点与坐标轴单位点度量得到“单位长度”，并计算将值$\dfrac{\text{四边形面积}}{\text{单位长度}}$标记为 S.

（7）新建参数 T，参数值为 0，计算 $S+T$，先后选中点 C、参数 T、“迭代次数”作“深度迭代”（见图 13-45）.

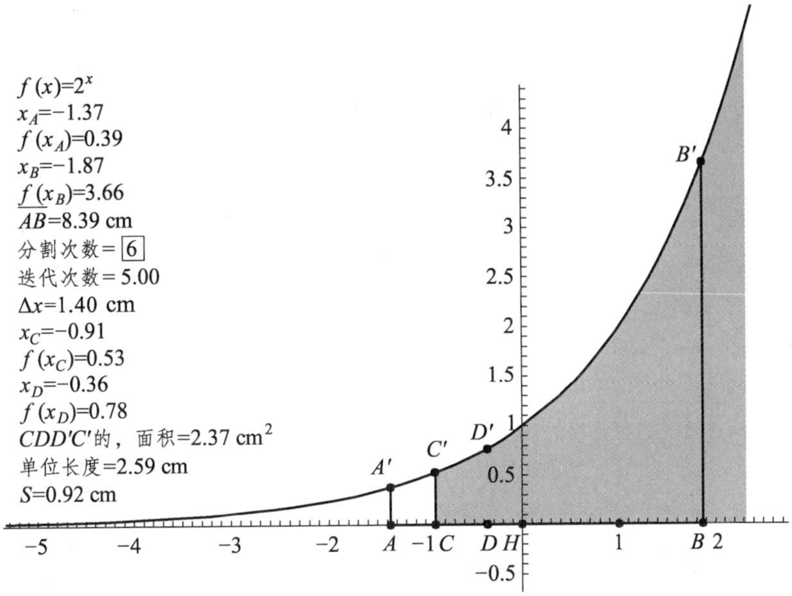

$T=$ 0　　$T+S=0.92$

n	x_C	$f(x_C)$	x_D	$f(x_D)$	$CDD'C'$的面积	S	$T+S$
0	−0.91	0.53	−0.36	0.78	2.37 cm²	0.92 cm	0.92
1	−0.36	0.78	0.18	1.13	3.45 cm²	1.33 cm	2.25
2	0.18	1.13	0.72	1.64	5.01 cm²	1.94 cm	4.19
3	0.72	1.64	1.26	2.39	7.29 cm²	2.82 cm	7.00
4	1.26	2.39	1.80	3.47	10.60 cm²	4.10 cm	11.10
5	1.80	3.47	2.34	5.05	15.41 cm²	5.96 cm	17.06

图 13-45

（8）重复步骤（5），则“迭代数据表”中变量 $S+T$ 的终值就是我们要求的和（见图 13-46）.

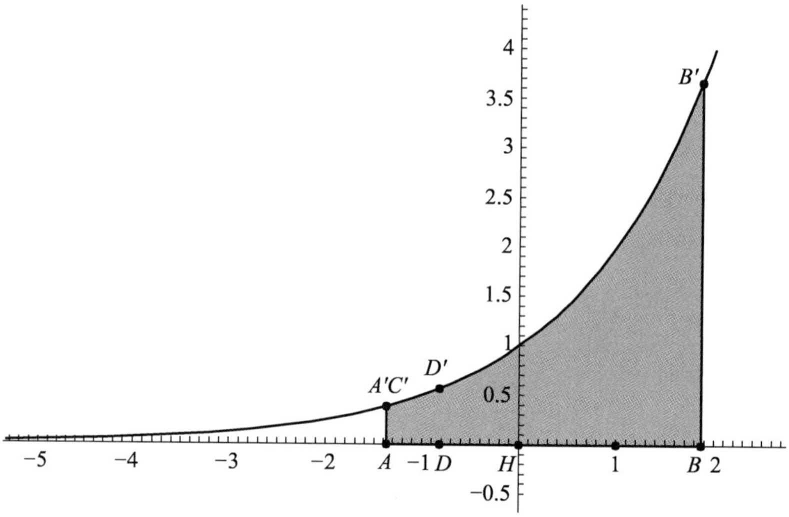

n	x_A	$f(x_A)$	x_D	$f(x_D)$	$ADD'C'$的面积	S	T+S
0	−1.37	0.39	−0.83	0.56	1.72 cm^2	0.66 cm	0.66
1	−0.83	0.56	−0.29	0.82	2.50 cm^2	0.96 cm	1.63
2	−0.29	0.82	0.25	1.19	3.63 cm^2	1.40 cm	3.03
3	0.25	1.19	0.79	1.73	5.28 cm^2	2.04 cm	5.07
4	0.79	1.73	1.33	2.52	7.68 cm^2	2.97 cm	8.04
5	1.33	2.52	1.87	3.66	11.17 cm^2	4.32 cm	12.36

图 13-46

我们已经求出了相应矩形的面积和，但如何将变量 $S+T$ 的终值从图表中分离出来则是不可回避的一个问题. 考虑到“几何画板”面向对象的特点，我们将每一次循环中变量 $S+T$ 的结果用几何图形显示出来.

（9）接步骤（7）“深度迭代”之前，新建参数 t，初始值 0，计算 $t+1$，先后选中参数 t、度量值 $S+T$，绘制点 P.

（10）先后选中点 C、t、T、“迭代次数”作 C-D、t-$t+1$、T-$S+T$ 的深度迭代，选中点 P 的迭代像，单击“变换”中的“终点”并度量纵坐标，将其标签改为“曲边梯形的面积”（见图 13-47）.

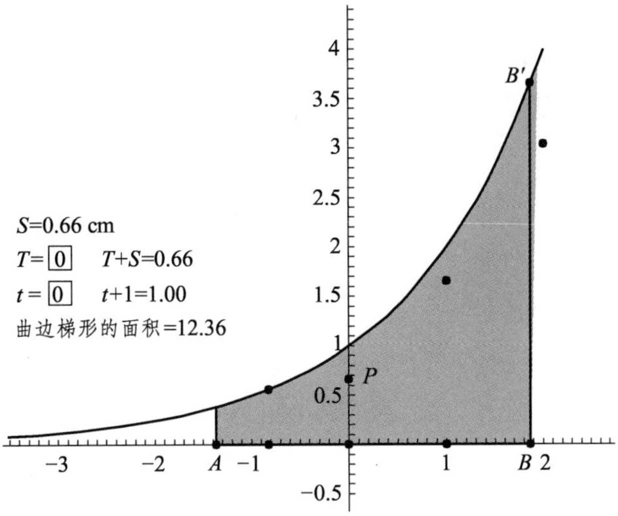

n	x_A	$f(x_A)$	x_D	$f(x_D)$	ADFG 的面积	S	T+S	t+1
0	−1.37	0.39	−0.83	0.56	1.72 cm^2	0.66 cm	0.66	1.00
1	−0.83	0.56	−0.29	0.82	2.50 cm^2	0.96 cm	1.63	2.00
2	−0.29	0.82	0.25	1.19	3.63 cm^2	1.40 cm	3.03	3.00
3	0.25	1.19	0.79	1.73	5.28 cm^2	2.04 cm	5.07	4.00
4	0.79	1.73	1.33	2.52	7.68 cm^2	2.97 cm	8.04	5.00
5	1.33	2.52	1.87	3.66	11.17 cm^2	4.32 cm	12.36	6.00

图 13-47

问题三：如何体现逼近的思想？

（11）双击参数“分割次数”，修改相应的参数值，将参数分别赋值 10、100、1000、10000 等，从图中可直观发现，当分割次数 $n\to\infty$ 时矩形面积和逼近曲边梯形的面积. 为了方便观察，可以分别选中参数值“分割次数”和度量值“曲边梯形的面积”，单击“数据”中“制表”命令，每改变一次参数值，双击一次表格，可以发现“曲边梯形的面积”随着“分割次数”的增大而逐步收敛，最后逼近于一个常数 12.21（见图 13-48）.

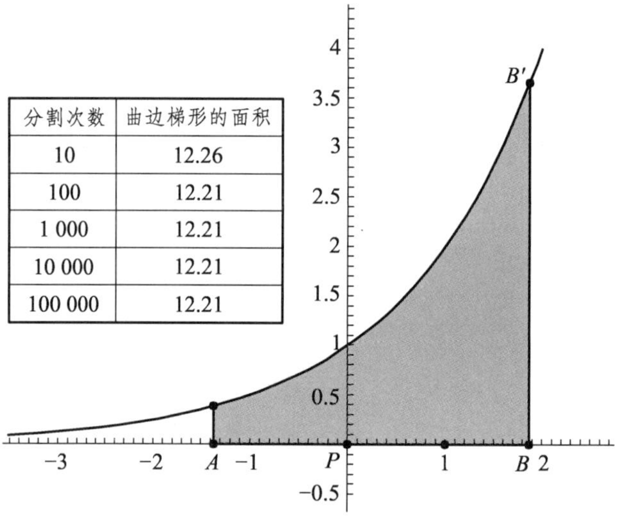

分割次数	曲边梯形的面积
10	12.26
100	12.21
1 000	12.21
10 000	12.21
100 000	12.21

图 13-48

[尝试研究]

在刚才的案例中，我们采用梯形面积之和来逼近曲边梯形的面积，同时用“自定义工具”栏中的“函数工具”菜单下“一个函数的定积分”可直接求 $\int_a^b f(x)\mathrm{d}x$ 的值，发现两者吻合. 结合 A、B 两点横坐标的参数化，我们即可利用几何画板迅速求出 $\int_a^b f(x)\mathrm{d}x$ 在任意区间 $[a,b]$ 上的值. 类比这样的思想，我们能否用矩形面积之和来逼近积分值呢？

[练习实验]分别用梯形逼近、矩形逼近法完成以下练习：

（1）计算抛物线 $y^2=2x$ 与直线 $y=x-4$ 所围成的图形的面积.

（2）求由三条曲线 $y=x^2$，$4y=x^2$，$y=1$ 所围图形的面积.

（3）计算 $\int_{-1}^{1} 4-x^2-(x^2+1)\mathrm{d}x$.

（4）由曲线 $\rho=\varphi(\theta)$ 及射线 $\theta=\alpha$，$\theta=\beta$ 所围成曲边扇形的面积.

（5）计算心形线 $\rho=2a(2+\cos\theta)$（$a>0$）所围成的图形的面积.

实验 13.7　分形图形与数列

不同于经典几何图形可分为一维、二维、三维，…，任意 n 维图形，分形图形一般具有分数的维数，通常被定义为“一个粗糙或零碎的几何形状，且其每一部分都（至少近似地）是整体缩小后的形状”，即具有自相似的性质. 分形（Fractal）一词，是芒德勃罗创造出来的，其原意具有不规则、支离破碎等意义. 1973 年，芒德勃罗（B.B.Mandelbrot）在法兰西学院讲课时，首次提出了分维和分形的设想. 分形几何这门以不规则几何形态为研究对象的几何学由此诞生. 分形图形也常常出现于中学数学中，如勾股树、谢尔宾斯基（Sierpinski）三角形、科赫（Koch）雪花等.

一、谢尔宾斯基（Sierpinski）三角形

1. 问题提出

谢尔宾斯基（Sierpinski）三角形是很有代表性的线性分形，具有严格的自相似特点. 先作一个正三角形，挖去它的“中点三角形”（即以原三角形各边的中点为顶点的三角形），然后在剩下的各小三角形中又挖去它的“中点三角形”，……这样一直进行下去，就得到谢尔宾斯基三角形（见图 13-49）.

图 13-49

那么，谢尔宾斯基三角形的面积和周长各是多少?

观察每次挖去的全等的中点三角形的个数、边长及面积间的数量关系，设操作次数为 n（每挖去一次中点三角形算一次操作）:

（1）操作 n 次后，一共挖去了多少个三角形? 剩余的全等三角形有多少个?

（2）剩余的全等三角形的总面积是多少? .

（3）设原三角形的周长为 $a_0 = 1$，n 次操作后的周长 a_n 与 a_{n-1} 有什么数量关系?

（4）求出数列 $\{a_n\}$ 的通项公式.

（5）当$n\to\infty$时，S_n、a_n的变化趋势如何？

可见谢尔宾斯基三角形的面积趋于零，而其周长趋于无穷大.

$$S_n=\left(\frac{3}{4}\right)^n\to 0,\quad a_n=a_{n-1}+\left(\frac{3}{2}\right)^n,\quad a_n=3\left(\frac{3}{2}\right)^n-2\to\infty$$

著名的埃菲尔铁塔正是以它作为平面图的. 因为这种三角形结构可以节省材料而且强度大，虽然铁塔并没有把分形进行到无穷，但是它已经能在这种条件下完成了重力的转移，充分体现了这项工程的精彩，同时也显示了谢尔宾斯基三角形无尽的魅力.

2. 几何画板生成谢尔宾斯基三角形的制作方法

（1）打开一个新的绘图窗口，再打开一个记录窗口，并将记录窗口和绘图窗口并排放置，在记录窗口中按录制按钮进行记录.

（2）用线段工具作一条水平线段AB，选择左端点A，双击，标记为中心，按下“Shift”键，选择点B，从变换菜单中选择旋转命令，弹出对话框，输入“60”，按确定，得点C. 用线段工具连接点A、C，点C、B.

（3）选择线段AB，用作图菜单中的“中点”命令作出线段AB的中点D；用同样的方法，作出线段AC、BC的中点E、F. 用线段工具作出线段DE、EF、DF.

（4）按下“Shift”键，依次选择点E、F、C，在记录对话框中按下循环；用同样的方法，处理点A、D、E；点D、B、F. 按下“Shift”键，选择点A、B、C、D、E、F，在显示菜单中按下，隐去点A、B、C、D、E、F，在记录对话框中按下停止.

（5）打开一个新的绘图窗口，作点A，在水平线上作点B；选择A，双击，标记为旋转中心，按下“Shift”键，选择点B，从变换菜单中选择旋转命令，弹出对话框，输入“60”，按确定，得点C. 按下“Shift”键，依次选择点A、B、C，按下记录对话框中的“快进”键，弹出对话框，“深度”分别选择“1”“2”“3”，按下确定，分别得图 13-50、图 13-51、图 13-52.

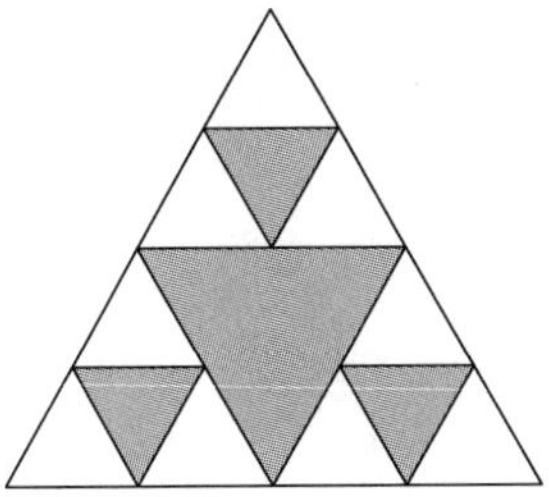

图 13-50

图 13-51

图 13-52

二、科赫（Koch）分形雪花

1. 问题提出

分形几何图形最基本的特征是某种意义的自相似性，这种自相似性是指局部与整体在形态、功能、信息、时间、空间等方面具有统计意义上的相似. 例如科赫分形雪花图形，图形局部只是整体的缩影，而整体图形则是局部的放大.

将一条初始线段三等分，删除中间三分之一部分，用一等边三角形的腰代替，形成四条线段的折线；将每一线段重复以上操作……这样无限进行下去，产生一条处处连续曲线、又处处不光滑的曲线——科赫曲线（见图 13-53）.

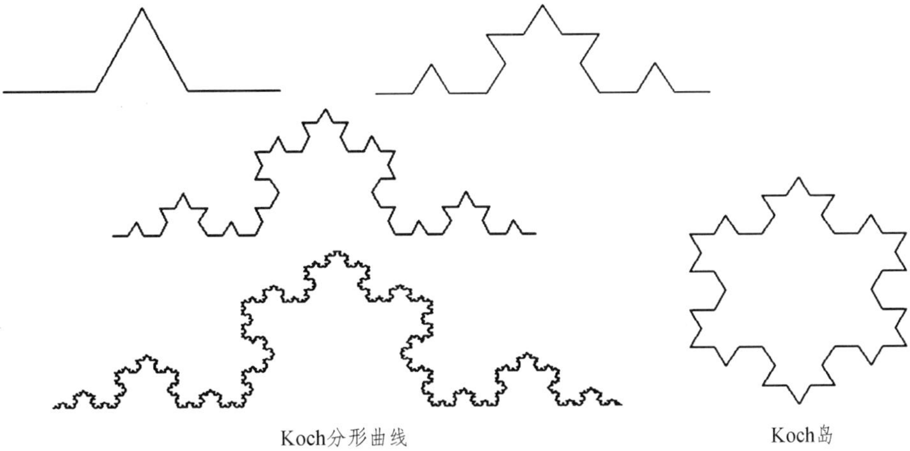

图 13-53　Koch 分形曲线

科赫分形雪花就是分别以正三角形的三条边为初始线段向外生成的三

条科赫曲线围成的封闭图形（见图 13-54）.

图 13-54

2. 科赫曲线及科赫雪花的制作

（1）科赫曲线的制作.

① 作初始元 AB 和生成元 A-B：作线段 AB，以 A 为中心，将点 B 缩放 1/3、2/3 得点 B'、B''；再以 B' 为中心，将点 B'' 逆时针旋转 60°得点 B'''，连折线 $A\,B'\,B'''\,B''B$，得生成元 A-B（见图 13-55）.

② 删除生成元 A-B 中四条小线段，显示出初始元线段 AB，新建参数 $n=1$，作 $AB\to AB'$、$AB\to B'B'''$、$AB\to B'''B''$、$AB\to B''B$ 的深度为 n 的最终迭代，隐藏初始元及点 B'、B'''、B''，增大参数 n，得科赫曲线（见图 13-56）.

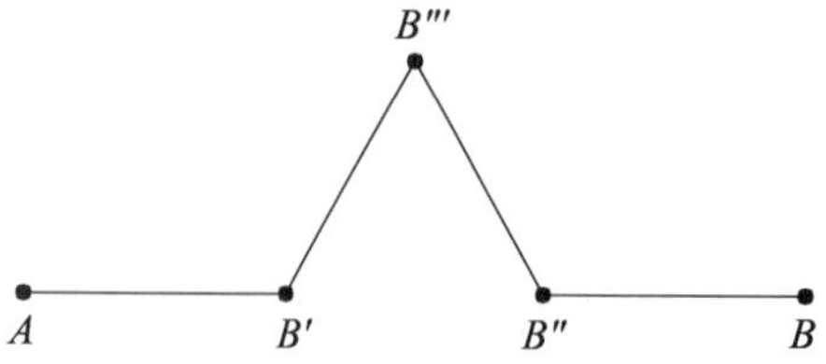

图 13-55

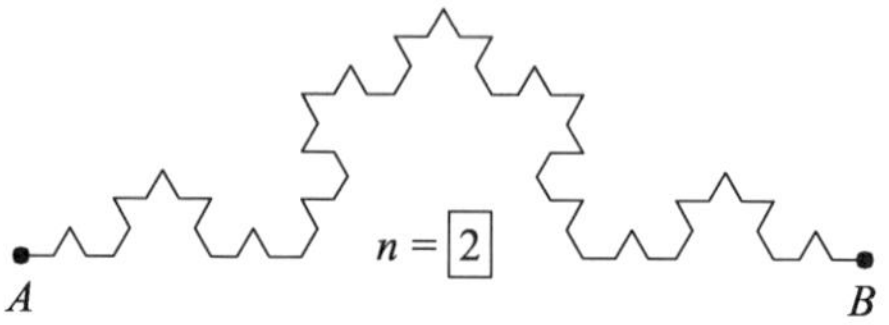

图 13-56

（2）科赫雪花的制作.

① 选中科赫曲线，同时依次选中点 A、B 及 n，创建新工具“工具#1”，调出工具脚本，将 n 设为自动匹配.

② 作正三角形 CDE（顺时针三顶点），用“工具#1”依次匹配 CD、DE、EC，得科赫雪花如图 13-57 所示.

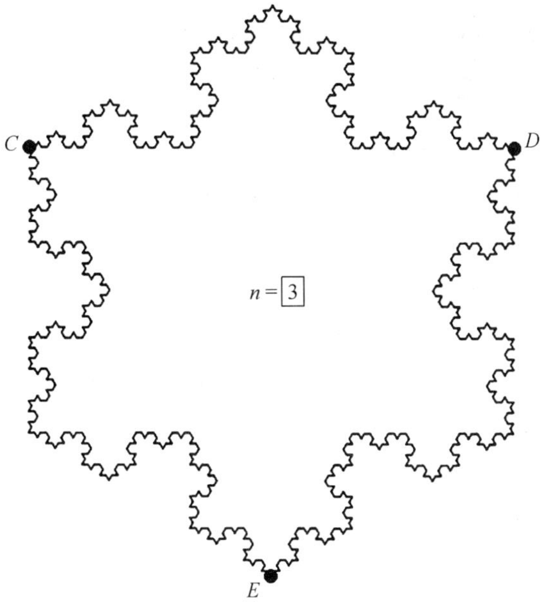

图 13-57

3．探讨科赫分形雪花的面积和周长

（1）研究科赫分形雪花图 K_n 的边数为 $a_n = 3\times 4^{n-1}$ ，周长 $L_n = 3\cdot\left(\dfrac{4}{3}\right)^{n-1}$

（2）求科赫分形雪花图的面积 S_n

为便于研究科赫分形雪花图的面积，我们还可以这样生成科赫分形雪花：

① 将正三角形（见图 13-58）的每边三等分，并以中间的那一条线段为一底边向外作等边三角形，然后去掉底边，得到图 13-59.

② 将图 13-57 的每边三等分，重复上述作图方法，得到图 13-60.

③ 再按上述方法无限多次继续作下去，所得到的曲线就是雪花曲线.

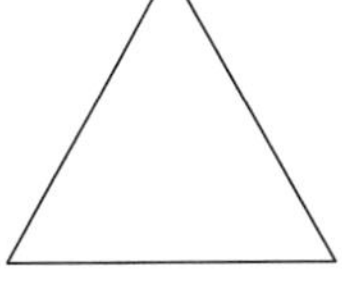
图 13-58

图 13-59

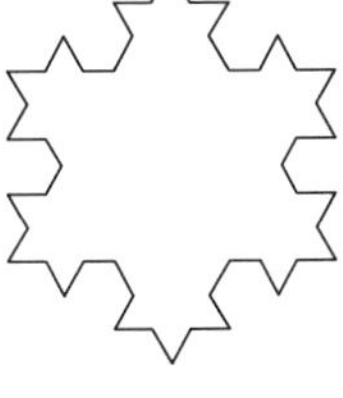
图 13-60

将图 13-58、图 13-59、图 13-60 的图形依次记着 M_1，M_2，M_3，…，M_n，设 M_1 的边长为 1.

（1）写出 M_n 的边数 a_n，边长 b_n，周长 L_n.

（2）求 M_n 的面积 S_n.

（3）观察上述求解的结果，数列$\{L_n\}$，$\{S_n\}$有怎样的特性？它们的极限是否存在，若存在，求出极限值. 并归纳雪花曲线的特性.

解：（1）$a_n=3\cdot 4^{n-1}$，$b_n=\left(\dfrac{1}{3}\right)^{n-1}, L_n=3\cdot\left(\dfrac{4}{3}\right)^{n-1}$.

（2）当 M_{n-1} 生成 M_n 时，每条边上多了一个面积 $\dfrac{\sqrt{3}}{4}b^2$ 为的小的等边三角形，共有 a_{n-1} 个

$$S_n=S_{n-1}+\frac{\sqrt{3}}{4}a_{n-1}{b_n}^2=S_{n-2}+\frac{\sqrt{3}}{4}a_{n-2}{b_{n-1}}^2+\frac{\sqrt{3}}{4}a_{n-1}{b_n}^2=\cdots$$
$$=S_1+\frac{\sqrt{3}}{4}a_1{b_2}^2+\frac{\sqrt{3}}{4}a_2{b_3}^2+\cdots+\frac{\sqrt{3}}{4}a_{n-1}{b_n}^2(n\geqslant 2)$$

因为 $S_1=\dfrac{\sqrt{3}}{4}$

所以 $S_n=\dfrac{\sqrt{3}}{4}\left[1+3\cdot\left(\dfrac{1}{3}\right)^2+3\cdot 4\cdot\left(\dfrac{1}{3}\right)^4+\cdots+3\cdot 4^{n-2}\cdot\left(\dfrac{1}{3}\right)^{2n-2}\right]$

$$=\frac{\sqrt{3}}{4}\times\frac{3}{4}\left[\frac{4}{3}+\frac{4}{9}+\left(\frac{4}{9}\right)^2+\cdots+\left(\frac{4}{9}\right)^{n-1}\right]$$
$$=\frac{2\sqrt{3}}{5}-\frac{3\sqrt{3}}{20}\left(\frac{4}{9}\right)^{n-1}$$

（3）$\{L_n\}$，$\{S_n\}$都是等比数列，且是单调递增的数列，$\{L_n\}$极限不存在，$\{S_n\}$极限存在，$\lim\limits_{n\to\infty}S_n=\dfrac{2\sqrt{3}}{5}$，雪花曲线的特性是周长无限增大而面积有限的图形.

科赫雪花曲线图形与高中二年级的数列知识联系起来，不仅运用了数学数列的递推公式，还涉及到一定的递推思想，找到一定的规律并解出问题. 此外，科克雪花曲线图形与新兴的分形几何有一定的联系，分形几何中最典型的例子就是“英吉利亚海岸线有多长”的提出，随之，分形几何这个名词

诞生. 根据分形几何的原理，用有足够精度的尺子去度量海岸线的长度，那么只要尺子的精度足够小，海岸线的周长就可以无限的长. 也就是说，海岸线的面积有上限，而它的周长却可以无限的长. 这里，科赫雪花曲线图形就是这样，将其边长无限地分割下去，那么它的面积有限，而周长却是无限的. 但可以根据数列极限求出其和函数. 当我们对它无限分割的时候，这时整个图形的边缘看起来就好像是雪花的形状，这也就是它为什么叫作雪花曲线图形. 这个数学问题有趣之处在于它不仅代表了一门学科的发展，而且，还从数学图形中得到了优美的雪花图形，这在数学问题中是很少见的.

思考题：图 13-61 的三角形图案称为谢尔宾斯基三角形，图中黑色三角形的个数依次构成一个数列 $\{a_n\}$，设 $b_n = a_n + \dfrac{1}{n(n+1)}(n \in \mathbf{N}^+)$，$S_n$ 为数列 $\{b_n\}$ 的前 n 项和.

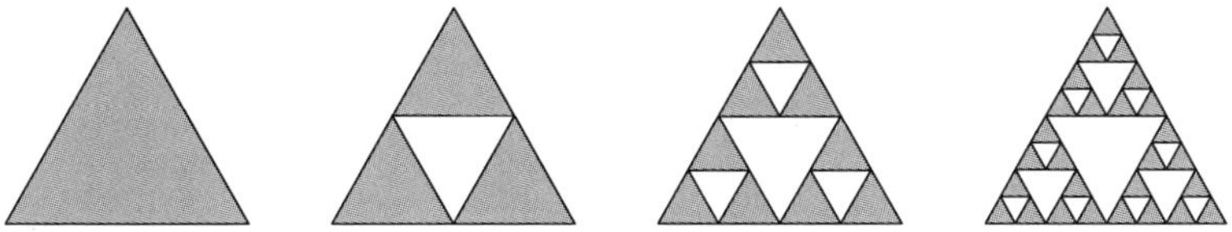

图 13-61

（1）写出数列 $\{a_n\}$ 的一个通项公式，求 S_n.

（2）设 $c_n = S_n + \dfrac{1}{n+1}$，e 是自然对数的底数，$f(n) = 3^n$，证明：不等式 $\left(1+\dfrac{f(1)}{c_1^{\ 2}}\right)\left(1+\dfrac{f(2)}{c_2^{\ 2}}\right)\cdots\left(1+\dfrac{f(n)}{c_n^{\ 2}}\right) < \mathrm{e}^{\frac{3}{2}}$ 对任意正整数 n 恒成立.

实验 13.8　黄金螺线簇的扫描绘图法

我们常常惊诧于这般自然之美，向日葵花饼中花籽那精致的分布、鹦鹉螺那旋转的曲线、玫瑰花那渐开的花瓣（见图 13-62），呈现出的是一条大自然的黄金法则——0.618 律. 这些生物体的生长轨迹线，都近似于优美的黄金螺线.

图 13-62

我们以模拟向日葵花饼为例，介绍黄金螺线簇的几何画板扫描方法.

一、制作扫描框

如图 13-63，作圆 AB、扫描线（半径 AR）及 R 的动画按钮“扫描”，设速度为 0.2.

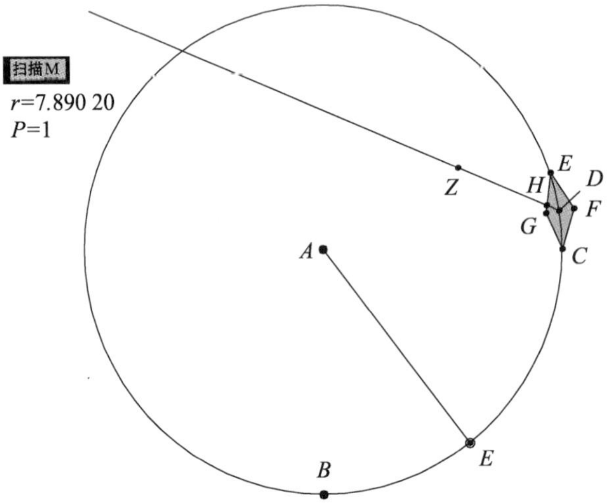

图 13-63

二、制作葵花籽陷阱

（1）在圆 A 上分别作值为 0、0.025、0.05 的点 C、D、E（使弧 CE = 圆周/20）；标记中心 A、分别以 1.0618、0.9418 为比，缩放 D 得 F、G；作四边形 $CFEG$.

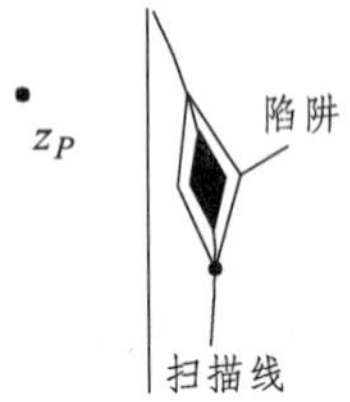

图 13-64

（2）作射线 Dz 及其与四边形 $CFEG$ 的第一交点 H，依次选中 D、z、H，度量这三点的比 r，计算陷阱示性数 $p = 0.5*(1-\text{sgn}((r-0.975)*(r-1.15)*(r-1.85)))$；隐

藏点 D、H、射线 Dz 及四边形 $CFEG$.（若以 p 为灰度参数对 z 着色，可扫描陷阱图案如图 13-64 所示）

三、旋转迭代算法的构建

（1）作像素点 pixel，作有向线段 GE 到 CF 的相似变换 pixel→Strans；度量点 Strans 在圆 AR 上的值 a，计算 $\theta = -0.1$*trunc（20*a）*(　弧度；标记中心 A 和角度 θ，旋转点 Strans 得点 Z，合并 z 到 Z（目的：使圆周被 20 个全等陷阱连续铺满），隐藏点 Strans、C、F、E、G.

（2）标记中心 pixel 和比值 p，缩放 Z 得点 M，隐藏点 Z、A、R；在半径 AR 上作值为 p 的点 S.

（3）新建参数 $n = 54$，作 pixel 到 M 的深度为 n 的迭代，删除 M 的迭代像，隐藏点 S 后选中 S 的迭代像，作其终点 iS 并度量出 iS 在半径上的值 is，隐藏点 iS、M、S 的迭代像、半径 AR、点 B 及圆 AB.

（4）计算 $H = 0.6$ *（1-is）、S = sgn（H）、$V = 1$，对 pixel 进行 HSV 着色得点 pixel_{HSV}；显示出点 pixel 后，选中 pixel、pixel_{HSV} 和半径构造轨迹，跟踪轨迹扫描得向日葵花饼的黄金螺线簇（见图 13-65）.

图 13-65

实验 13.9　收敛于圆心的斯坦纳（Steiner）填充圆链的扫描绘图法

收敛于圆心 A 的 Steiner 填充圆链，是由一圈一圈的相切圆填充圆 A 而形成的美丽图案，其中各圈相切圆的数目（num）都相等，每一圈圆都是等圆. 为便于几何画板扫描实现，最便捷的方法是采用旋转迭代算法实施，即把填充圆链视为由 num 串指向圆心 A 的单圆链（如图 13-66 红色小球链）组合而成. 在任一单圆链中，从外向内

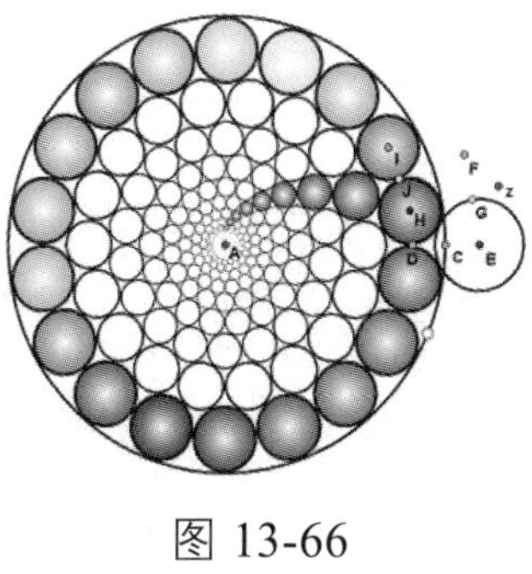

图 13-66

每一圆都是相邻圆的相似变换像．如红色小球链，在几何画板迭代命令下，这些相似变换可用从有向线段 HJ 到有向线段 EG 的相似变换一次性定义，其中 E、G 为相邻两圆圆心，G、J 为两圆半径点，且圆 EG 为陷阱圆．下面介绍 Steiner 填充圆链旋转迭代算法设计．

一、制作扫描框

作圆 A、扫描线（半径 AR，线型为细实线）及 R 的动画按钮“扫描&M”，设速度为 0.1.

二、构造陷阱判断参数λ、p 和像素点 pixel 的相似变换点 STrans

（1）新建参数 num = 18(num>2)，计算α = 2π弧度/num.

（2）在圆 A 上作值为 0 点 B，作独立点 pixel，度量其在圆 A 上的值 a；计算 k = trunc（num*a）、θ = k*α，标记中心 A 和角度θ，旋转 B 得点 C，隐藏 B.

（3）计算 sin(0.5α)、cos(0.5α)、r = 1/(1 + sin(0.5α))、r' = r*cos(0.5α)/(cos(0.5α) + sin(0.5α)^2−sqrt((cos(0.5α) + sin(0.5α)^2)^2−cos(0.5α)^4))，以 A 为中心、r 为比缩放 C 得 D，以 r'为比缩放 C 得 E；以α为转角旋转 E 得 F，以 E 为中心、1/2 为比缩放 F 得 G；标记$\angle CAG$ 和 A，旋转 D 得 H，以α为转角旋转 H 得 I，以 H 为中心、1/2 为比缩放 I 得 J，隐藏点 A、C、D、F、I.

（4）作点 pixel 由有向线段 HJ 到有向线段 EG 的相似变换像 Strans.

（5）标记点 E 和$\angle GE$Strans，旋转 G 得 G'，度量 E、Strans、G'三点比λ，计算 p = 1−sgn(trunk(λ))和 1/λ = (1−p)/λ、d = k/num；为记录阱心距和单圆链的位置，在扫描线上分别绘制值为 1/λ的点 S（红色）和值为 d 的点 D（绿色），隐藏 G'、E、G、H、J.

三、旋转迭代构图

（1）标记中心 pixel 和比值 p，缩放 Strans 得点 M，隐藏 Strans.

（2）计算迭代深度 n = trunc（5*num/7）.

（3）作 pixel 到 M 的深度为 n 的迭代，删除 M 的迭代像，隐藏点 M、S、

D；选中扫描线上的两迭代像（红色点列和绿色点列），作其终点 iS（红色）和 iD（绿色）并度量出它们在半径上的值，标签分别设为 S、H，隐藏点 iS、iD 及两迭代像；计算 $V = 1-0.1*n\^0.5*(1 + \mathrm{sgn}(S-0.93))$.

（4）对 pixel 进行 HSV 着色得点 $\text{pixel}_{\text{HSV}}$；显示出点 pixel 后，同时选中 pixel、pixel_{HSV} 和半径构造轨迹，跟踪轨迹，扫描得 Steiner 填充圆链（如图 13-67）.

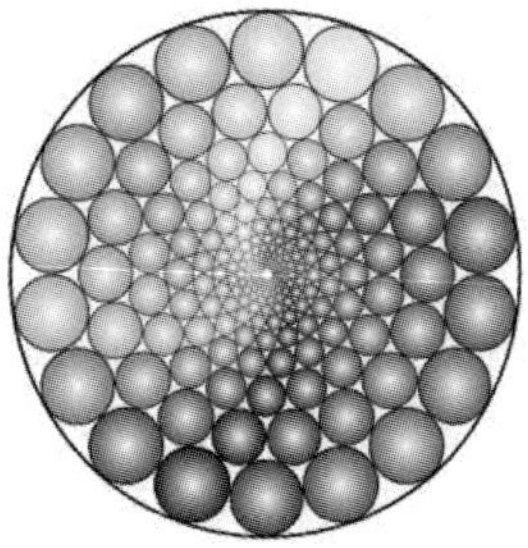

图 13-67

实验 13.10 复分形的逃逸时间算法原理及其几何画板实现

在复平面上，一个简单的二次函数 $f(z) = z^2 + c$ 的迭代，就能生成美妙的分形图形. 对于同一复数 c 的值（$|c|<2$，$c\neq 0$），由点 z 生成的分形，通常称为 Julia 集；而对于同一点 z，根据不同的 c 的值生成的分形称为 Mandelbrot 集.

一、复分形的逃逸时间算法原理

对于任意点 z_0，由迭代 $z\to f(z)$生成的迭代点列 $f(z_0)$、$f(f(z_0))\cdots$的模可能趋于∞. 在这样的点 z_0 处，分形图将会出现空洞，使分形的边界模糊不清. 为使分形图更加清晰漂亮，常采用逃逸时间算法.

设置一个区域（或称阈，通常设为圆$|z|\leqslant 2$），假设有一个充分大的整数 N，当点 z_0 经过 t 次（$t\leqslant N$）迭代后的点超出了这个区域（我们就说点 z_0 逃逸了），就记录下 t 的值（逃逸的时间）；而如果点 z_0 经过 N 次迭代后的点仍未超出这个区域，我们就把这样点 z_0 的集合记为 A. 再利用逃逸时间关联着色参数的方法描绘出 A 的边界图形，这便是逃逸时间算法的基本思想.

二、复分形的几何画板实现方法与步骤

（1）打开几何画板，在编辑\参数选项中设置角度为弧度.

（2）作点 z、c 的横纵坐标：新建参数 xz、yz、xc、yc；计算 z 的模方 $||z|| = xz*xz + yz*yz$.

（3）计算阈判断真值 $p = \mathrm{sgn}(1-\mathrm{sgn}(\|z\|-4))$.

（4）计算点 z 在迭代 $z \to f(z) = z^2 + c$ 下的象点 Z 的横纵坐标：$xZ = xz*xz - yz*yz + xc$、$yZ = 2xz*yz + yc$.

（5）构建点 z 的逃逸变换点 Z'，即若点 z 在逃逸阈内，则 $p = 1$，点 z 变换为点 Z'；否则 $p = 0$，点 z 停止于 z：计算 $xZ' = xz + p*(xZ - xz)$、$yZ' = yz + p*(yZ - yz)$.

（6）为记录逃逸时间和逃逸半径，新建参数 $t_0 = 0$，计算 $t_0 + p$；作点 E（t_0，$\|z\|$）.

（7）新建 $n = 3$，作 $\{xz、yz、t_0\} \to \{xZ'、yZ'、t_0 + p\}$ 的深度为 n 的迭代，继而作点 E 的迭代像终点 iE，并度量其横纵坐标 et（逃逸时间）和 em（逃逸半径）.

（8）计算 RGB 着色参数：计算 $s = .05(et - \log(.5\mathrm{abs}(\ln(em))))$，$R = \sin(s)$，$G = \sin(3s)$，$B = \cos(2s)$.

（9）作点 pixel，度量其横纵坐标 x_{pixel}、y_{pixel}；对点 pixel 进行 RGB 着色并作颜色变换.

（10）编辑 $xz = 0.15x_{\mathrm{pixel}}$、$yz = 0.15y_{\mathrm{pixel}}$，适当设置 xc 和 yc 可扫描 J 集（左图 $c = -0.803-0.0177$，$n = 250$，s 中系数为 0.017）；编辑 $xz = 0$、$yz = 0$，$xc = 0.2x_{\mathrm{pixel}}$、$yc = 0.2y_{\mathrm{pixel}}$ 可扫描 M 集（图 13-68 右图 $n = 30$，s 中系数为 0.05）.

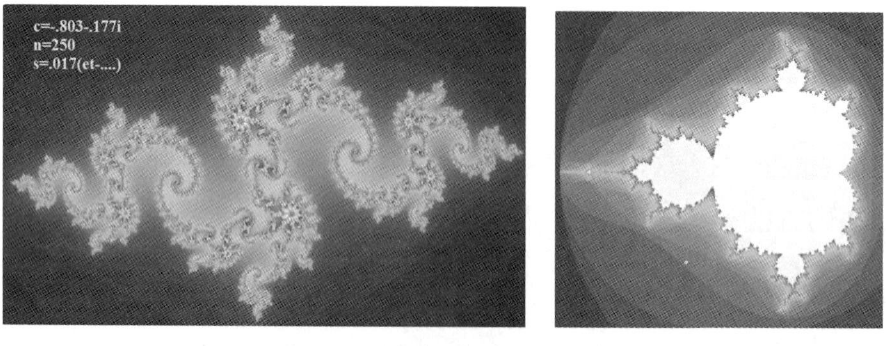

图 13-68

实验 13.11　几何画板数学实验案例

【实验目的】

在数学建模思想的指导下，根据圆锥曲线的定义和性质，利用几何画板实验的方法，反推验证所给曲线为椭圆、抛物线和双曲线，以帮助学生更好地理解圆锥曲线的定义和性质、培养学生自觉应用所学知识和现代教育技术手段分析问题、解决问题的意识和能力.

【实验前提】

（1）在几何画板页面仅给定一条二次曲线（椭圆、抛物线和双曲线）.

（2）预备知识：

① 圆锥曲线的定义和性质.

② 椭圆、双曲线的平行弦的中点轨迹过中心.

③ 抛物线的平行弦的中点轨迹平行于其对称轴的性质.

【实验设计】

1. 验证椭圆

（1）找中心：如图 13-69，作给定曲线（椭圆）的平行弦 AB 和 CD 的中点，过两弦中点的直线交给定曲线于 E、F，作出弦 EF 的中点 O（椭圆中心）.

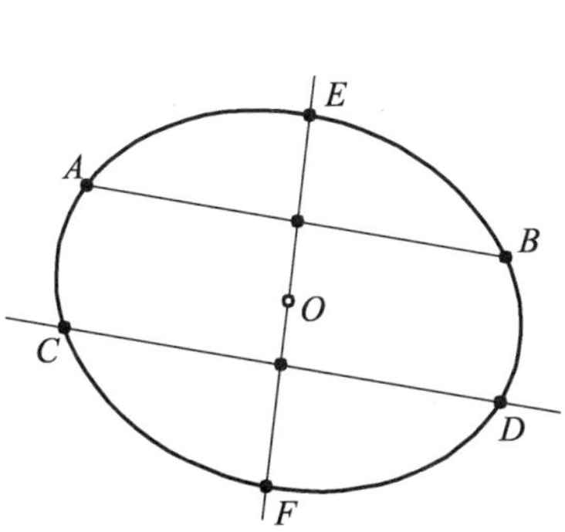

图 13-69

（2）作顶点：如图 13-70，以 O 为圆心，过 B 作圆，取此圆与给定曲线

的一个交点 G，连接 BG，分别过 O 作 BG 的垂线和平行线（长轴、短轴所在直线），分别取它们与给定曲线的一个交点 H、I（椭圆长轴、短轴的顶点之一）.

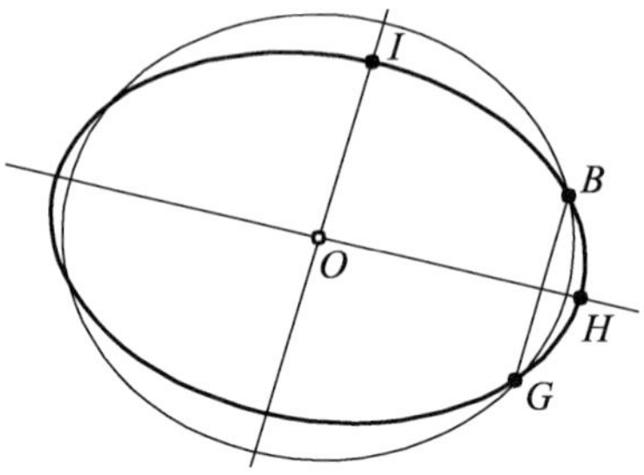

图 13-70

（3）作焦点：如图 13-71，以点 I（短轴的顶点）为圆心、线段 OH（半长轴）为半径作圆，交直线 OH 于点 F_1、F_2（椭圆焦点）.

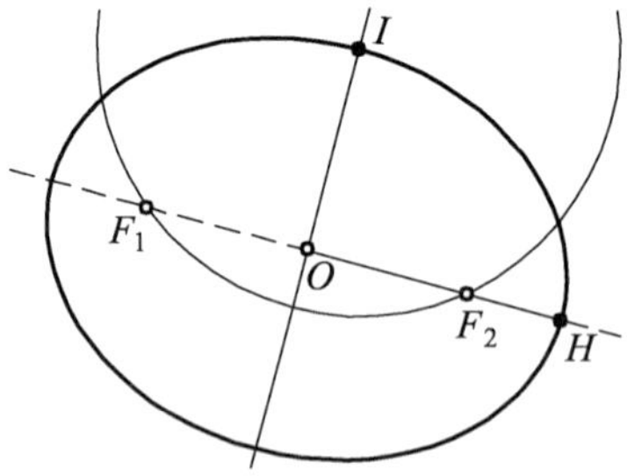

图 13-71

（4）验证为椭圆：在给定曲线上取点 M，度量 $|MF_1|$、$|MF_2|$ 的距离，计算 $|MF_1| + |MF_2|$ 的值，拖动点 M 发现 $|MF_1|$、$|MF_2|$ 的值在变化，$|MF_1| + |MF_2|$ 的值不变，满足椭圆的定义，所以给定曲线为椭圆.

2. 验证抛物线

（1）找顶点：如图 13-72，作给定曲线（抛物线）的平行弦 AB 和 CD 的中点 E、F，连接 EF（平行于对称轴），过点 E 作 EF 的垂线，交给定曲线于 G、H 两点，作出弦 GH 的中点 I，过 I 作 GH 的垂线（抛物线对称轴），交给定曲线于点 O（抛物线顶点）.

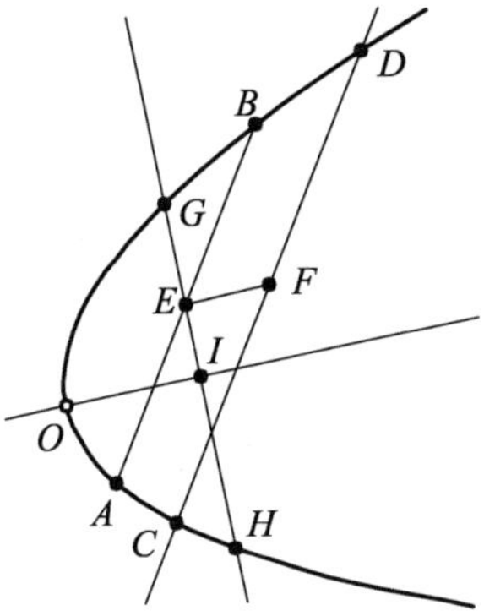

图 13-72

（2）作焦点：如图 13-73，作线段 EI 的中点 J，以 I 为中心将点 J 旋转 90°得点 K，连接 EK，过顶点 O 作 EK 的平行线交给定曲线于点 L，过 L 作直线 LF（线段 LF 为通径之半）交对称轴 OI 于点 F（抛物线的焦点，因为 $|LF|/|OF| = 2$）. 以 O 为中心将点 F 旋转 180°得点 N，过 N 作对称轴 OI 的垂线（抛物线准线）.

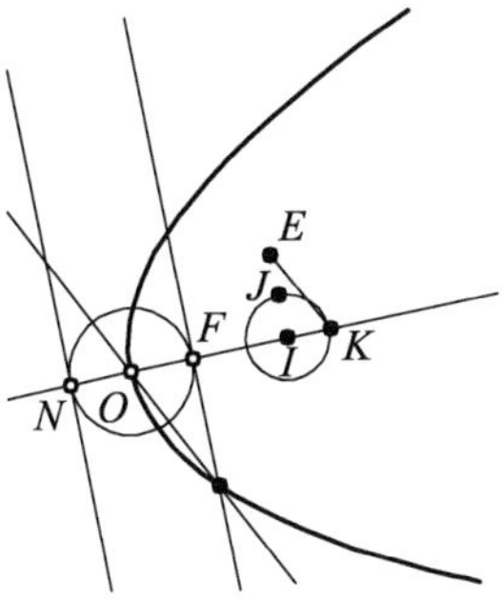

图 13-73

（3）验证为抛物线：在给定曲线上取点 M，度量距离$|MF|$、M 到准线的距离 d，计算$|MF|/d$ 的值，拖动点 M 发现$|MF|$、d 的值在变化，MF/d 的值不变，满足抛物线的定义，所以给定曲线为抛物线.

3. 验证双曲线

（1）找中心：如图 13-74，作给定曲线（双曲线）的平行弦 AB 和 CD 的中点，过两弦中点的直线交给定曲线于 G、H，作弦 GH 的中点 O（双曲线中心）.

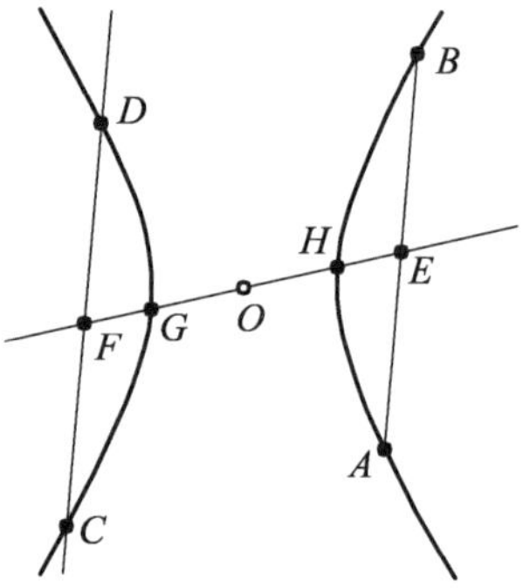

图 13-74

（2）作顶点：如图 13-75，以 O 为圆心过 B 作圆，在点 B 的同支上取交点 I，连接 BI，过 O 作 BI 的垂线（实轴轴所在直线），交给定曲线于两点 A_1、A_2（两顶点）.

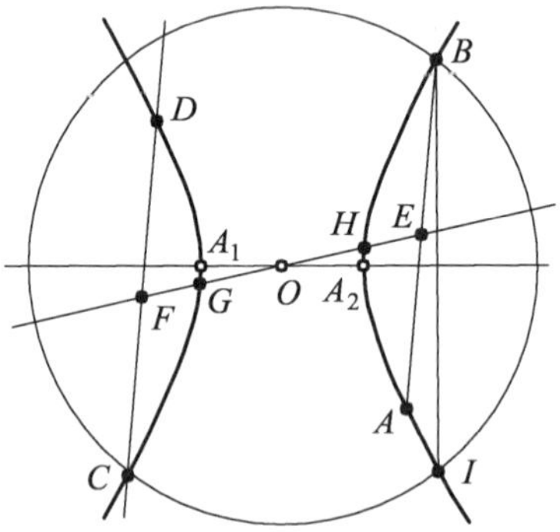

图 13-75

（3）作虚半轴 b：如图 13-76，取 BI 与直线 A_1A_2 的交点 J，分别过 B、A_2 作 A_1A_2 的平行线和垂线，其交点为 L；以 A_1A_2 为直径作圆，过点 J 作此圆的切线，设切点为 K，连接 OK，过 L 作 LM 平行于 OK，交直线 A_1A_2 于 M，则 A_2M 的长等于虚半轴 b.

证明：设 B（x_0，y_0），在 Rt△JKO 中，$\dfrac{1}{\cos\theta}=\dfrac{OJ}{OK}=\dfrac{x_0}{a}$.

因为 Rt△JKO∽Rt△LA_2M，$\tan\theta=\dfrac{BA_2}{MA_2}=\dfrac{y_0}{a}$.

所以 $\dfrac{x_0^2}{a^2}-\dfrac{y_0^2}{MA_2^2}=\dfrac{1}{\cos^2\theta}-\tan^2\theta=1\Rightarrow MA_2=b$.

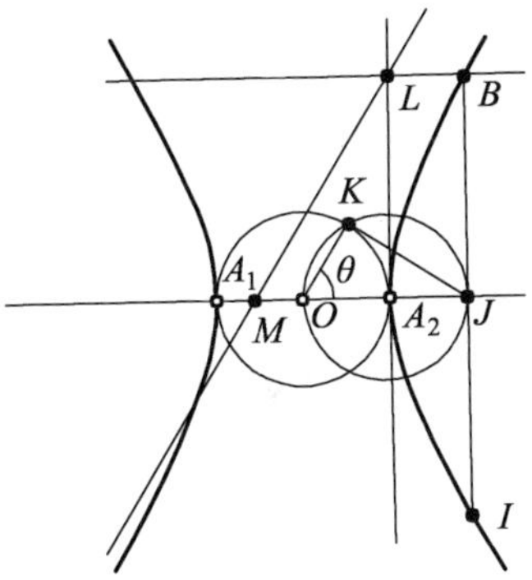

图 13-76

（4）作焦点：如图 13-77，以 A_2 为中心，将点 M 旋转 90°得点 N，以 O 为圆心过点 N 作圆交直线 A_1A_2 于点 F_1、F_2（双曲线焦点）.

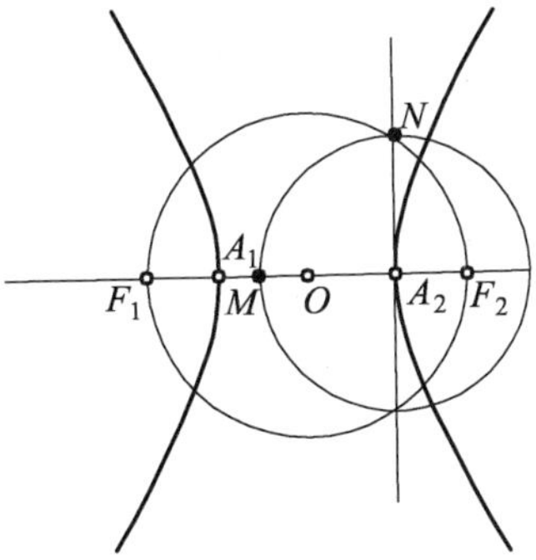

图 13-77

（5）验证为双曲线：在给定曲线上取点 M，度量$|MF_1|$、$|MF_2|$的距离，计算$||MF_1|-|MF_2||$的值，拖动点 M 发现$|MF_1|$、$|MF_2|$的值在变化，$||MF_1|-|MF_2||$的值不变，满足双曲线的定义，所以给定曲线为双曲线.

实验 13.12　几何画板“三维坐标作图工具包”的使用说明——空间简单几何体的作图方法

“三维坐标作图工具包”，是专为几何画板实现 3D 作图而研制的作图工具，它适合于几何画板的任意 3D 坐标系，其中包含如图 13-78 所示系列工具，工具假设条件为坐标原点、x 轴、y 轴、z 轴的单位点，其标签分别设为 O、i、j、k，系统角度参数设为“弧度”，其中系列 1 为绘点工具（分别为直角坐标点、球面坐标点和柱坐标点）、系列 2 为坐标变换工具，系列 3 为线面工具. 下面以正四面体和球面的绘制为例，介绍本工具包的使用方法.

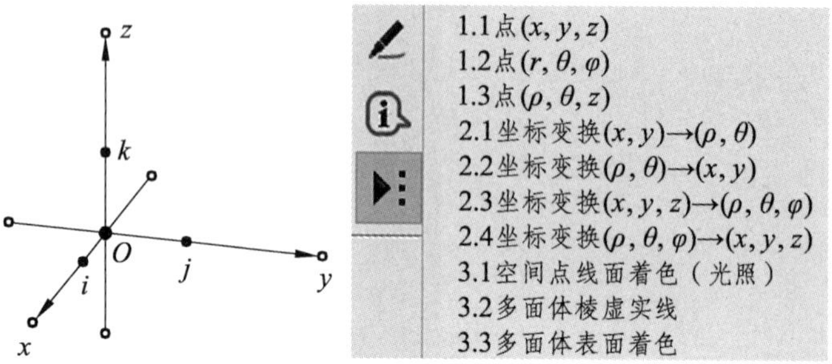

图 13-78

一、多面体的作法

例：作棱长为 6，绕中心滚转的正四面体.

作法：

（1）新建参数值 0、3，计算-3、$\sqrt{3}$、$-\sqrt{3}$、$-2\sqrt{3}$、$-0.5\sqrt{6}$、$1.5\sqrt{6}$.

（2）用点工具 1.1 作顶点 A（$-2\sqrt{3}$，0，$-0.5\sqrt{6}$）、B（$\sqrt{3}$，3，$-0.5\sqrt{6}$）、C（$-\sqrt{3}$，3，$-0.5\sqrt{6}$）、D（0，0，$1.5\sqrt{6}$）.

（3）用绘图工具 3.2 作虚实棱：如作棱 BD，从正四面体外部看棱 BD，若以 B 为南 D 为北，则面 BDC 在西、面 BDA 在东，工具南北东西依次匹配点 B、D、A、C，得虚实棱 BD；同法作各条棱，完成各棱可虚实转化的正四面体.

（4）选中控制台中红蓝绿三点，作动画按钮，三点速度分别设为 0.1、0.15、0.2，单击动画按钮，正四面体 $ABCD$ 绕中心滚转（见图 13-79）.

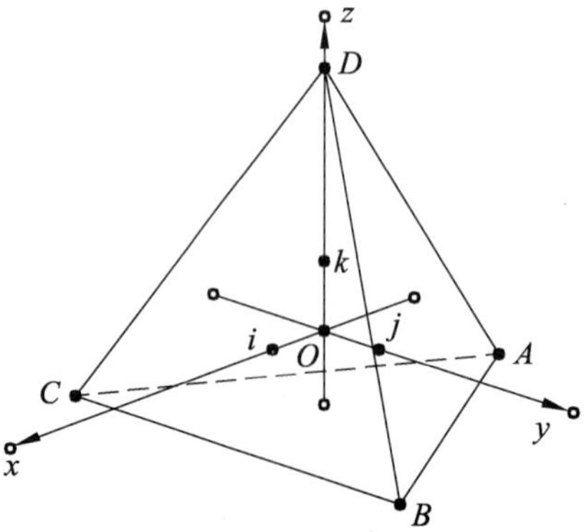

图 13-79

（5）用绘图工具 3.3 为正四面体 *ABCD* 各面着色：如面 *BDC*，从正四面体外部看面 *BDC*，先逆时针方向依次选中顶点 *BDC*，作△*BDC* 内部和线段 *e*，再用工具依次匹配△*BDC* 内部和线段 *e*，接着按隐藏按钮，隐藏△*BDC* 内部，并调节线段 *e* 上相应色点的位置，自定义面 *BDC* 的颜色；完成各面着色，可得图 13-80.

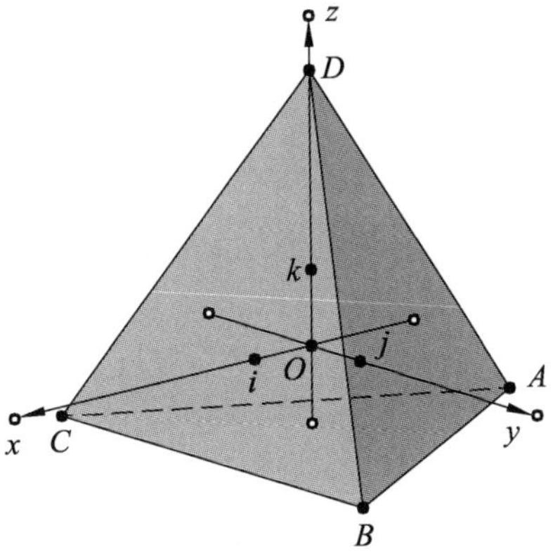

图 13-80

二、曲面的作法

例：作绕球心滚转的半径为 4 的球面.

作法：

（1）新建参数 $r = 4$、θ、φ，计算$\theta + \pi/12$、$\varphi + \pi/12$.

（2）用点工具 1.2 依次匹配 r、θ、φ得北点 N，依次匹配 r、θ、$\varphi + \pi/12$ 得南点 S，依次匹配 r、$\theta + \pi/12$、φ得东点 E，依次匹配 r、$\theta + \pi/12$、$\varphi + \pi/12$ 得东南点 ES.

（3）先在空白处作一线段，隐藏两端点，调用绘图工具 3.1，匹配这条线段，接着放下点 Saturation 和点 Light，再依次匹配上述南、北、东、东南四点 S、N、E、ES，得计算值 S、V、H 和一点、一个多边形.

（4）作虚实线球面：

① 作虚经纬网部分：旋转单位点 i 以显示“虚点[*HSV*]”，用信息工具显示其父对象“虚点”，同时选中虚点和θ作轨迹，设采样数为 100，范围为 0 到 2π，线型为“中等”“点线”，颜色为深灰色，得轨迹线；同时选中此轨

迹线和φ，作曲线系，设采样数为 10，范围为 0 到π，隐藏轨迹线；同时选中虚点和φ作轨迹，设采样数为 100，范围为 0 到π，线型为“中等”“点线”，得轨迹线；同时选中此轨迹线和θ，作曲线系，设采样数为 21，范围为 0 到 2π，隐藏轨迹线；得虚网线.

② 作实经纬网部分：旋转单位点 i 以显示“实点[HSV]”，用信息工具显示其父对象“实点”，以下重复虚经纬网部分的作法，唯一不同点是线型使用“实线”和“黑色”.

③ 作轮廓线：用信息工具显示单位点 i 的父对象缩放比（记为 b），计算轮廓线的半径 = $b*r*130$ cm/153，以原点 O 为圆心作轮廓圆，最后成图如图 13-81 所示.

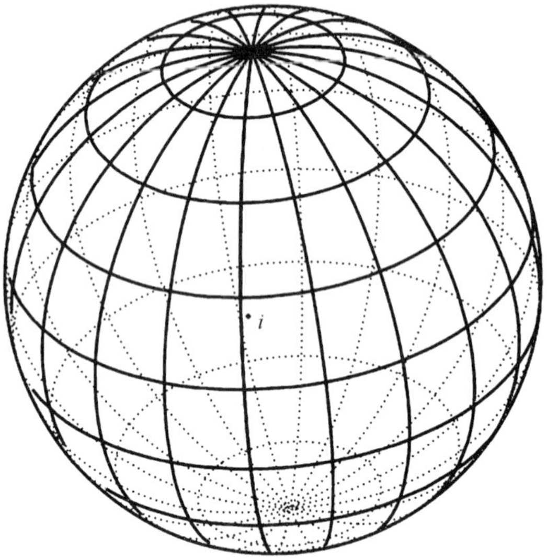

图 13-81

（5）作光照效果球面：

① 分别改计算值$\theta + \pi/12$、$\varphi + \pi/12$ 为$\theta + 0.15$、$\varphi + 0.15$，改 S、V 中分母为 18 cm.

② 旋转单位点 i 以显示出多边形“实马赛克”，同时选中“实马赛克”和φ作轨迹，设采样数为 22，范围为 0.0001 到π；同时选中此轨迹线和θ，作轨迹系，设采样数为 44，范围为 0 到 2π，设为不透明，适当调整三点 Light、Saturation、实的位置，得球面如图 13-82 所示.

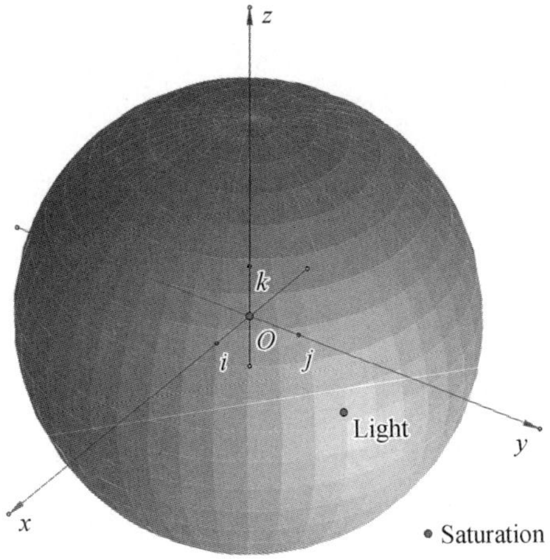

图 13-82

（6）作双面着色的半球面：

① 删除光照效果球面的中的轨迹系及父对象轨迹，改 H 中第一加数的系数为 0.25，第二加数为 0.5p.

② 旋转单位点 i 以显示出多边形“虚马赛克”，同时选中“虚马赛克”和φ作轨迹，设采样数为 16，范围为 0.5π到π；同时选中此轨迹线和θ，作轨迹系，设采样数为 44，范围为 0 到 2π，设为不透明；旋转单位点 i 以显示出多边形“实马赛克”，以下重复前面作法，适当调整四点 Light、Saturation、实、虚的位置，得半球面如图 13-83 所示.

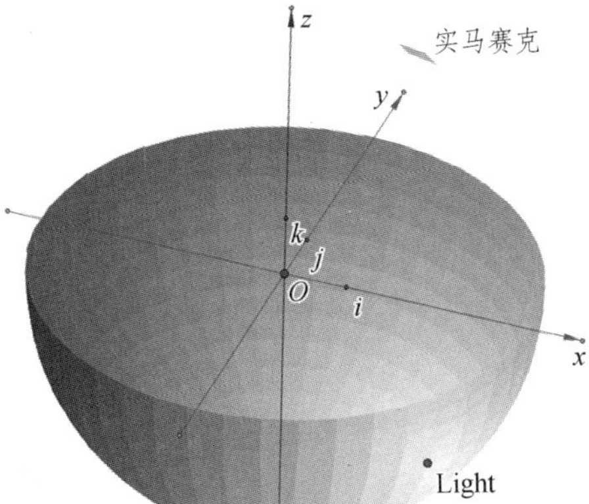

图 13-83

参考文献

[1] 张素萍．让数学回归生活[J]．辽宁教育，2011（5）.
[2] 李晶．生活中处处有数学[J]．青海教育，2011（4）.
[3] 屠天源．美国中小学数学课程改革的特点[J]．江西教育：教学版（B），2006（12）.
[4] 范月妍．关于数学在生活中的应用价值探微[J]．数学大世界（上旬），2016（11）.
[5] 王隽婷．经济数学在金融经济分析中的应用[J]．时代金融，2016（12）.
[6] 王全夫．让生活化和和谐性共处[J]．教育实践与研究，2007（1）.
[7] 张瑞祥．让数学贴近生活的探索与思考[D]．长春：东北师范大学，2004.